HISTORISCH-POLITISCHE WELTKUNDE

Kursmaterialien Geschichte
Sekundarstufe II / Kollegstufe

# Die USA im 20. Jahrhundert

## Herausforderungen des American Dream

Von Ludwig Bernlochner



Ernst Klett Verlag
Stuttgart Düsseldorf Leipzig

# HISTORISCH-POLITISCHE WELTKUNDE

Herausgegeben von
Hans-W. Ballhausen und Prof. Dr. Joachim Rohlfes

Autor: Ludwig Bernlochner

Karten: Willi Stegner, Justus Perthes Verlag GmbH, Gotha

Reinzeichnung
der Grafiken: Cornelia Frank, Frank + Ranger, Stuttgart
Rudolf Hungreder, Leinfelden-Echterdingen

Einband: Manfred Muraro, Stuttgart

Titelfoto: Blick auf das Empire State Building in New York.
Das 1933 fertig gestellte Empire State Building war bis 1970 das höchste Gebäude der Welt. Das 102-geschossige Gebäude misst 381 m, inklusive Fernsehturm sogar 409 m.
Im März 1931, zur Zeit der Weltwirtschaftskrise, wurde es in der „New York Times" als „monumentaler Beweis der Hoffnung" gefeiert.

Dieses Werk folgt der reformierten Rechtschreibung und Zeichensetzung. Ausnahmen bilden Texte, bei denen künsterische, philologische oder lizenzrechtliche Gründe einer Änderung entgegenstehen.

Gedruckt auf Papier aus
chlorfrei gebleichtem Zellstoff, säurefrei.
Umschlag mit PP-Folie kaschiert,
umweltverträglich und recycelbar.

1. Auflage 1 5 4 3 2 1 | 2002 2001 2000 99 98

Alle Drucke dieser Auflage können im Unterricht nebeneinander benutzt werden, sie sind untereinander unverändert. Die letzte Zahl bezeichnet das Jahr des Druckes.


Redaktion: Stefan Wolters

Gesamtherstellung: Ludwig Auer GmbH, Donauwörth
ISBN 3-12-456150-3

# Inhalt

**Einleitung** ........ 5

**I. Hundert Jahre zurück – die USA um 1900** ........ 6
1. „American Creed“ und „American Way of Life“ – Gibt es einen besonderen amerikanischen Charakter? ........ 8
2. Industrialisierung und Urbanisierung bestimmen Wirtschaft und Gesellschaft ........ 11
3. Einwanderungen und ethnische Minderheiten ........ 17
4. Regierungssystem und politische Bewegungen ........ 23
   4.1 Die Verfassung und der politische Entscheidungsprozess ........ 23
   4.2 Politische Parteien und Strömungen ........ 25
   Zur Diskussion: Die Verfassung – Ausdruck des Willens der Mehrheit oder ökonomischer Interessen? ........ 31
   Grundbegriffe: Puritanismus 8 – The American Way of Life 8 – Sozialdarwinismus 12 – Assimilation 18 – Ethnische Minderheiten18

**II. Aufstieg zur Weltmacht** ........ 33
1. Vom „Isolationismus“ zum Imperialismus – die Wende in der Außenpolitik ........ 34
2. Kriegseintritt und Kriegsziele – die neue Friedensordnung ........ 37
Zur Diskussion: Amerikanischer Imperialismus – Gewinne und Kosten ........ 42
Grundbegriffe: Dollarimperialismus 34 – Völkerbund 38

**III. Die Roaring Twenties: die neue Weltmacht im Zeichen der Prosperität** ........ 44
1. Nach dem Krieg – Rückkehr zu „normalen“ Zeiten? ........ 45
   1.1 Von der Desillusionierung in einen neuen Isolationismus? ........ 45
   1.2 Prosperität der Wirtschaft und Polarisierung der Gesellschaft ........ 46
   Zur Diskussion: Isolationismus oder Sicherung der „Welt der offenen Tür“? ........ 51
2. Das „neue“ und das „alte“ Amerika – eine Gesellschaft ändert ihr Gesicht ........ 52
Grundbegriff: Fundamentalismus 53

**IV. Die Große Krise: die USA auf dem Wege zum Sozialstaat?** ........ 60
1. Die Wirtschaftskrise: vom Börsenkrach zur Depression ........ 60
2. Der Staat greift ein – die zwei Phasen des New Deal ........ 65
Zur Diskussion: der New Deal – eine „revolutionäre“ Veränderung Amerikas? ........ 70
Grundbegriffe: Weltwirtschaftskrise 61 – Keynesianismus 66

**V. Vom Kreditgeschäft zum Kriegseintritt: die USA und der Zweite Weltkrieg** ........ 72
1. Die Politik des nationalen Egoismus und das Ende der Neutralität ........ 72
2. Kriegsführung, Kriegswirtschaft und Kriegskonferenzen ........ 77
Zur Diskussion: Hat Roosevelt auf den Eintritt der USA in den Zweiten Weltkrieg hingearbeitet? ........ 84

**VI. „Weltpolizist“ gegen den Kommunismus? – die Außenpolitik zur Zeit des Ost-West-Konflikts** ........ 86
1. Der Beginn des Kalten Krieges: Ursachen und Strategien ........ 87
Zur Diskussion: Warum kam es zum Kalten Krieg? ........ 91
2. Weltweites Engagement ........ 93
Zur Diskussion: Warum scheiterte Amerika in Vietnam? ........ 101
3. Von Konfrontation und Kooperation zum Ende des Kalten Krieges ........ 103
Grundbegriffe: Kalter Krieg 88 – Containment 88 – Deutsche Frage 93 – Friedliche Koexistenz 103 – Rüstungsbegrenzung/Abrüstung 103 Perestroika/Glasnost 105

**VII. Zwischen Konservativismus und Reformen – die Innenpolitik in der Zeit des Kalten Krieges** ........ 110
1. Ist die amerikanische Gesellschaft reformierbar? ........ 110
2. Krisen des amerikanischen Selbstbewusstseins ........ 124
3. Die „Reaganomics" – eine Wirtschaftsblüte auf Pump? ........ 128
Zur Diskussion: Watergate – ein Debakel der amerikanischen Demokratie? ........ 131
Grundbegriffe: Wohlstandsgesellschaft 111 – Mobilität 111 – Imperial Presidency 124

**VIII. Die USA – heute** ........ 133
1. Politische Neuorientierung nach dem Kalten Krieg ........ 133
1.1 Die Innenpolitik – Reformansätze und Gegenkräfte ........ 133
1.2 Außenpolitik zwischen Kontinuität und Neuabstimmung ........ 134
2. Gesellschaft als „Schmelztiegel" – das Ende einer Legende? ........ 142
2.1 Amerika, hast du es besser? Die Stellung der Frau ........ 142
2.2 Die Amerikaner – eine gespaltene Nation? ........ 143
Zur Diskussion: Amerikas Zukunft – eine multikulturelle Gesellschaft? ........ 151
Grundbegriff: Feminismus 142

**Literatur zur Vertiefung** ........ 154
**Register** ........ 156

# Einleitung

*„Als unsere Gründungsväter kühn der Welt die Unabhängigkeit und Gott dem Allmächtigen unsere Ziele erklärten, wussten sie, dass Amerika, um Bestand zu haben, sich verändern musste. Verändern nicht nur um der Veränderung willen, sondern verändern um Amerikas Ideale – das Leben, die Freiheit und das Streben nach Glück – zu bewahren. Obwohl wir nach der Musik unserer Zeit marschieren, ist unser Auftrag zeitlos. Jede Generation muss definieren, was es heißt, Amerikaner zu sein. ... Heute feiern wir nicht nur Amerika, sondern engagieren uns für die Amerika innewohnende Idee: Eine Idee, die während der Revolution geboren wurde und im Laufe von zwei Jahrhunderten der Herausforderungen erneuert wurde ..."*

Bill Clintons Bekenntnisse in seiner Amtseinführungsrede am 20. Januar 1993 stehen in der Tradition vieler Reden seiner Vorgänger wie Abraham Lincoln, Franklin D. Roosevelt oder John F. Kennedy , die gleichermaßen überzeugt waren, in der „Neuen Welt" die amerikanischen Ideale, den „American Dream" – Demokratie und Menschenrechte, Freiheit und Gerechtigkeit, Fortschritt, Glück und Wohlstand – verwirklichen zu können, gleich welcher Partei sie angehörten.

Eine Darstellung der amerikanischen Geschichte des 20. Jahrhunderts muss daher vor allem der Frage nach der Verwirklung des American Dream im Laufe dieses Jahrhunderts nachgehen. Erste Antworten darauf ermöglicht das erste Großkapitel dieses Bandes, das eine Bestandsaufnahme wesentlicher Strukturen der USA um die Jahrhundertwende darstellt.
Die ab dem zweiten Großkapitel folgende Verlaufsdarstellung greift diese Strukturelemente der Zustandsbeschreibung wieder auf und ergänzt sie durch neue Entwicklungsansätze, die das „neue" Amerika des 20. Jahrhunderts vom „alten" unterscheiden. Der Gegensatz zwischen dem Glanz und Pomp der städtischen Zentren und dem Massenelend in den Slums stellte für die Amerikaner ebenso eine Herausforderung dar wie das Problem des Rassenkonflikts, der ethnischen Minderheiten, des Anstiegs der Einwanderung oder der Entscheidung zwischen außenpolitischem Isolationalismus und internationalem Engagement.
Der Eintritt in den Ersten Weltkrieg leitete für die neue Weltmacht USA abermals eine folgenschwere Entwicklung ein: Als Siegermacht hielt sie sich für berufen, unter den Nationen der Welt die Rolle des Schiedsrichters zu übernehmen.
Nach dem siegreichen Ende des Zweiten Weltkrieges bildete der Ost-West-Konflikt eine weitere Herausforderung, die das sechste Großkapitel unter verschiedenen Perspektiven und im Hinblick auf unterschiedliche Möglichkeiten der Urteilsbildung zu erfassen sucht.

Auch nach dem Ende des Kalten Krieges bleibt die Frage bestehen, inwieweit die Verwirklichung der Ideen des American Dream angesichts militärischer Konflikte, politischer Krisen, überfälliger sozialer Reformen, des wachsenden Gegensatzes zwischen Armen und Reichen, der Diskriminierung ethnischer Minderheiten oder der Frage der Gleichstellung der Frauen als gelungen oder gescheitert angesehen werden kann. Die USA gelten auch und gerade heute, Jahre nach dem Ende des Ost-West-Konlikts, als ein Land extremer Gegensätze.

# I. Hundert Jahre zurück – die USA um 1900

Nach der Unabhängigkeitserklärung im Jahre 1776 beschäftigten sich die Vereinigten Staaten von Amerika fast ein Jahrhundert lang beinahe ausschließlich mit sich selbst. 1823 erklärte Präsident James Monroe, die USA mischten sich einerseits nicht in europäische Verhältnisse ein, sie würden aber andererseits jeden Versuch, das europäische „System auf irgendeinen Teil dieser Hemisphäre auszudehnen, als gefährlich für unseren Frieden und unsere Sicherheit betrachten" (Monroe-Doktrin). Mit beispielloser Expansionsdynamik hatten sich die USA seit 1776 in den Süden und vor allem in den Westen des Kontinents ausgedehnt, bis sie um die Mitte des 19. Jahrhunderts territorial in etwa ihre heutige Gestalt annahmen. Und es dauerte nur bis zum Ende dieses 19. Jahrhunderts, dass die Neue Welt Amerika der Alten Welt Europa als Konkurrent und auf vielen Gebieten sogar überlegener Partner gegenübertrat. Bereits um die Jahrhundertwende waren die USA die stärkste Industriemacht der Welt und zählten auch politisch-militärisch zu den Großmächten.

Was aber war nun eigentlich neu an der „Neuen Welt"?

Welcher Lebensstil, welche Einstellungen und Wertvorstellungen (American Creed) kennzeichneten den Amerikaner?

Schon um die Jahrhundertwende existierten extreme Gegensätze, die auch heute noch die USA prägten. Worin bestanden diese?

Die Existenz der USA ist das Ergebnis der wohl größten Bevölkerungsverschiebung der Menschheitsgeschichte. Wie wirkten sich die immer neuen Einwanderungswellen auf das Leben der Indianer aus? Wie wurden die Schwarzen nach der Abschaffung der Sklaverei in Staat und Gesellschaft behandelt?

Seit der Gründungszeit sind die USA eine Demokratie und die Amerikaner halten ihr Regierungssystem für ein Vorbild für die gesamte übrige Welt. Wie sieht dieses Regierungssystem aus? Wer regiert Amerika?

| | |
|---|---|
| nach 1850 | Die industrielle Revolution beginnt: Trotz einzelner Krisen (1873, 1907) steigt von 1860–1914 die Zahl der Arbeiter um 700, die Produktion um 2000 und das Investitionskapital um 4000 Prozent. |
| 1877–83 | Mehrere US-Regierungen versuchen die besonders unter Präsident Grant (1868–77) herrschende Korruption und die Verfilzung von Politik und Geschäft zu bekämpfen. |
| ab 1880 | Durch Zwangsumsiedlung in Reservate werden die Indianer aus dem Siedlungsgebiet der Weißen verdrängt. |
| 1882 | Ein erstes Einwanderungsgesetz verbietet die Einwanderung aus China. Weitere Einschränkungen für Asiaten folgen. |
| 1886 | Als Dachverband verschiedener Gewerkschaften entsteht die American Federation of Labour (AFL), die Arbeiterstreiks organisiert und harte Lohnkämpfe führt. |
| 1896 | Ein vom Obersten Gerichtshof erlassenes Urteil legitimiert nach dem Prinzip „separate but equal" die Rassentrennung in der amerikanischen Gesellschaft. |

**1** „Ladder of Fortune", Lithographie von Joseph Keppler, um 1875.
*Erarbeiten Sie, durch welche Tugenden der amerikanische Lebenstraum verwirklicht werden soll. Welche Untugenden werden angeprangert?*

PUBLISHED BY CURRIER & IVES Copyright, 1875 by Currier & Ives, N.Y. 125 NASSAU ST. NEW YORK

THE LADDER OF FORTUNE.

Industry and Morality bring solid rewards. Idle schemes and speculations yield poverty and ruin

## 1. „American Creed" und „American Way of Life" – Gibt es einen besonderen amerikanischen Charakter?

Für Europa galt Amerika zu Beginn des 20. Jahrhunderts als Land der unbegrenzten Möglichkeiten, als Staat der Gleichheit, der Freiheit und des wirtschaftlichen Überflusses, als Nation fester moralischer Grundsätze und – insgesamt gesehen – eben als eine Neue Welt mit der Aussicht auf eine glänzende Zukunft und einen unaufhaltsamen Fortschritt. Die Europäer bewunderten an der Neuen Welt politisch die anscheinend störungsfrei funktionierende Demokratie, wirtschaftlich die moderne Industriewelt, für die das Ford-Fließband zum Symbol wurde; geistig-kulturell jedoch sah Europa die USA lange Zeit lediglich als Erweiterung der Alten Welt, als „Nachhut Europas".
Dabei hatte der französische Schriftsteller und Politiker Alexis de Tocqueville schon 1835 festgestellt: „Die USA sind nicht die Nachhut, sondern die Vorhut Europas, die Geschichte Amerikas kann nicht der Geschichte Europas einverleibt werden, sie besitzt eine eigene unverwechselbare Eigenart." Diese Eigenart drückte sich vor allem in der Überzeugung aus, den American Dream von materiellem Wohlstand, persönlicher Freiheit und den Idealen der Demokratie nicht nur im eigenen Lande, sondern weltweit verwirklichen zu können.

**Tradition und Selbstverständnis**

Der Ursprung dieses amerikanischen Selbstverständnisses wird vielfach zurückgeführt auf den puritanischen Missionsgedanken von der gottgewollten Pflicht, die neuen Kolonien und letztlich die gesamte Welt religiös zu bekehren. Im 18. Jahrhundert verband sich dieses zentrale Ziel des Puritanismus mit der Aufgabe, in der „Neuen Welt" ein gerechtes Gemeinwesen, eine „ideale Republik" zu errichten. Die Verbindung von Religion und Politik prägte das politische Denken, seit Beginn des 19. Jahrhunderts trat an die Stelle der Religion dann mehr und mehr die Idee von der Verwirklichung und Ausbreitung der Demokratie. „Civil religion" (bürgerliche Religion) wird dieses amerikanische Charakteristikum genannt und als eine Sammlung von Glaubenssätzen, Symbolen und Ritualen definiert, in denen die kollektive Identität der Nation ihren Ausdruck findet. Die amerikanischen Glaubenssätze sind vor allem in der Unabhängigkeitserklärung und der Verfassung enthalten, die Symbole sind etwa die Freiheitsstatue, die Flagge (Stars and Stripes), das Wappen oder die Hymne, während Paraden, Prozessionen, Volkstrauertag (Memorial Day) und andere Rituale zur nationalen Festkultur wurden.

**Puritanismus:** Die Puritaner (von lat. „purus", rein) folgten der Prädestinationslehre Calvins und glaubten, dass jeder Mensch die Pflicht habe, sich seiner Auserwähltheit durch Gottes Gnade durch besondere Anstrengungen und Leistungen zu vergewissern. Sie führten ein streng reglementiertes Leben mit regelmäßigen Gottesdiensten und Bibellesungen und versagten sich alle weltlichen Vergnügungen. So brachten sie es vielfach zu wirtschaftlichem Erfolg. Sie lehnten die Bischofsverfassung der anglikanischen Staatskirche ab und bestanden auf der Selbständigkeit der Kirchengemeinden mit freier Pfarrerwahl und der Aufsicht über das Gemeindeleben durch die Kirchenältesten. Insofern gehörten sie zu den Befürwortern der politischen Demokratie.

**The American way of life:** Der Ausdruck bezeichnet die in den USA entstandene und dort bis heute weit verbreitete Lebensauffassung und Lebensart, nach denen die Rechte und Freiheiten des Individuums von Staat und Regierung möglichst wenig eingeschränkt werden sollten. Politisch orientiert sich der American Way of Life an demokratischen Grundsätzen, nach denen das Individuum die Möglichkeit hat, sich mit seinen Fähigkeiten durchzusetzen und zu entfalten. Zu den charakteristischen Kennzeichen des American Way of Life gehören die Akzeptanz gesellschaftlicher Unterschiede ebenso wie eine ausgeprägte Anpassungsfähigkeit und Mobilität.

**American Creed**

Die USA besaßen vom Beginn ihrer Geschichte an keine homogene Bevölkerung, keine alle verbindende Religion und keine gemeinsame Kulturtradition. Zwar dominierten vor allem in den Gründungsjahren Kultur und Denkweise der angelsächsischen Protestanten, daneben gab es aber durch neue Einwanderungen sich ständig verändernde regionale, religiöse und ethnische Sonderkulturen. Nach einer in den USA bis heute vorhandenen Überzeugung bestand deren „Amerikanertum“ im gemeinsamen Glauben an die Ideale der Demokratie, die verfassungsmäßigen Rechte und Freiheiten des Individuums, die Prinzipien des Föderalismus und der republikanischen Staatsform. Dieser American Creed umfasst Volkssouveränität, Gewaltenteilung, Schutz vor staatlicher Willkür ebenso wie das Recht auf Eigentum und das Streben nach Glück und Wohlstand. „Amerikaner jeder nationalen Herkunft, aller Klassen, aller Religionen, aller Glaubensrichtungen, jeder Hautfarbe haben etwas gemeinsam, ein soziales Ethos, ein politisches Credo“ (Gunnar Myrdal, 1944).

**Manifest destiny**

Der American Creed bildet zudem die Grundlage für die „offenkundige Bestimmung“, durch die Expansion bis zum Pazifik, in diesem Teil der Welt Demokratie und Zivilisation zu verbreiten: „Manifest destiny“ wurde zur Legitimation der Westexpansion.
Dieser Grundgedanke blieb auch bestehen, als die Westbewegung beendet war. Die Idee des „Kreuzzugs für die Demokratie“, der weltweiten Verbreitung amerikanischer Werte, bestimmt bis heute das Selbstverständnis der politischen Eliten. Die Funktion von „manifest destiny“ und „American Creed“ ist bis heute freilich nicht nur bei Historikern heftig umstritten: Waren und sind sie tatsächlich die Richtschnur des politischen Handelns oder dienten und dienen sie nur als Bemäntelung für ganz andere Motive wie z. B. Machtgewinn und wirtschaftliche Expansion?

**2** Werbung für Mähdrescher nach einem Ölgemälde von Emanuel G. Leutze (1861). *Erläutern Sie, welche Vorstellungen von der Verwirklichung des American Dream das Bild zum Ausdruck bringt.*

**3 Mythos „frontier".** Der Historiker Frederik J. Turner 1893 über die Bedeutung der Siedlungsgrenze für die amerikanische Geschichte:

Von den Lebensbedingungen an der Grenze kamen intellektuelle Züge von profunder Wichtigkeit her [...], und diese Züge sind, sich abschwächend, als Überbleibsel an ihrem Ursprungsort bestehen geblieben, auch als eine höhere soziale Organisation nachfolgte. Das Ergebnis ist, dass der amerikanische Geist seine auffallenden Charakteristika der Grenze verdankt. Jene Rauheit und Kraft verbunden mit Scharfsinn und Wissbegier; jene praktische erfinderische Denkungsart, rasch im Auffinden von Behelfen; jene meisternde Hand in materiellen Dingen, mangelhaft im Künstlerischen, aber machtvoll zur Erreichung großer Ziele; jene ruhlose, nervöse Tatkraft; jener dominante Individualismus, zum Guten und zum Bösen wirkend, und zu all dem die Spannkraft und Üppigkeit, die mit der Freiheit einhergehen – das sind Züge der Grenze oder Züge, die anderswo auf Grund des Daseins der Grenze hervorgerufen wurden. Seit den Tagen, da die Flotte des Columbus in die Gewässer der Neuen Welt segelte, war Amerika ein anderer Name für Möglichkeit und das Volk der Vereinigten Staaten hat den Ton aufgenommen von der unaufhörlichen Ausdehnung, die den Leuten nicht nur freistand, sondern sogar aufgezwungen wurde [...].

Engl. in: F. J. Turner, The Significance of the Frontier in American History, March of American Facsimile Series No.100, Ann Arbor 1966, 199 f., 226 f.; dt. aus: Erich Angermann, Der Aufstieg der Vereinigten Staaten von Amerika, 1607–1973, Stuttgart 1975, 51 f.

*a) Erarbeiten Sie aus dem Text, welche Bedeutung die Grenzerfahrung nach Turner für die Ausprägung des besonderen amerikanischen Charakters hatte.*

*b) Erläutern Sie, warum Turners Erklärung für die Entstehung der amerikanischen Demokratie vielfach mit der „grass root democracy" in Verbindung gebracht wird.*

**4 „Manifest destiny"**

**a)** John L. O'Sullivan, der Herausgeber der „Democratic Review", 1839:

[...] Wir können als sicher unterstellen, dass unser Land dazu bestimmt ist, die große Nation der Zukunft zu sein [...] Die Zukunft ist unsere Arena und das Feld unserer Geschichte. Wenn wir sie betreten, dann mit den besten Absichten, eingedenk der Worte Gottes und mit einem reinen Gewissen, das durch keine Vergangenheit belastet ist. Wir sind die Nation des menschlichen Fortschritts; wer oder was soll unseren Vormarsch aufhalten? Die Vorsehung ist mit uns [...] Die grenzenlose Zukunft wird das Zeitalter der amerikanischen Größe sein. In den ihr verschwenderisch gegebenen Dimensionen von Raum und Zeit ist diese Nation aus vielen Nationen bestimmt, der Menschheit die Größe der göttlichen Prinzipien aufzuzeigen und auf der Erde den vornehmsten Tempel, der je der Verehrung des höchsten Wesens geweiht wurde, zu weihen – dem Heiligen und dem Wahren. Sein Boden soll ein ganzer Kontinent sein, sein Dach das Firmament des Sternenhimmels, seine Gemeinde eine Union von vielen Republiken, bewohnt von Hunderten von Millionen, die niemandem untertan sind, sondern regiert werden von Gottes natürlichem und moralischem Gesetz der Gleichheit, dem Gesetz der Brüderlichkeit – vom Frieden und guten Willen unter den Menschen.

in: The United States Magazine and Democratic Review, VI, November 1839, dt. Übersetzung: R. Theis, B. Obermann

**b)** Ein anderer Journalist kommt angesichts der Annexion Mexikos zu folgender Beurteilung:

Wir hören einen allgemeinen Aufschrei: „Entschiedene Fortsetzung des Krieges!" – „Mexiko muss gedemütigt werden!" – „Erobert einen Frieden!" – „Ein uns aufgezwungener Krieg!" – „Nationale Ehre!" – „Ganz Mexiko!" – „Unser Schicksal!" – „Angelsächsisches Blut!" – „Mehr Land!" – „Freie Institutionen!" – „Unser Land!": bis es scheint, als ob das Recht zu den wilden Tieren geflüchtet ist und die Menschen ihren Verstand verloren haben. Der Geschmack von Menschenblut und der Geruch von Macht scheinen die Sinne und das Gewissen betäubt zu haben. Sie scheinen den Verstand der Menschen so weit beeinträchtigt zu haben, dass man den düsteren Verdacht haben kann, unsere Nation sei im Niedergang und habe sich dem widerwärtigen Gedanken an Blut und Schlacht hingegegeben [...] Unsere Nation scheint entschlossen, diesen Weg zu gehen, der voller Blut ist und gepflastert mit Schädeln [...]

Wir wollen unsere Landsleute warnen […]: Mexiko mag fallen, es mag völlig ausradiert werden, aber: So sicher wie es einen Gott der Gerechtigkeit gibt, so sicher ist die Strafe. Wir können nicht entkommen, eine schreckliche Strafe erwartet uns.

in: N. Graebner (Hg.), Manifest Destiny, Indianapolis 1968, dt. Übersetzung: R. Theis, B. Obermann

**c)** 1885 schreibt der Reverend Josiah Strong in seinem Buch „Our Country":

Für mich besteht kein Zweifel, dass der Angelsachse die Hauptrolle in der Welt der Zukunft spielen soll, jedoch ist die Art dieser Rolle noch nicht genau bestimmt. Es ist noch ungewiss, wie materialistisch und atheistisch seine Zivilisation sein wird, wie viel Zeit er benötigt, um sie durch und durch zu christianisieren und besser zu machen, wie schnell er die Heraufkunft des Königsreiches der Rechtschaffenheit bewirken kann oder um wie lange er es noch hinauszögert, aber dies sollte jetzt schnell entschieden werden. Lasst uns die verschiedenen Argumente, die wir geschmiedet haben, in einer Kette zusammenfügen. Ist es offenkundig, dass der Angelsachse die Geschicke der Menschheit in den kommenden Jahrhunderten in der Hand hält? Ist es augenfällig, dass die Vereinigten Staaten die Heimat der Menschheit, der Hauptsitz seiner Macht, das große Zentrum seines Einflusses sein sollen? Ist es wahr […], dass im großen Westen die Zukunft unserer Nation bestimmt wird? Ist es klar geworden […], dass diese Generation den Charakter und damit auch die Geschicke des Westens bestimmt? Dann möge Gott dieser Generation die Augen öffnen! […]
Trotz der großen Gefahren, die unserer Zivilisation drohen, kann ich mir ihren Untergang nicht vorstellen; aber ich glaube, dass es völlig in der Hand der Christen in den Vereinigten Staaten liegt, die Heraufkunft des Königreiches Christi in der Welt in den kommenden fünfzehn oder zwanzig Jahren zu beschleunigen oder sie um Hunderte oder vielleicht Tausende von Jahren hinauszuzögern. Wir Angehörige dieser Generation und dieser Nation sitzen an der Schaltstelle der Jahrhunderte, wo über die Zukunft der Welt entschieden wird.

Engl. in: Josiah Strong, Our Country, New York 1885; dt. aus: Hartmut Wasser, Die USA, der unbekannte Partner. Materialien und Dokumente zur politisch-sozialen Ordnung der Vereinigten Staaten von Amerika, Paderborn 1983, 108 f.

*a) Stellen Sie die Argumente zusammen, mit denen O'Sullivan und Strong die „offenkundige Bestimmung" der Amerikaner begründen und rechtfertigen. Welche Gemeinsamkeiten und Unterschiede bestehen zwischen beiden Aussagen?*

*b) Legen Sie die Aussagen des Verfassers von Text b) dar und setzen Sie sich anhand der verschiedenen Positionen mit dem Begriff „manifest destiny" auseinander.*

## 2. Industrialisierung und Urbanisierung bestimmen Wirtschaft und Gesellschaft

Um 1850, kaum später als in Europa, begann in den USA die Industrialisierung – aber dann in einem besonders hohen Tempo. Vor allem die Jahrzehnte nach dem Bürgerkrieg brachten für die Vereinigten Staaten einen zwar nicht von Wachstumsstörungen freien (Depressionen 1873–78, 1893–96; Rezessionen 1882–85, 1907/08, 1913/14), aber insgesamt doch beispiellosen Aufstieg zur stärksten Wirtschaftsmacht der Welt.

**„Laissez-faire" …**

Zu den Voraussetzungen des schnellen Wirtschaftswachstums zählten die günstigen Verkehrsverbindungen, die reichen Rohstoffvorkommen, ein dank der Einwanderung großes Angebot an Arbeitskräften sowie der Leistungswille der Bevölkerung. Schrittmacher der ersten Phase der Industrialisierung waren die Eisenbahnen und dann um die Jahrhundertwende eine durch die Ausbeutung verschiedener Energiequellen (v. a. Kohle, Wasserkraft und Erdöl) äußerst expansive Elektrizitätswirtschaft. Telegraf und Telefon entwickelten sich um die Jahrhundertwende zu den entscheidenden Kommunikationsmitteln der Wirtschaft und waren um 1915 bereits flächendeckend eingeführt.

Bei all diesen Unternehmungen spielten staatliche Maßnahmen so gut wie keine Rolle, denn bis zum Ende des 19. Jahrhunderts galt uneingeschränkt der Grundsatz des „Laissez-faire“ (frz. „machen lassen“, d. h. gewähren lassen). Jeder Amerikaner, der das nötige Geld besaß, konnte sich an den neu entstehenden Aktiengesellschaften beteiligen und so am Wirtschaftsaufschwung teilhaben.

**... und „big business“**

Bereits um die Jahrhundertwende hatte sich damit die charakteristische Form des amerikanischen Industriekapitalismus ausgeprägt: Das wirtschaftliche „Laissez-faire“ ermöglichte, dass sich die Tüchtigsten, aber auch Skrupellosesten durchsetzten. Das weithin akzeptierte Gedankengut des Sozialdarwinismus ließ es als gerechtfertigt erscheinen, dass nur die Stärksten und Angepasstesten Erfolg hatten. Der Staat ließ den Unternehmen freie Hand, übernahm kaum lenkende, sozial fürsorgende Aufgaben. Die Folge war das Entstehen von Konzernen und Trusts, in denen sich große Unternehmen zusammenschlossen, um das gesamte Warenangebot eines Wirtschaftszweiges kontrollieren, den Wettbewerb ausschalten, die Preise diktieren und damit Monopole errichten zu können. Die „Bosse“ des „big business“ lenkten nicht nur die Wirtschaft, sie vermochten vielfach auch die Politik, besonders in den Gemeinden und Einzelstaaten, zu beeinflussen.

**Verstädterung ...**

Gleichzeitig mit der industriellen Entwicklung war schon bis zur Jahrhundertwende der Prozess der Verstädterung vorangeschritten. Die Bevölkerung der vorhandenen Städte war sprunghaft angestiegen, neue Städte waren vor allem entlang der Eisenbahnlinien und in der Nähe wichtiger Rohstoffvorkommen entstanden. Pennsylvania wurde zum Zentrum der amerkanischen Eisen- und Stahlindustrie, Pittsburgh zum Mittelpunkt der Schwerindustrie, Detroit stand nach 1900 bald ganz im Zeichen der Automobilproduktion (Ford). Am gewaltigsten jedoch entwickelte sich New York als Börsen-, Handels- und Industriemetropole der USA. Die Bevölkerungsexplosion der Großstädte veränderte rasch auch deren Stadtbild und das städtische Leben: Autobusse, Untergrund- und Hochbahnen verdrängten die Pferdedroschken; die Wolkenkratzer wurden zum Symbol der amerikanischen Städte und galten bald weltweit als Wahrzeichen des technischen Fortschritts; neue Erfindungen und Einrichtungen erhöhten die Lebensqualität der Stadtbevölkerung: Telefon (1876), elektrisches Licht (Glühlampe 1883), Wasserleitungen und Kanalisation, Krankenhäuser und Stadtpolizei.

**... und soziale Gegensätze**

Dies galt allerdings bei weitem nicht für alle Bewohner der Städte: Um die Jahrhundertwende gab es kaum eine amerikanische Stadt, die nicht mit großen sozialen Problemen zu kämpfen hatte. Das Tempo der industriellen Entwicklung sowie die Verflechtung von korruptionsanfälliger Politik und Wirtschaft führten zu einer Teilung der Gesellschaft. Auf der einen Seite stand die wohlhabende Ober- und Mittelschicht, die von der wirtschaftlichen Entwicklung profitierte, auf der anderen standen die im Einkommen zurückgebliebenen Industriearbeiter und die Masse der Arbeiter, kleinen Angestellten und Farmer.

**Sozialdarwinismus:** Der Begriff bezeichnet die Übertragung der Lehre des Naturforschers Charles Darwin (1809–1882) von der Entstehung und Fortentwicklung der Tierarten durch natürliche Auslese der biologisch Stärkeren auf die Gesellschaften von Menschen. Nach den Vorstellungen des Engländers Herbert Spencer (1834–1919) vom „survival of the fittest“ sollten sich nur die Besten und Angepasstesten durchsetzen. In den USA diente der Sozialdarwinismus als Legitimation für die Verdrängung kleiner Produzenten und das Entstehen von Monopolen, ebenso aber für die Erklärung von Wirtschaftskrisen als Reinigungsprozesse, in denen unprofitable Unternehmungen auf der Strecke blieben. Der deutsche Nationalsozialismus verband den Sozialdarwinismus mit rassistisch-antisemitischen Vorstellungen und verfocht das Recht der „Herrenrasse“, die „minderwertigen Rassen“ zu unterdrücken oder auszurotten.

- Während der gut verdienende Mittelstand in die durch die neuen Verkehrsmittel erschlossenen ruhigen und sauberen Vorstädte zog, waren z. B. für einfache Arbeiter im Großraum New York 360 000 Zimmer fensterlos und unbelüftet, wurden für sie rasch Lagerhäuser zu primitiven Wohnungen umgestaltet; Müllabfuhr und Kanalisation fehlten hier vielerorts.
- Während sich die Führungskräfte in Industrie, Handel und Dienstleistungen einen hohen Lebensstandard leisten konnten, litten die unteren Lohngruppen, die meisten erwerbstätigen Frauen und viele Kinder unter langen Arbeitszeiten und schlechten Arbeitsbedingungen. Um die Jahrhundertwende mussten in den USA mindestens 1 700 000 Kinder unter 15 Jahren täglich zur Arbeit gehen, in den Textilfabriken des Südens z. B. in Schichten bis zu 12 Stunden. Doch auch für Erwachsene war noch 1920 die Sechzigstundenwoche keine Seltenheit.
- Während für ausgebildete Fachkräfte die wirtschaftliche Expansion sozialen und beruflichen Aufstieg versprach, waren trotz hoher Produktion und Unternehmensgewinne für viele ungelernte Arbeiter Einkommen und Arbeitsplatz nicht gesichert.

  In den 1880er und 1890er Jahren kam es zu zahlreichen wilden Streiks und unkontrollierten Protestaktionen, die meist durch Miliz und Bundestruppen blutig niedergeschlagen wurden.

**5** „Bosses of the Senate", Lithographie von Joseph Keppler um 1890.
*Erklären Sie den Titel der Lithographie und achten Sie dabei auf die zeichnerische Gestaltung der Eingänge für das Volk und die Monopolisten.*

**Die ländliche Gesellschaft**

Die Verstädterung konzentrierte sich vor allem auf den Norden und auch noch den mittleren Westen: 60% der Bevölkerung der Staaten entlang des Nordatlantik wohnten in den Städten; die ländlichen Gebiete waren dort geradezu entvölkert. Im gesamten Süden jedoch lebten noch 90% der Bevölkerung auf dem Lande. Der Anteil der Farmer an der Gesamtbevölkerung betrug 1870 immerhin noch 23%. Ihr Lebensstandard war bis zur Jahrhundertwende ständig gesunken, denn die Agrarpreise verfielen mehr und mehr.
Verschiedene Ursachen hatten zu einem Überangebot an Agrarprodukten geführt: Die landwirtschaftliche Nutzfläche war seit den Bürgerkriegen immer weiter angewachsen, die landwirtschaftlichen Maschinen ließen die Produktion steigen, die ausländische Konkurrenz (Kanada, Südamerika, Australien) drängte dank der Verkehrsverbesserungen (Dampfschifffahrt, Eisenbahnen) in den Binnenmarkt. Die hohen Investitionen in die landwirtschaftlichen Maschinen und die insgesamt steigenden Frachttarife der privaten Eisenbahngesellschaften machten die Farmer zu chronischen Schuldnern der Geldgeber. Um 1890 kam dazu noch eine Reihe von Naturkatastrophen: Dürre im Sommer, strenge Winter und riesige Mississippiüberschwemmungen.

## 6 Das „Boss-System"

**a)** An der Spitze der sich bildenden Großunternehmungen, Trusts und Kartelle standen die „Bosse", die mit ihren Verbindungen zu den Banken und führenden Politikern die Wirtschaft beherrschten und die Politik maßgeblich beeinflussten. Korruptionsskandale waren an der Tagesordnung. In folgendem Interview erklärt der „Boss" von Philadelphia, warum es in der Amtszeit des Bürgermeisters Ashbridge zu einer Häufung von Skandalen kam:

„Zunächst", so sagte er, „weil Ashbridge es so wollte. Er wollte nur eine Amtsperiode und da er keinen weitergehenden Ehrgeiz hat, wollte er so viele ‚Geschäfte' in seiner Amtszeit durchziehen, wie wir zulassen würden. Wir haben das besprochen. Da der Bürgermeister, wie jeder wusste, nur eine Amtszeit bleiben wollte, wir aber bleiben würden, würden wir auf Dauer die Schuld zu tragen haben. Die Verantwortung fiel auf mich […]" Als er an diesem Punkt stockte, insistierte ich: „Eines von diesen großen Dingern könnte man in New York oder sonstwo über die Bühne bringen, aber schon eines wäre genug an Belastung für jede Parteimaschinerie. Aber fünf oder gar mehr!"
Er lächelte.
„Wir rechneten uns aus, dass uns gerade die Tatsache, dass es fünf oder mehr waren, retten würde. Hätten wir nur eines von diesen Geschäften ge-

**7** Das Foto zeigt Bundestruppen, die 1894 gegen den Pullman-Streik eingesetzt wurden.

macht, hätten sich die Zeitungen und die Öffentlichkeit darauf konzentriert, die Fakten eruiert und gekämpft. Aber wir rechneten uns aus, wenn alle diese Geschäfte fast zur gleichen Zeit ablaufen würden, eines unmittelbar nach dem anderen, könnten die Zeitungen damit nicht mehr Schritt halten, wäre die Öffentlichkeit überfordert und beide würden aufgeben – zu viel […] Ein Zustand der Verzweiflung der Öffentlichkeit kann u. U. sogar gute Politik bedeuten."
Wir saßen da. Er amüsiert, ich perplex.

aus: P. Angle (Hg.), A Nation Divided, Bd. 3, New York 1960, dt. Übersetzung: R. Theis, B. Obermann

**b)** Die sozialen Auswirkungen des „Boss-Systems" schildert ein Gewerkschaftler anlässlich des später von der Armee niedergeschlagenen Pullman-Streiks in Pullman City:

Herr Präsident, Brüder der amerikanischen Eisenbahnergewerkschaft,
fünf Kürzungen von Lohn, Arbeit und Arbeitsbedingungen sind zwischen Mai und Dezember 1893 durch die Werkshallen von Pullman gefegt. Mit 30% war die letzte die schwerste – unsere Mieten wurden nicht reduziert. Als wir am 11. Mai unsere Aktion starteten, schuldeten wir Pullman $50 000, heute ist es das Doppelte. Er wirft uns aus zwei Gründen nicht raus: wegen der öffentlichen Meinung und weil er hofft, uns auszuhungern, der Gewerkschaft das Rückgrat zu brechen – um dann von unseren mageren Löhnen bis auf den letzten Dollar zurückzuholen, was wir ihm an Miete schulden. […]
(Wir zahlen eine um 100% überhöhte Miete.)
Sowohl Pullman als Person wie auch seine Stadt sind ein Geschwür an der Gesellschaft. Ihm gehören die Häuser, die Schulgebäude und die Gotteshäuser in der Stadt, der er seinen Namen gab. Was er uns mit der einen Hand (für unsere Arbeit) zahlt, nimmt er sich mit der anderen wieder. Er kann jeden Eisenbahnwagenhersteller unterbieten. Um mithalten zu können, müssen seine Konkurrenten die Löhne ihrer Männer kürzen. Dies wiederum gibt ihm die Entschuldigung, unsere Löhne zu kürzen […] und so geht dieser Prozess, dieser fröhliche Krieg – der Tanz der Skelette, die in Tränen gebadet sind – immer weiter. […] Wir sind friedfertig, wir sind anständig, wenn wir nicht die freundliche Hilfe der herzensguten Menschen in und um Chicago hätten, so müssten wir verhungern.

aus: P. Angle, The Nation Divided, Bd. 3, New York 1960, dt. Übersetzung: R. Theis, B. Obermann

*a) Beschreiben Sie, wie das „Boss-System" in Philadelphia funktionierte.*
*b) Stellen Sie dar, welche sozialen Auswirkungen ein Streik gegen den „Boss" eines Großunternehmens hatte.*

**8** Der Verstädterungsprozess 1790–1990.
*Nennen Sie mögliche Ursachen für diese Entwicklung.*

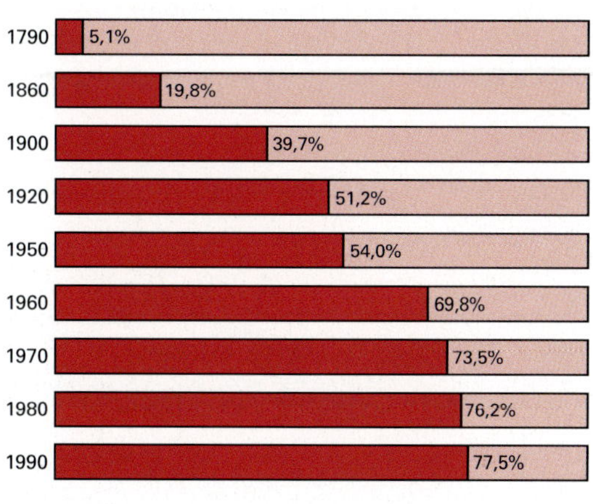


Nach: Bailey/Kennedy, The American Pageant, Lexington 1994, S. 566

## 9 Arbeiterfrauen um 1910

**a)** Aus einer sozialwissenschaftlichen Erhebung über Arbeiterhaushalte in New York City (1910):

Die Mutter ist zu beschäftigt, um genügend Zeit für ihre Kleinkinder zu erübrigen; sie leidet auch unter der Arbeitslast während der Schwangerschaft und unter der unzureichenden Pflege danach. Die Hausarbeit muss erledigt, die Untermieter müssen versorgt werden und die meisten Frauen arbeiten bis zum Tag ihrer Niederkunft. So wie es in ihrer Heimat üblich war, bedienen sich fast alle der Hilfe von Hebammen und rufen einen Arzt nur in Notfällen. […]
Die Frauen haben wenig Gelegenheiten zur Entspannung. Manchmal führen sie ein Gespräch bei der Wasserpumpe oder beim Schlachter, aber Waschen, Bügeln, Saubermachen, Nähen und Kochen für die Untermieter lassen für Besuche wenig Zeit. Die jungen Leute leiden wohl am meisten unter dem

Mangel an Geselligkeiten. In einer Zwei-Zimmer-Wohnung ist kein Platz für Spiele oder Partys und nicht einmal für Rendezvous; es ist einfach kein Raum da, von einer Privatsphäre ganz zu schweigen. [...]

**b)** Aus einer Untersuchung über gewerkschaftlich organisierte Frauen in San Francisco (1913):
Die Haltung der Männer, die zuerst Frauen ermunterten, Gewerkschaften zu bilden, war nicht so sehr von dem Wunsch bestimmt, die Arbeitsbedingungen für Frauen zu verbessern; vorherrschend war ihr Interesse, sich vor Lohnsenkungen zu schützen, die aus der Konkurrenz der Frauen hervorzugehen drohten. [...] Diese feindselige Einstellung wuchs sich in mehreren Fällen zu einem offenen Kampf zwischen Männern und Frauen aus, besonders unter den Textil- und Wäschereiarbeitern. Als die männlichen Zuschneider erleben mussten, dass die Frauen ihre eigenen Arbeitsplatz-Interessen verfochten, wollten sie nicht länger mit ihnen in derselben Gewerkschaft bleiben und erklärten ihren Austritt; die Frauen aber haben sich seitdem geweigert, sie wieder aufzunehmen. Anfangs versuchten die Männer in der Wäschereiarbeiter-Gewerkschaft ein Lohnsystem durchzusetzen, das erhöhte Tarife für die Arbeitsbereiche vorsah, in denen Männer tätig waren, die Frauen aber auf dem alten Stand beließ. [...] Die Frauen verweigerten diesem Vorgehen jede Unterstützung und hielten daran fest, bis die Forderung nach höherem Lohn auf alle Arbeitsbereiche erweitert wurde.

a) und b) aus: R. Baxandall u.a. (ed.), America's Working Women, New York 1976. S. 151 f., 172, dt. Übersetzung: J. Rohlfes

**c)** Das Lied „Bread and Roses" wird 1912 von James Oppenheim anlässlich eines Arbeiterinnenstreiks in Lawrence, Massachusetts verfasst.

1. As we come marching, marching, in the beauty of the day
A million darkened kitchens, a thousand mill lofts grey,
Are touch'd with all the radiance that a sudden sun discloses,
For the people hear us singing, „Bread and Roses, Bread and Roses".
2. As we come marching, marching, we battle too for men,
For they are women's children, and we mother them again.
Our lives shall not be sweated from birth until life closes;
Hearts can starve as well as bodies: „Give us Bread, and give us Roses!"
3. As we come marching, marching, unnumbered women dead
Go crying through our singing their ancient cry for bread.
Smart art and love and beauty their drudging spirits knew.
Yes, it is bread we fight for – but we fight for roses, too.
4. As we come marching, marching, we bring the greater days;
The rising of the women means the rising of us all.
No more the drudge and idler – ten that toil where one reposes,
but a sharing of life's glories, Bread and Roses, Bread and Roses.

nach: The Big Red Song Book, London 1977, S. 97

*a) Diskutieren Sie die Auffassung von der Rolle der Frau, die in M 9a deutlich wird.*
*b) Rekonstruieren Sie Konflikte, die sich aus der Konkurrenz zwischen weiblichen und männlichen Arbeitnehmern am Arbeitsplatz ergeben konnten.*
*c) Erläutern Sie, worauf die Wirkung des Liedes „Bread and Roses" beruhte.*

## 10 Anteile an der Weltindustrieproduktion 1820–1913 (in %).

*Kennzeichnen Sie die Position der USA um die Jahrhundertwende.*

| Jahr | England | USA | Deutschland | Frankreich | Russland | Japan |
|---|---|---|---|---|---|---|
| 1820 | ca. 50 | ca. 10 | ca. 8 | ca. 15 | ca. 1 | – |
| 1840 | 45 | 11 | 12 | 13 | – | – |
| 1870 | 32 | 23 | 13 | 10 | 4 | – |
| 1890 | 22 | 31 | 14 | 8 | 3 | – |
| 1913 | 14 | 36 | 16 | 6 | 6 | 1 |

## 3. Einwanderungen und ethnische Minderheiten

**Unkontrollierte Einwanderung …**

Bis heute wird der Charakter der amerikanischen Gesellschaft entscheidend von ständig neuen Einwanderungen geprägt. Aber noch nachhaltiger war dies zur Zeit der Hochindustrialisierung um die Jahrhundertwende der Fall: Von 1860 bis 1900 wuchs die US-Bevölkerung von 31 auf 76 Millionen, allein 14 Millionen davon kamen als Einwanderer.
Nach Umfang, ethnischer Zusammensetzung und staatlicher Einwanderungspolitik stellt die Zeit um die Jahrhundertwende eine deutliche Zäsur in der Geschichte der Einwanderung dar. Die erste Phase der Einwanderung von der Gründungszeit bis um die Jahrhundertwende ging vor allem von West- und Nordeuropa aus und verlief entsprechend dem Laissez-faire-Prinzip ohne jegliche staatliche Kontrolle. Die Erschließung des Westens machte den Arbeitsmarkt lange Zeit für Einwanderer nahezu unbegrenzt aufnahmefähig. Wechselnde „Druck- und Zugfaktoren" setzten die europäischen Einwanderer in Bewegung: einerseits der Druck politischer oder wirtschaftlicher Bedrängnis oder religiöser Verfolgungen in Europa, andererseits die Hoffnung auf bessere Lebensumstände und freiere Entfaltungsmöglichkeiten in Amerika.

**… beginnende Fremdenfeindlichkeit …**

Um 1900 trat ein deutlicher Wandel in der Einwanderungspolitik ein. Ab den 1880er Jahren stieg die Einwanderung aus Ost- und Südeuropa sprunghaft an. 1860 waren noch 50% der Einwanderer aus dem englischen Sprachraum gekommen, bis 1906 sank dieser Anteil auf 10%. Viele alteingesessene Amerikaner empfanden die in Sprache (romanisch und slavisch), Volkstum und vor allem Religion (katholisch, orthodox, jüdisch) für sie fremdartigen Menschen aus Österreich-Ungarn, Italien, Polen, Russland, Rumänien, Bulgarien und dem Osmanischen Reich als Bedrohung. Die meisten Einwanderer blieben in den überfüllten Städten und bildeten dort regelrechte Einwandererghettos.

**… und erste Einwanderungsbeschränkungen**

Dementsprechend vielfältig waren die Gründe für die um die Jahrhundertwende beginnenden gesetzlichen Einwanderungsbeschränkungen: Sie reichten von der Angst des Arbeiters um seinen Arbeitsplatz, der Furcht vor der Unterminierung der anglo-amerikanischen Kultur bis hin zu „wissenschaftlich" unterlegten Vorurteilen über die angeblich rassische und kulturelle Unterlegenheit bestimmter Einwanderervölker. Nach einem Vertrag über die Einschränkung der Einwanderung aus China im Jahre 1880 wurden 1882 die Chinesen als Erste per Gesetz gänzlich von der Einwanderung ausgeschlossen, Verbote gegen die Einwanderung von Japanern folgten 1907.

**„Melting pot"?**

Die in populären Darstellungen der amerikanischen Gesellschaft bis heute immer wieder benützten Metaphern wie „melting pot" oder „bunte Salatschüssel" brachten zwar das traditionelle Wunschdenken vieler Amerikaner zum Ausdruck, entsprachen aber schon um die Jahrhundertwende kaum mehr der Wirklichkeit. Die Assimilation der ethnischen Gruppen gelang längst nicht immer, viele neu eingewanderte ethnische Minderheiten schlossen sich in eigenen Stadtbezirken zusammen. Besonders den Schwarzen blieb auch nach dem Bürgerkrieg und der Abschaffung der Sklaverei die politische, wirtschaftliche und gesellschaftliche Gleichberechtigung vor allem in den Südstaaten verwehrt. So wurden im Süden noch vor der Jahrhundertwende Analphabetentests, Mindeststeuerauflagen, Wohnsitzverordnungen oder z. B. auch eine Bestimmung eingeführt, die nur jenen Schwarzen die Wahl erlaubte, deren Vorfahren vor dem Bürgerkrieg keine Sklaven waren („Großvatergesetz"). Die meisten Schwarzen waren damit um die Jahrhundertwende im Süden von der Wahl ausgeschlossen und ihre politische Entmündigung setzte sich auch in das 20. Jahrhundert hinein fort.

**11** „Welcome to All", Lithographie von Joseph Keppler, 1880. Noch sind die Einwanderer auf der Arche Noah der Neuen Welt willkommen, die Lithographie deutet aber auch bereits Veränderungen an. *Stellen Sie fest, wie diese zeichnerisch ausgedrückt werden.*

**Die Schwarzen: gesellschaftliche Trennung …**

Als 1896 der Oberste Gerichtshof im so genannten „separate but equal" – Urteil feststellte, die Rassentrennung verstoße nicht gegen den Gleichheitsgrundsatz der Verfassung, wurde diese in den Südstaaten konsequent in öffentlichen Verkehrsmitteln, Hotels, Restaurants und Krankenhäusern durchgeführt. So gab es z. B. in allen Eisenbahnen der Südstaaten Personenwaggons mit getrennten Abteilen. Für einen wirkungsvollen Widerstand gegen die Rassendiskriminierung fehlten den Schwarzen eine politische Organisation und auch Führerpersönlichkeiten, wie sie später die Bürgerrechtsbewegung hervorgebracht hat (s. S. 114 f.). Auch von Politikern der Nordstaaten erhielten die Schwarzen zu dieser Zeit kaum Unterstützung.

**… und wirtschaftliche Abhängigkeit**

Die politische Tatenlosigkeit hatte ihren Grund nicht zuletzt in der wirtschaftlichen Abhängigkeit, in der die Schwarzen vor allem im Süden auch nach der Sklavenbefreiung lebten. Grund und Boden gehörten meist weißen Eigentümern, die Schwarzen bewirtschafteten ihn als Kleinpächter. Dagegen gab es um die Jahr-

**Assimilation:** Der Begriff bezeichnet den stufenweisen Abbau von Schranken zwischen zwei oder mehreren ethnischen Gruppen, die sich vorher durch Herkunft, Sprache oder Kultur unterschieden haben. Der Assimilationsprozess kann in vier Formen erfolgen: Zugang zu allen gesellschaftlichen Einrichtungen (Integration), Übernahme der Kulturmuster (Akkulturation), Gefühl der Zugehörigkeit zu Volk und Nation (Identifikation), Eheschließungen zwischen den Gruppen (Amalgamation). Werden diese vier Formen nicht vollständig realisiert, entsteht eine multikulturelle Gesellschaft, in der nur ein Teilabbau der Schranken durchgeführt wird und die gesellschaftliche Vielfalt erhalten bleibt.

**Ethnische Minderheiten:** In den USA gelang verschiedenen nationalen Minderheiten die Assimilation, auch wenn sie angestrebt wurde, nur schwer. Asiatische Minderheiten wie die Japaner, Chinesen, Filipinos, Inder oder Vietnamesen ebenso wie die Indianer, die Schwarzen oder Hispanics bilden z. T. bis heute geschlossene Gruppen, die vor allem ihre kulturellen Eigenheiten bewahrten. Auch religiöse Minderheiten wurden in den verschiedenen amerikanischen Einzelstaaten nicht immer gleichermaßen toleriert. Einige Minderheiten fordern zu ihrem Schutz rechtliche Maßnahmen, so die Anerkennung ihrer Sprache als weitere Amtssprache, die Errichtung von Minderheitsschulen und die Gewährung begrenzter Verwaltungsbefugnisse.

hundertwende nur gut 100 000 Schwarze, die selbst Land besaßen. Um diese Zeit setzte eine Wanderungsbewegung in die Großstädte des Nordens ein. Während des Ersten Weltkrieges fanden die Schwarzen dort zwar genügend und verhältnismäßig gut bezahlte Arbeit, blieben aber von den meisten Gewerkschaften ausgeschlossen und ließen sich daher häufig als Streikbrecher missbrauchen. So wurden sie für die Arbeiterbewegungen häufig zu „Sündenböcken".

**Enteignet und entmündigt: die Indianer**

Einschneidende Veränderungen brachte das zu Ende gehende 19. Jahrhundert für die Indianer, da die Regierung ab etwa 1880 dazu überging, alle Indianerstämme auf Reservate zu verteilen. Schon seit Beginn des 19. Jh. hatten unzählige Gesetze, Verträge und Gerichtsurteile zur weitgehenden Enteignung und politischen Entmündigung der Indianer geführt.

**Vertreibung …**

Nach einem Gesetz von 1830 wurden so über 100 000 Indianer aus ihren Gebieten östlich des Mississippi vertrieben und mussten sich westlich davon ansiedeln. 1871 wurden ihnen der Status einer unabhängigen Nation und das Recht der Abschließung von Verträgen aberkannt. Für alle indianischen Angelegenheiten waren nun der Kongress und das „Indian Bureau" als Bundesbehörde für indianische Angelegenheiten zuständig, 1913 sprach ihr ein Urteil der Bundesregierung die uneingeschränkte Entscheidungsgewalt über alle indianische Stammesregierungen zu.

**… und Zwangsumsiedlung**

Zu katastrophalen Folgen führten um die Jahrhundertwende die Zwangsumsiedlungen der Indianer in Reservate und die Versuche, sie zu individuell wirtschaftenden Kleinbauern zu machen. Ein Gesetz verbot alle indianischen Sitten und Gebräuche. Dies zerstörte nicht nur die traditionellen Stammesorganisationen. Bei der im Zuge der Umsiedlung vorgenommenen Landzuteilung ging auch der größte Teil ihres Landbesitzes verloren. Zudem konnten die Indianer wegen Geldmangels sowie fehlender landwirtschaftlicher und technischer Erfahrung ihre Äcker und Wiesen nicht gewinnbringend nutzen. Nach wenigen Jahrzehnten war ein Großteil der indianischen Landbesitzer durch weiße Farmer verdrängt.

12 Das Gemälde eines unbekannten Künstlers zeigt die Vertreibung von Navajo-Indianern gegen Ende des 19. Jahrhunderts. Tausende kamen dabei um. *Interpretieren Sie den Vorgang aus der Sicht des Künstlers.*

## 13 „Schmelztiegel" USA?

**a)** 1896 wies der Oberste Gerichtshof die Klage eines Mischlings ab, der sich geweigert hatte, in dem für Schwarze bestimmten Eisenbahnabteil Platz zu nehmen und sich dabei auf den 14. Verfassungszusatz berief. Dieser für alle Einzelstaaten verbindliche Zusatz verbot die Diskriminierung von freigelassenen Sklaven. Im Urteil heißt es:

Wir sehen den entscheidenden Fehler der Beweisführung des Klägers darin, dass er annimmt, die vorgeschriebene Trennung der beiden Rassen versehe die Farbigen mit dem Makel der Unterlegenheit. Sollte dies so sein, dann nicht, weil es im Gesetz steht, sondern allein, weil die farbige Rasse diese Konstruktion willkürlich in das Gesetz hineinliest. Die Beweisführung unterstellt ferner als zwingend, dass dann, wenn die Farbigen die Vormacht in der Staatslegislative erhielten – was mehr als einmal der Fall gewesen ist und was wieder so kommen könnte – und ein entsprechendes Gesetz beschlössen, die weiße Rasse dadurch auf eine untergeordnete Position verwiesen wäre. Wir könnten uns vorstellen, dass die weiße Rasse sich, gelinde gesagt, mit dieser Annahme nicht abfinden würde. Die Beweisführung unterstellt auch, dass man soziale Vorurteile mit Hilfe der Gesetzgebung überwinden könne und dass die Gleichberechtigung des Negers nur hergestellt werden könne durch eine Vermengung der zwei Rassen. Wir können dieser Auffassung nicht zustimmen. Wenn sich die zwei Rassen auf der Basis gesellschaftlicher Gleichheit treffen sollen, dann muss dies das Resultat natürlicher Affinität, gegenseitiger Wertschätzung der Verdienste des jeweils anderen und freiwilliger Übereinstimmung von Einzelnen sein. […] Die Gesetzgebung kann nicht rassische Instinkte auslöschen oder Unterschiede aufgrund physischer Merkmale aufheben […] Wenn bürgerliche und politische Gleichberechtigung für beide Rassen besteht, kann die eine gegenüber der anderen weder bürgerlich noch politisch niedriger gestellt sein. Wenn die eine Rasse gegenüber der anderen Rasse jedoch sozial niedriger steht, kann die Verfassung der Vereinigten Staaten sie auch nicht auf eine gemeinsame Ebene heben.

**b)** Nur ein Richter des Obersten Gerichtshofs hat dazu eine andere Meinung:

[…] Wenn aus der Vermengung der zwei Rassen auf öffentlichen Straßen, die zum Nutzen aller gebaut sind, Übles entstände, wäre dies unendlich geringer als jenes, das mit Sicherheit aus einer staatlichen Gesetzgebung resultiert, die den Genuss der Bürgerrechte auf rassischer Grundlage regelt. Wir rühmen uns der Freiheit, die unser Volk im Unterschied zu allen anderen Völkern genießt. Aber man kann dies Rühmen schwerlich mit dem Stand einer Gesetzgebung in Einklang bringen, die in der Praxis einem großen Teil unserer Mitbürger, unseren Gleichberechtigten vor dem Gesetz, den Stempel der Knechtschaft und der Erniedrigung aufdrückt. Die fadenscheinige These, dass Fahrgästen in Eisenbahnwaggons „gleiche" Transportbedingungen gewährt werden, wird keinen täuschen oder etwa aussöhnen mit dem Unrecht, das dieser Tag gebracht hat.

Engl. in: 163 U.S. 537, 1896: dt. aus: Günter Moltmann, Die Vereinigten Staaten von Amerika von der Kolonialzeit bis 1917, Paderborn 1980, (Dok. 36), 58 f.

**c)** 1881 formuliert Außenminister Blaine einen Vorschlag zur Lösung der Indianerfrage:

Zweitens. Von noch größerer Bedeutung ist eine Maßnahme, die schon öfters von meinen Amtsvorgängern empfohlen worden ist und zu deren Verfolgung von Zeit zu Zeit verschiedene Gesetzesvorschläge in beiden Häusern des Congresses eingebracht worden sind. Die Erlassung eines allgemeinen Gesetzes, welches im Einzelnen die Zuteilung zumindest an solche Indianer, welche es wünschen, von einem Landstück von vernünftiger Größe erlaubt, wobei ihnen dies durch eine Urkunde zugesichert wird und dieses Stück Land für ihren eigenen Schutz für 20 oder 25 Jahre unveräußerlich ist, ist für ihr gegenwärtiges Wohlbefinden und für die ständige Verbesserung ihres Zustandes unbedingt erforderlich.

Im Gegenzug zu einer derartigen aufmerksamen Maßnahme auf Seiten der Regierung kann sehr wohl angenommen werden, dass die Indianer in großer Zahl überzeugt werden könnten, ihre Stammesbindungen aufzugeben und sich sofort mit der Landwirtschaft zu beschäftigen. Viele von ihnen sind sich des Umstandes gewahr, dass ihre Tage des Jagens vorbei sind und dass es in ihrem eigenen besten Interesse liegt, ihre Lebensweise an die neuen Gegebenheiten anzupassen. Durch keinen größeren Ansporn als durch die Gewährung eines permanenten Rechtstitels an Grund und Boden können sie dazu bewogen werden, sich auch mit dessen Bestellung zu beschäftigen.

aus: H. Schambeck/H. Widder/Marcus Bergmann, Dokumente zur Geschichte der Vereinigten Staaten von Amerika, Berlin 1993, S. 398 ff.

**d)** Aus dem Vertrag zur Regulierung der Einwanderung von 1880:

Art. I. Wann immer nach Meinung der Regierung der Vereinigten Staaten das Kommen von chinesischen Arbeitern in die Vereinigten Staaten oder ihr Aufenthalt hier die Interessen dieses Landes betrifft oder zu betreffen droht, oder die öffentliche Ordnung des besagten Landes gefährdet oder irgendeines Gebietes innerhalb dieses Landes, stimmt die Regierung Chinas zu, dass die Regierung der Vereinigten Staaten ein derartiges Kommen oder einen derartigen Aufenthalt regulieren, beschränken oder untersagen kann, ohne sie allerdings gänzlich zu verbieten. Die Beschränkung oder Aufhebung soll maßvoll sein und soll nur auf Chinesen angewendet werden, welche in die Vereinigten Staaten als Arbeiter kommen, wobei andere Klassen von diesen Beschränkungen nicht erfasst werden. Die Gesetzgebung bezugnehmend auf chinesische Arbeiter wird nur dergestalt sein, als es notwendig ist, die Regulierung, Beschränkung oder Aufhebung der Einwanderung durchzuführen, und den Einwanderern soll persönliche Misshandlung oder Beschimpfung nicht widerfahren.

Art. II. Chinesischen Untertanen, egal ob sie in die Vereinigten Staaten als Lehrer, Studenten, Kaufleute oder aus Neugierde kommen, gemeinsam mit ihren persönlichen oder Haushaltsdienern, und chinesischen Arbeitern, die sich jetzt in den Vereinigten Staaten aufhalten, soll nach ihrem eigenen freien Willen und Absicht gestattet werden, zu kommen und zu gehen, und es sollen ihnen alle die Rechte, Privilegien, Immunitäten und Ausnahmen gewährt werden, die den Bürgern und Untertanen der meistbegünstigten Nationen gewährt werden.

Engl. in: William M. Malloy (ed.), Treaties, Conventions, International Acts, Protocols and Agreements between the United States of America and other Powers, 1776–1909, Vol. I, Washington, 1910, 237 ff.; dt. aus: H. Schambeck, a. a. O., S. 396 ff.

**e)** Einwanderung und Generationenkonflikt. Ein jüdisches Mädchen berichtet über ein Theater-Erlebnis im New Yorker Judenviertel (1911):

Das jiddische Theater an der East Side blühte. Es gab ein Stück, das als Muster für viele andere diente. Es war die Geschichte einer Familie, die nach Amerika ausgewandert war. Der Sohn war nach wenigen Jahren wohlhabend geworden. Er hatte seine Religionsausübung als altmodisch aufgegeben und war voller Ängste, wenn seine betagten Eltern ihn in seinem ultramodernen Heim besuchten. Er meinte seine Pflicht getan zu haben, wenn er für ihr materielles Wohl sorgte, aber dies, so sagte der Vater, sei „in ihrem Mund Galle und Wermut". In einer tragischen Szene versucht die Mutter, mit ritueller Perücke und in gravitätischer Alte-Welt-Kleidung, sich bei ihrer in Amerika geborenen Schwiegertochter und ihren Enkelkindern einzuschmeicheln. Sie mustern sie wie eine seltsame Fremde. Dem Vater ergeht es nicht besser. Er erinnert seinen Sohn: „Dein Milton ist schon über elf Jahre alt; es ist Zeit, dass er für seine Bar Mitzvah (vergleichbar der evangelischen „Konfirmation") lernt." „Bitte, Vater, erspare mir das", antwortet der Sohn und schaut verlegen zu seinen Freunden, die am Tisch Karten spielen und sich mächtig über den Rat des Vaters amüsieren. Gebrochenen Herzens stirbt der Vater.

A. Eisenberg (ed.), Eyewitnesses to American Jewish History, III., New York 1979, S. 132, dt. Übersetzung: J. Rohlfes

*a) Legen Sie dar, mit welchen Argumenten der Oberste Gerichtshof die Bestimmung des 14. Verfassungszusatzes zu unterlaufen versucht.*

*b) Erläutern Sie die Begründung, mit der sich Richter Harlan gegen den Urteilsspruch des Obersten Gerichts ausspricht.*

*c) Informieren Sie sich über die Lebensformen der Indianerstämme Nordamerikas und erörtern Sie davon ausgehend die Vorschläge Blaines.*

*d) Welche Folgen hatten die Landzuteilung und die Auflösung der Stammesbindung für die Indianer?*

*e) Erläutern Sie den Kompromisscharakter des Einwanderungsgesetzes von 1880 und die Gründe für die unterschiedliche Behandlung der Chinesen.*

*f) Diskutieren Sie, inwiefern die in e) geschilderte Szene „tragisch" genannt werden kann.*

## 14 Indianer kämpfen um ihr Recht

**a)** Yakima-Häuptling Wallahee verteidigt sich gegen die Anklage, die Fischerei-Gesetze des Staates Washington verletzt zu haben (1915):

Ich war mit meinem Vater in Walla Walla im Juni 1855, als der Vertrag unterzeichnet wurde. Unsere Häuptlinge wollten den von General Stevens vorgelegten Vertrag nicht unterzeichnen. Unser Vater sagte: „Ihr werdet uns unsere Rechte nehmen und wir können nicht fischen und jagen.“ [...]

General Stevens sagte: „Hört auf mich. Ich schütze euch in euren Fischrechten. Ich werde in das Protokoll, das niemals getilgt werden darf, hineinschreiben, dass die Indianer das Recht besitzen, an ihren Fischplätzen zu fischen.“ [...]

Nun wird mir gesagt, der Gerichtshof des Staates Washington erkläre: „Dieser Vertrag ist nicht rechtens.“. [...]

Wir haben den Vertrag eingehalten. Wir denken, er ist das höchste Gesetz. Wir meinen, er wurde geschlossen, bevor die Staatsgesetze und die Gerichte über unsere Rechte befinden. Wir töten den Fisch nicht für den Markt; wir verdienen kein Geld. [...] Wir haben gehört, wie der weiße Mann den Fisch tötet und für Geld verkauft. Darum wird der Fisch knapp.

**b)** Die „Society of American Indians" fordert die Abschaffung des Indian Bureau (1915):

Das System des Indian Bureau ist falsch. Der einzige Weg, etwas Falsches zu korrigieren, ist es abzuschaffen, und die einzige Reform ist, unser Volk in die Freiheit zu entlassen. Wenn der Indianer von den Fesseln der regierungsamtlichen Überwachung befreit ist – was wird er dann anfangen? Überlasst das dem Indianer, es ist nicht eure Sache. Setzt einen Indianer und einen Yankee in der Wüste aus, zum Leben oder Sterben. Wir verbürgen uns jederzeit für einen Indianer, dass er sich durchschlagen wird. Die Vorstellung, der Indianer werde zu Grunde gehen, wenn das Indian Bureau abgeschafft wird, ist leeres Gerede. [...] Die Auflösung des Indian Bureau wird nicht nur den Indianern nützen, sondern das Land wird jährlich mehr von den Indianern zurückbekommen, als die Regierung für sie aufgewendet hat. Inwiefern? Weil man, indem man das Indian Bureau abschafft, aufhört, arme und nutzlose Wesen hervorzubringen, und stattdessen beginnt, Produzenten und Arbeitern den Weg zu bereiten.

a) und b) in: W. Moquin (ed.), Great Documents in American Indian History, New York 1973, S. 209 f., 290 f., 303 ff., dt. Übersetzung: J. Rohlfes

*a) Erörtern Sie den Konflikt zwischen altem Vertrags- und neuem Staatsrecht.*
*b) Diskutieren Sie die Chancen einer autonomen indianischen Minderheit inmitten einer expandierenden weißen Industriegesellschaft?*

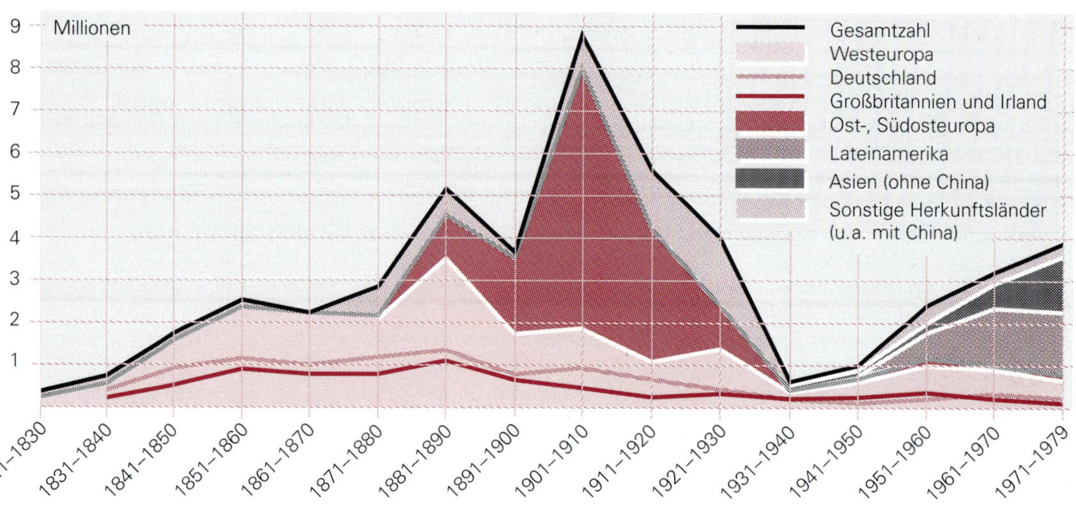


**15** Die Entwicklung der Einwanderung 1821–1979.
*Geben Sie Ursachen für die unterschiedlichen Phasen der Einwanderung an und beachten Sie dabei vor allem die Zeit um die Jahrhundertwende.*

**16** 1789: Einigung auf eine Verfassung. Zeitgenössische Darstellung.
Nach dem Unabhängigkeitskrieg gegen England 1783 konnten sich die Deligierten der 13 ehemaligen Kolonien erst nach langen Debatten auf eine gemeinsame Verfassung einigen. Zwar kannten sie die Ideen von Charles Montesquieu (Gewaltenteilung), Jean-Jacques Rousseau (Volkssouveränität) und Adam Smith (freier Wirtschaftswettbewerb), ein Vorbild für einen demokratischen Staat gab es jedoch nicht. Besonders umstritten war die Frage, wie die Macht zwischen den Einzelstaaten und der zentralen Bundesgewalt aufgeteilt werden sollte. 1787 fanden die Deligierten zum „Großen Kompromiss": Die Einzelstaaten wurden nicht aufgelöst, sie mussten zwar Rechte an die Bundesregierung abgeben, konnten v. a. im Senat aber ihre Interessen zur Geltung bringen. 1789 wurde die Verfassung durch die Grundrechtsartikel („Bill of Rights") ergänzt.
*Erörtern Sie, welche Haltung der Amerikaner zu ihrer Verfassung die Abbildung zum Ausdruck bringen möchte.*

## 4. Regierungssystem und politische Bewegungen

Die 1789 in Kraft getretene Verfassung der USA blieb über die Jahrhundertwende hinweg bis heute gültig. Verfassungszusätze (Amendments) ermöglichten eine Anpassung an die sich im Laufe der Zeit ändernden politischen Gegebenheiten und Auffassungen. Bis heute sind dies 26 Zusätze.

### 4.1 Die Verfassung und der politische Entscheidungsprozess

**„checks and balances": die Macht des Präsidenten …**

Charakteristisch für das amerikanische Regierungssystem ist die Gewaltenteilung, deren Strenge in kaum einer anderen Verfassungsordnung wiederkehrt.
Alle Funktionen der Exekutive sind auf den Präsidenten konzentriert. Er vereint in sich die Ämter des Staatsoberhauptes und Premierministers, er hat kein Kabinett mit verantwortlichen Ministern, sondern von ihm ausgewählte Vertrauenspersonen leiten die verschiedenen Departments (Ministerien). Sie werden mit Zustimmung des Senats vom Präsidenten ernannt und können von ihm jederzeit entlassen werden. Der Präsident kann nicht durch Misstrauensvotum einer Mehrheit des Kongresses gestürzt werden. Dennoch besteht die Möglichkeit der Absetzung bei nachweisbaren Straftaten mittels eines „impeachment", der vom Senat beschlossen werden kann.

**… des Kongresses …**

Die Machtfülle des Präsidenten ist beschränkt durch die beiden Häuser des Kongresses, die das alleinige Gesetzgebungsrecht besitzen. Andererseits kann der Präsident gegen Gesetzesvorlagen des Kongresses sein Veto einlegen, das der Kongress nur mit einer 2/3 Mehrheit aufheben kann. Der Kongress beschließt über den Staatshaushalt und besitzt damit die Handhabe, die politische Handlungsfähigkeit des Präsidenten einzuschränken. Auch bei Kriegserklärungen ist dieser an die Zustimmung des Kongresses gebunden. Ebenso braucht er die Genehmigung des Senats für bereits von ihm selbst außenpolitisch abgeschlossene Ver-

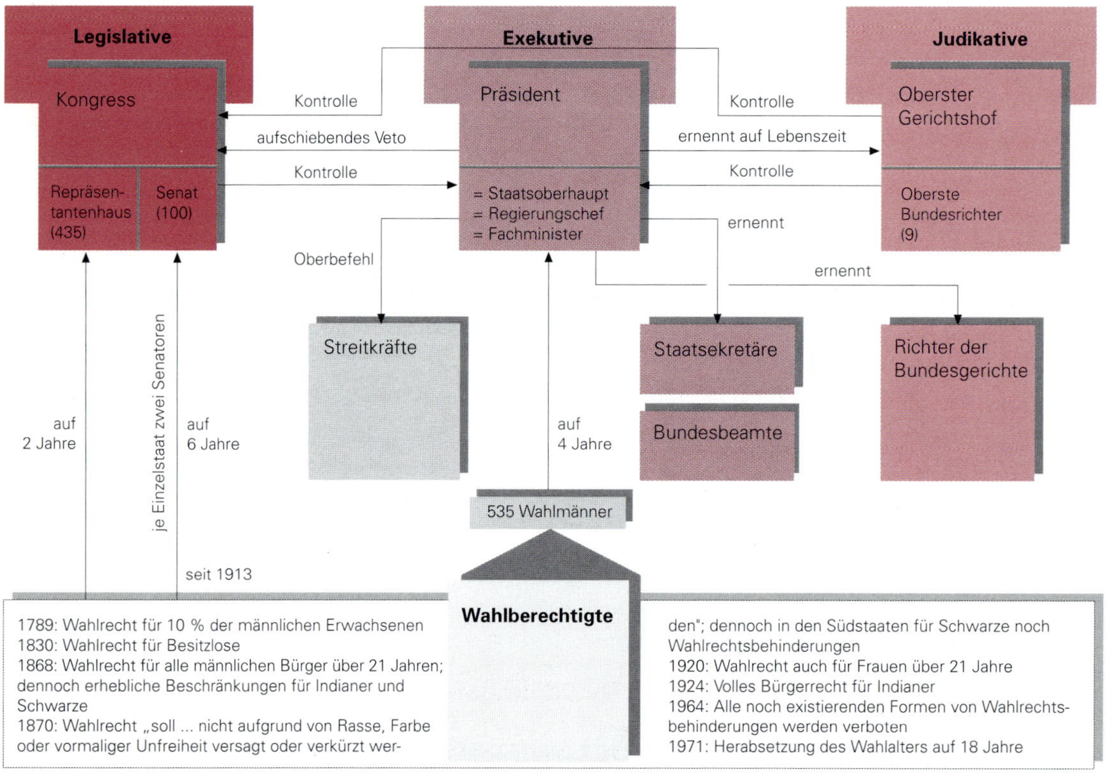


**17** Die Verfassung der USA (einschließlich einiger späterer Zusätze). *Beschreiben Sie das System der „checks and balances".*

träge. Da Kongress- und Präsidentschaftswahlen getrennt erfolgen, muss der Präsident oft auch mit einem Kongress zusammenarbeiten, in dem die Oppositionspartei die Mehrheit hat.

**... und des Obersten Gerichtshofes**

Eine wichtige Aufgabe im System der „checks and balances" kommt dem Obersten Gerichtshof (Supreme Court) zu. Er wacht über die Verfassungsmäßigkeit der Gesetze, kann verfassungswidrige Gesetze aufheben und legt die Verfassungsbestimmungen mit endgültiger Verbindlichkeit aus. Damit kann er die Politik maßgeblich beeinflussen. Dies geschah z. B. häufig bei der Frage der politischen, gesellschaftlichen und rechtlichen Gleichstellung der Schwarzen. Zudem entscheidet er in Streitfällen zwischen den Einzelstaaten und dem Bund sowie zwischen den Einzelstaaten untereinander.

**Der Einfluss der Lobby**

Großen Einfluss auf die Politik üben die Lobbyisten aus. Sie werden so genannt nach der „Lobby", der Eingangshalle des Parlaments, in der Besucher die Abgeordneten sprechen können, und übertreffen die Anzahl der Kongressabgeordneten um ein Vielfaches. Sie vertreten die Interessen der Unternehmen und Wirtschaftsverbände („big business") ebenso wie die der Gewerkschaften („big labor") oder der Farmer, der Ärzte, Lehrer, Veteranen usw. Als Verbindungsleute von tausenden Interessenverbänden sind mehr als 5 000 Lobbyisten offiziell registriert. Sie halten ständig Kontakt mit den Politikern, liefern ihnen Informationsmaterial und versuchen als „pressure groups" sie für ihre Interessen einzuspannen. Als Fachleute treten sie in den Beratungen der Fachausschüsse des Kongresses auf und arbeiten auch an Gesetzesvorlagen mit.

**Wer regiert die USA?**

Politische Entscheidungen fallen im Zusammenwirken zwischen dem Präsidenten, dem Kongress und der Lobby, oft auch als „Eisernes Dreieck" bezeichnet. Bei der Frage, wem innerhalb des „Eisernen Dreiecks" die größte Macht zukommt, gehen die Meinungen auseinander: Die einen behaupten, die pluralistische Meinungsvielfalt der Bevölkerung spiegele sich in der Zusammensetzung des „Eisernen Dreiecks" wider und das Prinzip der „checks and balances" verhindere die Dominanz einer bestimmten politischen, wirtschaftlichen oder gesellschaftlichen Gruppe; andere sind der Meinung, in der US-Gesellschaft hätten sich Eliten herausgebildet, die als fest gefügter „militärisch-industrieller Komplex" die Politik des Landes bestimmten. Weitgehende Übereinstimmung herrscht allerdings darin, dass das amerikanische Unternehmertum und das kapitalistische Marktsystem bei der Durchsetzung ihrer Interessen gegenüber anderen Gruppierungen als privilegiert bezeichnet werden können.

## 4.2 Politische Parteien und Strömungen

**„Patronage-Parteien"**

Es ist charakteristisch für die amerikanische Parteienlandschaft in Vergangenheit und Gegenwart, dass den meisten politischen Strömungen eine ideologisch klar festgelegte Programmatik wie „liberal", „konservativ" oder auch „sozialistisch" fehlt. Dies gilt für die beiden Traditionsparteien aus der Zeit vor dem Bürgerkrieg, für die Republikaner und Demokraten, ebenso wie für die politischen Gruppierungen im Prozess der Industrialisierung und Urbanisierung um die Jahrhundertwende.
Die Republikanische und die Demokratische Partei waren und sind in erster Linie Organisationen zum Erwerb politischer Macht und zur Besetzung wichtiger Ämter vom Ortssheriff bis zum Senator oder Präsidenten („Patronage-Partei"). Beide Parteien besaßen von ihrer Entstehung bis in die Gegenwart hinein im Vergleich zu vielen europäischen Parteien keine organisierte feste Parteimitgliedschaft, keine Beitragspflicht, keine Funktionärshierarchie, keinen ständigen Parteiapparat. Sie bildeten lockere Verbindungen verschiedenartiger Interessen, die sich zu Wahlzeiten enger zusammenschlossen, um dann wieder in ihre einzelstaatlichen oder lokalen Gliederungen zu zerfallen. Erst seit den 1980er Jahren zeigten sich Ansätze, die Organisationsstruktur und die Präsenz der Partei auf gesamtstaatlicher Ebene zu kräftigen. Dritten Parteien gelangen zwar kurzfristige Wahlerfolge, an der überwältigenden Mehrheit der beiden Traditionsparteien konnten sie allerdings nichts ändern.

**Gewerkschaften: Pragmatismus …**

Wie die Parteien unterschieden sich auch die Gewerkschaften in Vielem von den europäischen Arbeitnehmerorganiationen. Die „American Federation of Labor" (AFL), ein 1886 gegründeter Dachverband verschiedener Einzelgewerkschaften, der für die Interessen der privilegierten Facharbeiter eintrat, blieb antisozialistisch und antirevolutionär. Dementsprechend war das Programm der AFL: „Was will die Arbeiterschaft? … Wir wollen mehr Schulhäuser und weniger Gefängnisse; mehr Bücher und weniger Waffendepots; mehr Bildung und weniger Laster; mehr Dauerbeschäftigung und weniger Kriminalität; mehr Freizeit und weniger Habgier; mehr Gerechtigkeit und weniger Habsucht …"

**… und Konkurrenzdenken**

Neben diesen großen Verbänden bildete sich in den USA eine Fülle von z. T. rein berufsständischen Gewerkschaften – so vor allem Zusammenschlüsse von Eisenbahnern und Bergarbeitern –, deren Konkurrenzdenken insgesamt gesehen die Schlagkraft der Gewerkschaften schwächte. Auch blieben die Mitgliedszahlen niedrig. 1904 waren nur zwei Millionen, d. h. kaum 17% der gesamten Industriearbeiterschaft gewerkschaftlich organisiert. Die meisten Gewerkschaften waren sehr auf die gelernten Arbeiter ausgerichtet, so dass sich die ungelernten oder nur angelernten, vor allem aber die in Massen neu einwandernden ethnisch unterschiedlichen Arbeiter zu wenig vertreten fühlten.

**Die Populisten**

Wie die Arbeiter reagierten auch die Farmer auf die Industrialisierung durch Zusammenschlüsse. Vor allem der agrarische mittlere Westen wollte die zunehmende Macht der Großunternehmer und der Banken eindämmen.
Noch vor der Jahrhundertwende hatten sich im Süden und Norden zwei große Farmervereinigungen gebildet, die – anders als die Arbeitergewerkschaften – 1892 eine politische Partei gründeten, die „People's Party", deren Anhänger „Populisten" genannt wurden. Mit ihren Forderungen nach stärkerer politischer Mitwirkung und Schwächung des „big business" entsprachen sie den Interessen vieler Amerikaner. Dies zeigte sich bei den Wahlen 1892, als den Populisten als neuer dritter Partei neben den Republikanern und Demokraten beachtliche Erfolge gelangen. Etwa jeder zwölfte Wähler gab der neuen Partei seine Stimme. Ihre Popularität steigerte sich noch einmal in den Rezessionsjahren 1893/94. Als sich die Partei aber 1896 entschloss, mit den Demokraten zu koalieren, verloren sie nicht nur die Präsidentschaftswahl, die Koalitionskompromisse ließen auch viele Programmpunkte der Populisten in den Hintergrund treten.

**Die Sozialisten**

Nach der Jahrhundertwende wandten sich viele enttäuschte Populisten der 1901 gegründeten „Socialist Party of America" (SPA) zu – und scheiterten auch dort. Bei den Präsidentschaftswahlen von 1912 erreichten sie mit gerade 6% der Wählerstimmen ihr bestes Ergebnis. Da es eine klassenbewusste Arbeiterschaft kaum gab, mussten sich die Sozialisten an verschiedene Interessengruppen wenden und dazu Kompromisse schließen, die im Widerspruch zu sozialistischen Grundsätzen standen. Eine dauerhafte Zusammenarbeit mit den als konservativ empfundenen Gewerkschaften kam nicht zustande; die Schwarzen und andere ethnische Minderheiten konnten nicht gewonnen werden, da die SPA nicht weniger rassistisch und fremdenfeindlich war als die Gesellschaft insgesamt; die Farmer sahen in den Sozialisten ihren politischen Hauptgegner.

**Der Liberalismus: die „progressive era"**

Während der Sozialismus in Amerika im Vergleich zu Europa also nur ein Schattendasein führte, kam liberalen Ideen vor allem kurz nach der Jahrhundertwende große politische Bedeutung zu. Amerikanische Historiker bezeichnen die Jahre von 1901 bis 1917 als „progressive era", wobei besonders die Zeiten der „progressiven" Präsidenten Roosevelt (Republikaner, 1901–1909) und Wilson (Demokrat, 1913–1921) als Reformperioden hervorgehoben werden.
Die Kritik der amerikanischen Liberalen setzte vor allem an den sozialen Missständen der Industrialisierung und Urbanisierung an. Angesichts der Wirtschaftskrisen forderten die Progressivisten, die wirtschaftliche und soziale Sicherheit des Einzelnen nicht mehr allein dem freien Spiel der Kräfte zu überlassen, sondern dass der Staat planvoll eingreifen solle.
Für eine Verbesserung der Rechte der Schwarzen regte sich allerdings auch bei den Progressivisten kaum eine Hand – zu groß war die Angst, weiße Anhänger damit zu verlieren.

**Erfolge und Widerstände**

Eine politische Führung fanden die Progressivisten nach der Jahrhundertwende in Präsident Theodore Roosevelt. Überzeugt von den regenerativen Kräften des „frontier"-Geistes versuchte er unter dem Schlagwort „square deal" (gerechter Handel) vor allem nach 1904 viele Reformideen im Sinne der sozialen Gerechtigkeit umzusetzen. Er verstand es dabei, durch populäre Forderungen seinen Ruf als Reformer zu erhalten, ohne die Konfrontation mit den Mächtigen auf die Spitze zu treiben. Viele Reformen blieben daher aber auch in den Ansätzen stecken: Der

**18** „What a funny little governement", Karikatur 1900
*Stellen Sie dar, wie der Zeichner das Verhältnis zwischen Regierung und den Trusts sieht und bewertet.*

Widerstand der Konservativen im Kongress war stark, die Macht des „big business", der Trusts und Kartelle nicht mehr zu brechen, die Anti-Monopolgesetze und Anti-Trust-Gesetze schwächten die Mächtigen kaum – sie beschwichtigten aber die Massen.

## 19 Funktioniert das System der „checks and balances"?

1986 wurde bekannt, dass hochrangige Mitglieder der Regierung trotz eines Embargos Waffen an den Iran verkauft hatten und mit dem Erlös die nicaraguanischen Contras, d. h. eine vom CIA eingerichtete Kampftruppe gegen das linksgerichtete Regime in Nicaragua, finanziert hatten. Wie bei der Watergate-Affäre (s. S. 124 ff.) schien die Iran-Contra-Affäre das System der „checks and balances" in Frage zu stellen. Eine Reihe von Regierungsfunktionären musste zurücktreten, für Präsident Reagan selbst hatte die Affäre jedoch keine politischen Konsequenzen. Aus dem Bericht des Untersuchungsausschusses des Kongresses vom 13. November 1987:

Aufgrund einer Executive Order und aufgrund des Entscheidungsverfahrens für Angelegenheiten der Nationalen Sicherheit, welche von Präsident Reagan erlassen worden sind, müssen alle Geheimoperationen vom Präsidenten persönlich und in schriftlicher Form genehmigt werden. Aufgrund des Gesetzes muss der Kongress über jede Geheimoperation in Kenntnis gesetzt werden. Die finanziellen Mittel für solche Aktionen müssen wie alle Regierungsgelder genauestens verrechnet werden.

Die Geheimaktion, welche von (Oberstleutnant Oliver) North geleitet worden war, war jedoch vom Präsidenten in schriftlicher Form nicht genehmigt. Der Kongress war davon auch nicht informiert worden. Und die Geldmittel, mit denen sie unterstützt wurde, sind niemals verrechnet worden. Kurz, die Operation lief ab ohne irgendwelche Verantwortlichkeit, die von Regierungsmaßnahmen verlangt wird. Es war eine Missachtung einer der grundlegendsten Kontrollen der Verfassung gegenüber exekutivem Handeln – des Rechtes des Kongress', finanzielle Mittel für Regierungsprogramme zu genehmigen oder zu verweigern [...]

Einige Zeugen führten bei den Anhörungen aus oder gingen davon aus, dass die Außenpolitik ausschließlich dem Präsidenten nach seinen eigenen Vorstellungen überlassen bleiben sollte, wobei sie als Argument anführten, dass Gewaltenteilung in unserer gefährlichen Welt keinen Platz hätte. Aber die Theorie unserer Verfassung sagt das Gegenteil:

Politik, die durch Konsultationen und in einem demokratischen Prozess zustande kommt, ist besser und weiser als eine solche ohnedem. Eine Umgehung des Kongresses ist selbstzerstörerisch, denn keine Außenpolitik kann ohne die unparteiische Unterstützung des Kongresses Erfolg haben [...]
Nichtsdestoweniger liegt die letzte Verantwortlichkeit für die Ereignisse in der Iran-Contra Affäre beim Präsidenten. Wenn der Präsident nicht gewusst hat, was seine nationalen Sicherheitsberater getan haben, dann hätte er sich darum kümmern müssen. Es ist seine Verantwortlichkeit, seinen Untergebenen unzweideutig klarzumachen, dass sie ihn über wichtige Unternehmungen, welche sie namens der Verwaltung durchführen, auf dem Laufenden halten müssen. Die Verfassung verpflichtet den Präsidenten, „dafür Sorge zu tragen, dass Gesetze genau ausgeführt werden". Diese Aufgabe umfasst eine Verpflichtung, die Angehörigen seiner Administration nicht darüber im Zweifel zu lassen, dass rechtsstaatliche Prinzipien Beachtung finden müssen [...]
Es ist daher die Frage, ob der Präsident von der Irreführung gewusst hat, nicht überzeugend bezüglich der Frage seiner Verantwortlichkeit. Der Präsident erzeugte oder tolerierte zumindest eine Umgebung, in der jene, die von der Irreführung gewusst haben, mit Sicherheit geglaubt haben, dass sie die Politik des Präsidenten ausführen [...]
In einer konstitutionellen Demokratie trifft es nicht zu, wie ein Beamter behauptete, dass „wenn du des Königs Geld nimmst, dann handelst du nach des Königs Geheiß." Die Idee der Monarchie wurde hier vor 200 Jahren verstoßen. Und seit damals ist einzig und allein das Gesetz und kein Amtsträger oder keine Ideologie oberste Richtschnur. Dafür, dass er diese Anmaßung in seinem Mitarbeiterstab nicht unterbunden hat, dafür, dass er nicht Sorge getragen hat, dass das Gesetz oberste Richtschnur ist, trägt der Präsident die Verantwortung.
Vor 50 Jahren hat das Mitglied des Obersten Gerichtshofes Louis Brandeis folgendes aufgeführt: „Unsere Regierung ist der mächtige, der allmächtige Lehrer. Im Guten oder im Schlechten lehrt sie durch ihr Beispiel das ganze Volk. Verbrechen ist ansteckend. Wenn die Regierung zu einem Gesetzesbrecher wird, dann erzeugt sie Missachtung des Gesetzes, dann lädt sie jedermann ein, für sich selbst Gesetz zu werden, sie lädt ein zur Anarchie."
Die Iran-Contra Affäre ist das Ergebnis der Missachtung dieser Botschaft.

Engl. in: Henry Steele Commager-Milton Cantor, Documents of American History, Vol. II.10, New Jersey 1988, (Doc. 727), 872 ff.; dt. aus: H. Schambeck, a. a. O., S. 653 ff.

*Setzen Sie sich auf der Grundlage des Prinzips der „checks and balances" mit den Argumenten auseinander, mit denen der Untersuchungsausschuss bei verschiedenen Amtsinhabern einen Missbrauch der Verfassung feststellte.*

## 20 Lässt sich der Einfluss der Lobbys regulieren?

**a)** Bis in unsere Zeit reichen die Versuche, das Überhandnehmen des Einflusses der Lobbys einzudämmen. Das Lobbyistengesetz von 1946, das bis heute gültig ist, enthält dazu u. a. folgende Bestimmungen:

a) Jedermann, der sich gegen Bezahlung oder gegen irgendeine andere Begünstigung für die Bemühung engagieren lässt, die Verabschiedung oder die Verhinderung irgendeiner Gesetzgebungsmaßnahme durch den Kongress der Vereinigten Staaten zu erwirken, muss sich, ehe er etwas zur Förderung dieses Ziels unternimmt, beim Kanzlisten des Repräsentantenhauses und dem Sekretär des Senats eintragen lassen. Er muss diesen Beamten schriftlich und unter Eid seinen Namen und seine Geschäftsadresse angeben sowie den Namen und die Adresse der (juristischen) Person, von der er angestellt ist und in deren Interesse er auftritt oder arbeitet, die Dauer dieser Anstellung, die Höhe des Entgelts oder der in Aussicht gestellten Bezahlung, von wem er bezahlt wird oder bezahlt werden soll, wie viel ihm für die Auslagen zur Verfügung steht und welche Auslagen eingeschlossen sein sollen. Jedermann, der sich in dieser Weise eintragen lässt, muss, so lange seine Tätigkeit dauert, zwischen dem ersten und zehnten Tag jedes Kalendervierteljahres beim Kanzlisten und Sekretär eine unter Eid abgegebene, detaillierte Abrechnung aller von ihm im Verfolg seiner Arbeit im vorangegangenen Kalendervierteljahr eingenommenen und ausgegebenen Gelder zu den Akten geben. Der Bericht muss weiter enthalten: an wen das Geld bezahlt wurde und für welche Zwecke; die Namen aller Zeitungen, Zeitschriften, Magazine oder anderer Publikationen, in denen er die Veröffentlichung irgendwelcher Artikel veranlasst hat sowie die vorgesehene Gesetzgebungsmaßnahme, zu deren Un-

terstützung oder Verhinderung er angestellt ist.
Abschnitt 310.
Jede Person, die irgendeine Bestimmung dieses Kapitels verletzt, ist nach ihrer Überführung eines Vergehens schuldig und wird mit einer Geldstrafe nicht über 5 000 Dollar oder mit Gefängnis von mehr als 12 Monaten oder mit einer solchen Geldstrafe wie auch mit Gefängnis bestraft.
b) Zusätzlich zu den im Unterabschnitt a) vorgesehenen Strafen wird jeder Person, die eines hierin dargelegten Vergehens überführt ist, für die Dauer von 3 Jahren vom Datum der Überführung an gerechnet untersagt, die Verabschiedung oder Verhinderung irgendeiner vorgeschlagenen Gesetzgebungsmaßnahme direkt oder indirekt zu beeinflussen oder vor einem Ausschuss des Kongresses zur Förderung oder Verhinderung einer vorgeschlagenen Gesetzgebung zu erscheinen. Und jede Person, die irgendeine Bestimmung dieses Unterabschnitts verletzt, ist nach ihrer Überführung eines Verbrechens schuldig und wird mit einer Geldstrafe von nicht mehr als 10 000 Dollar oder Gefängnis von nicht mehr als 5 Jahren oder mit einer solchen Geldstrafe und mit Gefängnis bestraft.

aus: Hartmut Wasser, Die USA, der unbekannte Partner, Paderborn 1983, 200 ff.

**b)** Regierung und Lobbys – heute: *„Welche Interessengruppen haben Ihrer Meinung nach einen zu großen Einfluss auf die Regierung?"* Eine Umfrage dazu brachte 1994 folgendes Ergebnis:

| | |
|---|---|
| die Reichen | 86% |
| die großen Handelsgesellschaften | 84% |
| die Medien | 83% |
| die Wall-Street-Bankiers | 79% |
| die Rechtsanwälte | 79% |
| die auswärtigen Regierungen | 67% |
| die speziellen Interessengruppen | 64% |
| die Waffen-Lobby | 59% |
| die Arbeitergewerkschaften | 48% |
| die Umweltgruppen | 41% |
| die Verbrauchervertreter | 36% |
| die Mittelschicht-Amerikaner | 6% |
| Leute wie Sie | 3% |

nach: Time, 26. 9. 1994

*a) Legen Sie die Maßnahmen dar, mit denen die Lobbys kontrolliert werden sollen, und erörtern Sie deren mutmaßliche Wirksamkeit.*
*b) Erläutern Sie Vor- und Nachteile der Existenz der Lobbys und beurteilen Sie ihre Rolle im Prozess einer demokratischen Meinungsbildung.*

## 21 Die Reformbewegungen um die Jahrhundertwende:

**a)** Aus dem Parteiprogramm der Populisten 1892:

2) Vermögen gehört dem, der es erwirtschaftet […] Wenn jemand nicht arbeiten will, so soll er auch nicht essen. Die Interessen der Arbeiter und der Landarbeiter sind die gleichen; ihre Feinde sind identisch.
3) Wir glauben, dass die Zeit gekommen ist, da entweder das Volk unseren Eisenbahngesellschaften gehören wird oder die Eisenbahngesellschaften dem Volk gehören müssen. […]

Finanzen: Wir verlangen eine progressive Einkommensteuer.
Transport und Verkehr: Die Regierung sollte die Eisenbahnen besitzen und betreiben, im Interesse des Volkes […] ebenso wie den Telegrafen, das Telefon und die Post. […]
Land: Land und Bodenschätze sind das Erbe des Volkes und müssen der Spekulation entzogen werden. […] Alles Land, das die Eisenbahngesellschaften und andere Firmen über ihren tatsächlichen Bedarf hinaus besitzen sowie dasjenige in ausländischem Besitz, sollte von der Regierung zurückgefordert und den Siedlern zur Verfügung gestellt werden. […]
Zusätzliche Forderungen:
1) Wir verlangen ein System freier […] und geheimer Wahlen […]
4) Wir verdammen, […] dass unsere Häfen den armen und kriminellen Klassen der Welt geöffnet

sind und damit unsere Lohnabhängigen verdrängt werden; […] wir verlangen die weitere Einschränkung nicht wünschenswerter Immigration […]

7) Wir empfehlen […] das Gesetzgebungsverfahren, das als Initiative und Referendum bekannt ist.

8) Wir empfehlen einen Verfassungszusatz über die Beschränkung der Amtszeiten des Vizepräsidenten und des Präsidenten auf 4 Jahre […] und die Direktwahl der Senatoren durch das Volk.

aus: R. Hofstadter (Hg.), Great Issues in American History, Bd. 2, New York 1982, dt. Übersetzung: R. Theis, B. Obermann

**b)** Der Progressivismus. Zu dem in der Laissez faire-Zeit rücksichtslosen und ausbeuterischen Umgang mit den natürlichen Ressourcen des Landes stellt Präsident Theodore Roosevelt in einer Jahresbotschaft an den Kongress 1907 fest:

Die inländischen Wasserwege, die den gesamten östlichen und südlichen Küsten vorgelagert sind, sollten in gleicher Weise ausgebaut werden. Darüber hinaus betrifft der Ausbau unserer Wasserwege viele andere wichtige Wasserprobleme, welche alle als Teil desselben allgemeinen Plans betrachtet werden sollten. Die staatlichen Dämme sollten dazu verwendet werden, um hunderttausende von Pferdestärken zu produzieren als eine Nebenfolge der Verbesserung der Schifffahrt; denn der jährliche Wert der ungenützten Wasserkraft der Vereinigten Staaten betrifft vielleicht den jährlichen Wert der Produkte von all unseren Bergwerken. Als eine Nebenfolge der Herstellung tiefer Wasserwege den Mississippi flussabwärts sollte die Regierung entlang des ganzen unteren Flusslaufes Schutzdämme bauen, die zusammen mit der Kontrolle der Quellgebiete ein für alle Mal einen gänzlichen Einhalt gegenüber allen drohenden Überflutungen in diesem ungeheuer fruchtbaren Deltagebiet gewähren würden […] Optimismus ist eine gute Eigenschaft, aber wenn er zum Exzess getrieben wird, wird er zur Dummheit. Wir sind geneigt, von den Ressourcen dieses Landes als unerschöpflich zu sprechen; das trifft nicht zu. Der Reichtum des Landes an Bodenschätzen, die Kohle, das Eisenerz, das Öl, das Erdgas und Ähnliches mehr reproduzieren sich nicht von selbst und daher ist es sicher, dass sie letztlich erschöpft werden; und Verschwendung im Umgang mit ihnen heute bedeutet, dass unsere Nachfahren eine oder zwei Generationen früher die Erschöpfung der Bodenschätze spüren werden als sie dies ansonsten tun würden. Aber es gibt auch gewisse andere Formen der Verschwendung, die gänzlich gestoppt werden könnten – die Verschwendung von Humus durch Wegspülen zum Beispiel, welche zu den gefährlichsten aller Verschwendungen gehören, die zur Zeit in den Vereinigten Staaten in Gang sind, wäre leicht zu verhindern, so dass dieser gegenwärtig enorme Verlust an fruchtbarem Boden vollkommen unnotwendig ist. Der Schutz und die Wiederaufforstung der Wälder ist eines der wichtigsten Mittel, diese Verluste zu verhindern. Beim Schutz des Waldes haben wir einen Anfang gemacht, aber… das Maß der Erschöpfung der Holzvorräte in den Vereinigten Staaten ist in der Vergangenheit so schnell gewachsen und so schnell wird auch das verbliebene Holz erschöpft, dass das Land unweigerlich am Rande eines Holzmangels angelangt ist, der in jedem Haushalt dieses Landes spürbar werden wird.

aus: H. Schambeck, a. a. O., S. 421 ff.

*a) Ziehen Sie – ausgehend von den einzelnen Forderungen – Rückschlüsse auf die wirtschaftlichen, gesellschaftlichen und politischen Missstände in der Zeit um die Jahrhundertwende.*

*b) Formulieren Sie einen Katalog von Maßnahmen, der den Forderungen und Anliegen Roosevelts entspricht.*

*c) Untersuchen Sie, welche Forderungen Roosevelts auch heutigen Vorstellungen zum Umweltschutz entsprechen und welche nicht.*

**Zur Diskussion**

## Die Verfassung – Ausdruck des Willens der Mehrheit oder ökonomischer Interessen?

Die Verfassung der USA wurde zu einer Zeit geschaffen, als in Europa noch überwiegend absolutistische Systeme herrschten. Die Schöpfer der Verfassung hatten kein Vorbild in einem europäischen Staat. Aber die Verfassung wurde entscheidend geprägt von Gedanken, die von Europa ausgingen: vor allem von John Lockes und Charles Montesquieus Forderung der Gewaltenteilung, von Jean-Jacques Rousseaus Begriff der Volkssouveränität und Adam Smiths Prinzip des freien Wirtschaftswettbewerbs. Andererseits zeigte die Verfassung Rückwirkungen: Sie wurde zum Vorbild für alle demokratischen Verfassungen in Europa.
Über die Entstehung der Verfassung gibt es unterschiedliche Meinungen. War sie Ausdruck des Willens der Mehrheit amerikanischer Bürger oder geprägt von ökonomischen Interessen?

**a)** Der französische Staatsphilosph und Politiker Alexis de Tocqueville schreibt dazu 1835:

Die unumschränkte Herrschaft der Mehrheit liegt im Wesen der Demokratie; denn in der Demokratie kann sich außerhalb der Mehrheit nichts behaupten. [...]
Die moralische Herrschaft der Mehrheit fußt ferner auf dem Grundsatz, die Interessen der größeren Zahl hätten denen der kleineren vorzugehen. Aber man begreift leicht, dass die Achtung, die man dem Recht der größeren Zahl bezeugt, natürlich je nach Stellung der Parteien zu- oder abnimmt. Wenn eine Nation durch mehrere große und unvereinbare Interessen gespalten ist, wird das Vorrecht der Mehrheit oft nicht anerkannt, weil es zu hart ist, sich ihm zu unterwerfen.
Gäbe es in den Vereinigten Staaten eine Gruppe von Bürgern, die der Gesetzgeber gewisser ausschließlicher und ihnen seit Jahrhunderten zustehender Vorrechte zu berauben trachtete, so würde die Minderheit sich diesen Gesetzen wahrscheinlich nicht leicht fügen.
Aber da in den Vereinigten Staaten Menschen leben, die untereinander gleich sind, gibt es dort keinen naturgegebenen und anhaltenden Konflikt zwischen den Interessen der verschiedenen Bewohner [...]

A. de Tocqueville: Die Demokratie in Amerika, Frankfurt 1956, S. 87 ff., dt. Übersetzung: P. Mayer

**b)** Der Historiker Charles Beard kommt 1913 zu folgender Feststellung:

Die Bewegung für die Verfassung der Vereinigten Staaten wurde hauptsächlich von vier Gruppen von Interessen beweglichen Eigentums ins Leben gerufen und durchgesetzt, die unter den Konföderations-Artikeln Schaden erlitten hatten: Geld, Staatsobligationen, Fabriken, Handel und Schifffahrt. Die ersten festen Schritte zur Schaffung einer Verfassung wurden von einer kleinen und aktiven Gruppe von Leuten getan, die wegen ihres persönlichen Besitzes am Ergebnis ihrer Anstrengungen ein direktes Interesse hatten. Über den Vorschlag, den Konvent einzuberufen, der die Verfassung aufsetzte, gab es weder eine direkte noch eine indirekte Abstimmung in der Bevölkerung. Eine große besitzlose Masse war unter den herrschenden Wahlrechts-Qualifikationen von Anfang an von der Teilnahme (über Repräsentanten) an dem Werk der Ausarbeitung der Verfassung ausgeschlossen. Die Mitglieder des Konvents von Philadelphia, der die Verfassung ausarbeitete, waren mit nur wenigen Ausnahmen unmittelbar, direkt und persönlich an der Einrichtung des neuen Systems interessiert, von dem sie sich wirtschaftliche Vorteile versprechen konnten. Die Verfassung war im Wesentlichen ein ökonomisches Dokument, das von dem Grundsatz ausging, dass die fundamentalen privaten Rechte des Eigentums dem Staat zeitlich vorausgehen und moralisch außerhalb des Einflussbereichs von Majoritäten im Volk stehen. Der größere Teil der Mitglieder des Konvents hat den Protokollen gemäß den Anspruch des Eigentums auf eine besondere Position in der Verfassung, die ihm Schutz gewährt, anerkannt.
Bei der Ratifizierung der Verfassung unterließen es etwa drei Viertel der erwachsenen männlichen Bürger, ihre Stimme zu dieser Frage abzugeben, indem sie den Wahlen fernblieben, in denen Delegierte für die Konvente der Staaten gewählt wurden, und zwar

entweder aufgrund ihrer Gleichgültigkeit oder weil sie durch Besitzqualifikationen vom Wahlrecht ausgeschlossen waren. Die Verfassung wurde mit einer Stimmabgabe von vermutlich nicht mehr als einem Sechstel der erwachsenen männlichen Bürger ratifiziert […] Die führenden Männer, die in den Ratifizierungskonventen für die Verfassung eintraten, repräsentierten dieselben ökonomischen Gruppen wie die Mitglieder des Konvents von Philadelphia. In einer großen Zahl von Fällen waren sie auch unmittelbar und persönlich am Ergebnis ihrer Anstrengungen interessiert. Bei der Ratifizierung wurde deutlich, dass die Grenzlinie des Eintretens für und gegen die Verfassung zwischen reellen Interessen beweglichen Eigentums auf der einen Seite und den Interessen der kleinen Farmer und Schuldner auf der anderen Seite verlief. Die Verfassung wurde nicht von ‚dem ganzen Volk' geschaffen, wie die Juristen gesagt haben. Sie wurde auch nicht von ‚den Staaten' ins Leben gerufen, wie es ihre Gegner aus dem Süden lange behaupteten. Sie war vielmehr das Werk einer geschlossenen Gruppe, deren Interessen über Staatsgrenzen hinweggingen und in ihrer Reichweite wahrhaft national waren.

C. A. Beard, Eine ökonomische Interpretation der amerikanischen Verfassung, Frankfurt 1974, S. 382 f., dt. Übersetzung: U. Bracher

*Setzen Sie sich mit den Aussagen von Tocqueville und Beard über Entstehung und Wesensmerkmale der Verfassung auseinander.*

*a) Erklären Sie, inwiefern Ideal und Wirklichkeit der amerikanischen Gesellschaft in den Texten und Bildern dieses Kapitels ihren Ausdruck finden.*
*b) Die wirtschaftliche und gesellschaftliche Entwicklung der USA um die Jahrhundertwende wird häufig als „vergoldetes Zeitalter" bezeichnet. Erörtern Sie diese Aussage.*
◆ *c) Überlegen Sie aufgrund des Inhalts der Kapitel 1 und 2, warum sich gerade in den USA das Laissez-faire-Prinzip so uneingeschränkt entwickeln konnte.*
*d) Erläutern Sie charakteristische Merkmale des amerikanischen Regierungssystems.*
*e) Vergleichen Sie die Verfassung der USA mit dem Grundgesetz der Bundesrepublik Deutschland und stellen Sie Gemeinsamkeiten und Unterschiede fest.*
*f) Wer regiert Amerika? Fassen Sie wesentliche Merkmale des politischen Entscheidungsprozesses zusammen und untersuchen Sie dabei Kompetenzen und politische Macht der beteiligten Institutionen und Gruppen.*

## II. Aufstieg zur Weltmacht

Die europäischen Industriestaaten begannen schon vor der Jahrhundertwende einen Wettlauf um die „freien Gebiete“ der Erde. In den 25 Jahren zwischen 1875 und 1900 nahmen europäische Staaten ein Fünftel der Landfläche der Erde in Besitz, ein Zehntel der Weltbevölkerung war damit von ihnen abhängig.
Territoriale Ausdehnung mit dem Ziel, ein überseeisches Imperium aufzubauen, bestimmte die Interessen und die Politik der europäischen Völker und Regierungen: Damit sollten Rohstoffräume und Absatzmärkte, profitable Kapitalanlagen, neue Arbeitsplätze und Siedlungsräume gewonnen werden.
Und wie reagierte die neue Wirtschaftsmacht USA?

| | |
|---|---|
| 1898 | Mit dem Krieg gegen Spanien und der Besetzung Kubas beginnt die imperialistische Außenpolitik der USA. |
| 1904 | Mit der Erweiterung der Monroe-Doktrin von 1823 macht Präsident Roosevelt den Anspruch der USA geltend, bei Bedarf gegenüber lateinamerikanischen Länden „Polizeigewalt“ anzuwenden. |
| 1914 | Nach zehnjähriger Bauzeit wird mit dem Panamakanal ein für die USA wichtiger Schifffahrtsweg eröffnet. |
| 1917 | Nach Bekanntwerden des deutschen Versuchs, Mexiko zum Kriegseintritt zu bewegen (Zimmermann-Note), erklären die USA am 6. April Deutschland den Krieg. |
| 1918 | Am 8. Januar verkündet Präsident Wilson „Vierzehn Punkte“, die die Grundlage für die Wiederherstellung des Friedens bilden sollen. |
| 1919 | Auf der am 18. Januar in Paris eröffneten Friedenskonferenz kann sich Wilson mit seinen „Vierzehn Punkten“ nicht gegen die in Geheimverträgen festgelegten Kriegsziele der Alliierten durchsetzen. |

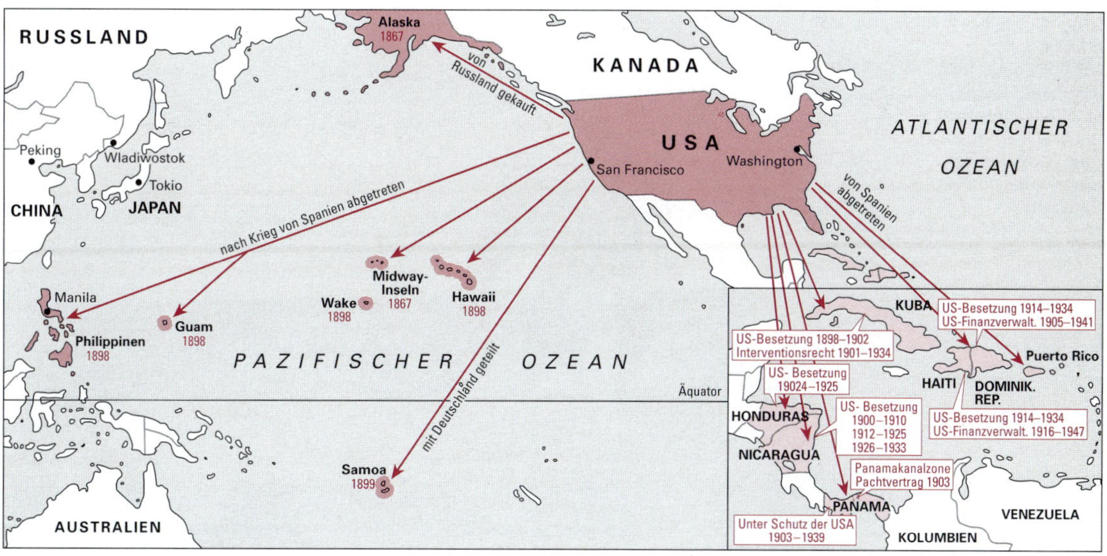


**22** Geostrategische Lage, Besitz und Interessen der USA um 1900. „Der Handel der Welt muss und wird unser sein“, forderte Senator A. J. Beveridge 1898.
*Beschreiben Sie – ausgehend von dieser Aussage – die Expansionspolitik der USA.*

## 1. Vom „Isolationismus“ zum Imperialismus – die Wende in der Außenpolitik

**Expansion in Mittelamerika und im Pazifik**

Die staatlich geförderte wirtschaftliche Expansion in Lateinamerika und im pazifischen Raum hatte schon am Ende des Bürgerkrieges begonnen. 1867 erwarben die USA die Midway-Inseln und Alaska. Auch in Mexico, Kuba, Puerto Rico und der Dominikanischen Republik wurden hohe Investitionen getätigt. In den 1890er Jahren gelang schließlich die Annexion Hawaiis und 1899 erhielten die Amerikaner nach Auseinandersetzungen mit Großbritannien und Deutschland den besten Hafen der Samoa-Inseln. Diese Annexionen wurden nicht mehr nur mit diplomatischen Verhandlungen erreicht, dahinter stand auch militärischer Druck.
Seit 1883 waren die USA dabei, eine Flotte aufzubauen, die auch offensive Aufgaben übernehmen konnte. Ihre Bewährungsprobe bestand die neue Kriegsflotte im Krieg 1898 gegen Spanien: Streitpunkt war das von Spanien verwaltete Kuba, das wirtschaftlich weitgehend vom Rohrzuckerexport in die USA abhängig war. In einem „splendid little war“ wurde die teilweise veraltete spanische Flotte von den modernen amerikanischen Schlachtkreuzern in vier Monaten besiegt. Die USA lösten in dem offiziell für unabhängig erklärten, wirtschaftlich und militärisch aber weitgehend amerikanisch beherrschten Kuba sowie in Puerto Rico, Guam und den Philippinen Spanien als Kolonialmacht ab.

**Dollarimperialismus:** Der Begriff bezeichnet die besondere Form des amerikanischen Imperialismus, der mit Rücksicht auf die öffentliche Meinung in den USA vornehmlich mit wirtschaftlichen Mitteln betrieben wird. Die von Präsident Theodore Roosevelt begonnene Politik wurde auch von seinem Nachfolger fortgesetzt, der zur Wahrung amerikanischer Interessen weltweit „Dollars statt Gewehrkugeln“ einsetzen wollte. Ein klassisches Beispiel für die Tätigkeit des Dollarimperialismus war die United Fruit Company, die in Mittelamerika riesige Landflächen besaß, den Bananenanbau monopolartig beherrschte und sogar Einfluss auf die Regierungen ausübte.

**23** Theodore Roosevelts „big-stick policy“, Karikatur von W. A. Rogers, 1904.
*Erklären Sie, wie die Zeichnung Mittel und Methoden der Außenpolitik Roosevelts charakterisiert.*

**Politik der „Offenen Tür" …**

Ein anderer Schauplatz des imperialistischen Wettlaufs um die Aufteilung der Welt war China. Das volkreichste Land der Welt stand um die Jahrhundertwende stärker denn je unter dem Druck der europäischen Mächte und Japans, die dabei waren, das Land in „Interessensphären" einzuteilen. 1899 gelang es den USA, die Zustimmung der europäischen Großmächte und Japans für eine Politik der „Offenen Tür" zu erreichen, die allen mit China handeltreibenden Mächten die gleichen wirtschaftlichen Rechte garantierte. Ein Jahr später wurde vereinbart, dass ganz China als „territoriale und verwaltungsmäßige Einheit" erhalten werden sollte. Für China bedeutete dies, dass es nicht wie Afrika unter die direkte Herrschaft anderer Mächte kam, für die USA eröffnete sich erneut ein weites Betätigungsgebiet.

**… und „big-stick policy"**

„Sanft reden und einen dicken Knüppel tragen" war ein Wahlspruch Präsident Roosevelts – und den Knüppel zeigte er vor allem in Lateinamerika. Die USA unterstützten militärisch die Loslösung Panamas von Kolumbien; die neue Republik gab dafür gegen Pachtzahlung die Kanalzone an die USA ab. Mit dem Bau des Panama-Kanals eröffneten sich für die USA größere Möglichkeiten, ihren „Dollarimperialismus" über Mittelamerika bis nach Südamerika auszudehnen.
Wie sehr die USA ganz Lateinamerika unter ihre Hegemonie bringen wollten, zeigte dann vor allem Roosevelts Erweiterung der Monroe-Doktrin (1823) im Jahre 1904: Die USA beanspruchten von nun an das Recht einer Intervention im Falle einer europäischen Einmischung in lateinamerikanische Angelegenheiten. In den folgenden Jahren bildete dies die Grundlage für ein Eingreifen in Nicaragua, der Dominikanischen Republik, in Haiti und Mexiko. Vor allem solche militärische Operationen trugen dazu bei, dass die USA in diesem Raum viele Sympathien verspielten.

## 24 Von George Washington zu Woodrow Wilson – Stationen der Außenpolitik

**a)** George Washington, der erste Präsident der USA, beschrieb das amerikanische Verhältnis zu Europa 1796:

Europa hat eine Reihe grundsätzlicher Interessen, die uns kaum oder doch nur entfernt angehen. […] Es wäre also unklug für uns, uns durch künstliche Bindungen in das Wechselspiel der europäischen Politik oder in die landläufigen Kombinationen und Kollisionen seiner Freund- und Feindschaften zu verstricken.

Commager, H. S. (Hg.), Documents of American History, New York 1949, Nr. 1001, S. 169 ff.

**b)** Präsident J. Monroe legte 1823 die Grundzüge der Außenpolitik fest (Monroe-Doktrin):

Was die Regierungen [in Lateinamerika] anbelangt, […] so können wir irgendein Eingreifen einer europäischen Macht mit dem Zweck, sie zu unterdrücken oder ihr Geschick auf andere Weise zu bestimmen, nur als Kundgebung einer unfreundlichen Gesinnung gegen die Vereinigten Staaten betrachten. […] Es ist unmöglich, dass die verbündeten Mächte ihr politisches System auf irgendeinen Teil eines der beiden Kontinente ausdehnen, ohne unseren Frieden und unser Glück zu gefährden […] Es ist daher unmöglich, dass wir eine solche Einmischung jedweder Gestalt mit Gleichgültigkeit ansehen. […]

**c)** Um die europäischen Mächte davon abzuhalten, mit Kriegsschiffen die Schulden mittelamerikanischer Staaten einzutreiben, hatten die USA vielfach diese Zahlungen übernommen und sie leiteten davon das Recht ab, in diesen Staaten auch selbst einzugreifen. Dazu erweiterte Präsident Th. Roosevelt die Monroe-Doktrin 1904:

Es ist nicht wahr, dass die Vereinigten Staaten Hunger auf Land haben und irgendetwas mit anderen Nationen der westlichen Hemisphäre vorhaben, es sei denn, es dient deren eigener Wohlfahrt. Dieses Land wünscht nur, seine Nachbarländer stabil, geordnet und blühend zu sehen. Jedes Land, dessen Bewohner sich gut betragen, kann unserer herzlichen Freundschaft sicher sein. Wenn eine Nation zeigt, dass sie weiß, wie man mit angemessener Tüchtigkeit und Anständigkeit soziale und politische Angelegenheiten anfasst, wenn sie für Ordnung sorgt und ihre Schulden bezahlt, braucht sie kein Eingreifen der Vereinigten Staaten zu befürchten. Chronisches Fehlverhalten oder Schwäche, die auf eine allgemeine Lockerung der Bindungen einer zivilisierten Gesellschaft hinauslaufen, kann in Amerika wie überall schließlich die Intervention einer zivilisierten Nation erfordern und in der westlichen Hemisphäre kann die Bindung der Vereinigten Staaten an die Monroe-Doktrin die Vereinigten Staaten zwingen, in besonders schlimmen Fällen von Fehlverhalten oder Schwäche, wenn auch widerstrebend, eine internationale Polizeigewalt auszuüben [...]

In extremen Fällen mag ein Einschreiten gerechtfertigt und angemessen sein. Wie dieses Einschreiten aussieht, hängt von den Umständen des Falles ab, d. h. von dem Grad der Abscheulichkeit und von unserer Macht, sie zu beheben. Die Fälle, in denen wir uns mit Waffengewalt so einmischen könnten, wie wir es getan haben, um die unerträglichen Verhältnisse in Kuba zu beenden, sind selbstverständlich sehr selten.

Engl. in: Henry Steele Commager-Milton Cantor, Documents of American History, Vol. II.10, New Jersey, 1988 (Doc. 362), 33 f.; dt. aus: Günter Moltmann, Die Vereinigten Staaten von Amerika von der Kolonialzeit bis 1917, Paderborn 1980, (Dok. 57), 87 f.

**d)** Krieg in Europa: Zum Beginn der Ersten Weltkrieges in Europa nimmt Präsident Wilson im August 1914 in einer Botschaft an den Senat Stellung:

Die Auswirkung des Krieges auf die Vereinigten Staaten wird davon abhängen, was die amerikanischen Bürger sagen und tun. Jedermann, der Amerika wirklich liebt, wird in einem ehrlichen Geist der Neutralität handeln und sprechen, das heißt in einem Geist der Unparteilichkeit und Fairness und Freundlichkeit gegenüber allen Betroffenen. Die Stimmung der Nation in dieser kritischen Angelegenheit wird hauptsächlich davon bestimmt, was Individuen und die Gesellschaft und jene, die in öffentlichen Zusammenkünften sich versammeln, tun und sagen, sie wird davon abhängig sein, was Zeitungen und Magazine enthalten, wird weiters davon abhängen, was Geistliche auf der Kanzel sagen und was die Menschen als ihre Meinungen auf der Straße zum Ausdruck bringen.

Die Menschen der Vereinigten Staaten kommen von vielen Nationen, und hauptsächlich von den Nationen, die sich jetzt im Krieg befinden. Es ist natürlich und unvermeidlich, dass es die größte Vielfalt von Sympathien und Wünschen unter ihnen gibt im Hinblick auf die Anliegen und Umstände des Konfliktes. Einige werden wünschen, dass diese Nation, andere, dass jene Nation in dem momentanen Streit Erfolg haben wird. Es wird leicht sein, Leidenschaft anzufachen, und schwierig, sie zu mäßigen [...]

Solche Spaltungen unter uns würden fatal sein für unseren Seelenfrieden und würden ernsthaft den Vollzug unserer Pflicht als die einzige große Nation im Friedenszustand gefährden, als das einzige Volk, das sich selbst bereit hält, eine Rolle der unparteiischen Vermittlung zu übernehmen und Ratschläge zu geben, für Frieden und Entgegenkommen, und zwar nicht als jemand, der Partei ergreift, sondern als ein Freund.

Ich wage daher, meine Mitbürger, an Sie ein feierliches Wort der Warnung zu richten gegen jenen tiefsten, subtilsten und wichtigsten Bruch der Neutralität, welcher aus einer Parteinahme entspringen kann, wenn man leidenschaftlich für eine Seite Partei ergreift. Die Vereinigten Staaten müssen ihrem Handeln nach wie auch dem Worte nach während dieser Tage, die eine Versuchung darstellen für die Seelen der Menschen, neutral bleiben. Wir müssen unparteiisch sein sowohl im Denken als auch im Handeln, wir müssen unsere Gefühle zügeln und auch jede unserer Handlungen im Zaume halten, die als eine Bevorzugung der einen Streitpartei gegenüber der anderen aufgefasst werden könnten.

Engl. in: Henry Steele Commager-Milton Cantor, Documents of American History, Vol. II.10, New Jersey 1988, (Doc. 400), 96 f.; dt. aus: H. Schambeck, a. a. O; S. 431 f.

*a) Stellen Sie fest, inwiefern sich die Außenpolitik der USA von Washington zu Roosevelt verändert hat.*

*b) Erläutern Sie, mit welchen Argumenten Roosevelt die Monroe-Doktrin erweitert.*

*c) Erörtern Sie, inwieweit sich in den Aussagen Roosevelts die „manifest destiny"-Idee widerspiegelt.*

*d) Legen Sie die Gründe dar, die Wilson für die Notwendigkeit der Neutralität der USA anführt.*

## 2. Kriegseintritt und Kriegsziele – die neue Friedensordnung

**Ursachen, Gründe …**

Die Bindungen der USA an Großbritannien lagen nicht nur in der angelsächsischen Tradition, in Sprache und Kultur, es existierten vor allem auch wirtschaftlich engere Beziehungen als mit anderen Ländern. Mit der Entente-Macht Frankreich bestand eine fortdauernde Freundschaft seit dem Unabhängigkeitskrieg. Deutschland dagegen erschien vielen Amerikanern als Hort des Militarismus; in Paradestiefeln und Pickelhaube war Kaiser Wilhelm II. in der Presse die Zielscheibe der Karikaturisten. Der Einmarsch ins neutrale Belgien bestätigte das vorherrschende Bild deutscher Gewaltpolitik. Auch die wirtschaftlichen Entwicklungen verschoben sich immer mehr zu Ungunsten Deutschlands. Der Handel mit dem Deutschen Reich wurde bald fast völlig durch die englische Blockade unterbunden, die Warenlieferungen an Großbritannien, Frankreich und Italien stiegen dagegen ungeheuer an. Als die englische und die französische Regierung schließlich auch noch Dollar-Anleihen aus den USA erhielten, konnte von Neutralität kaum mehr gesprochen werden.

**… und Anlässe**

Den Anlass zur Kriegserklärung an Deutschland gab den USA das Verhalten der Deutschen im U-Boot-Krieg. Als das englische Passagierschiff „Lusitania" von einem deutschen Torpedo getroffen wurde und 1198 Menschen, darunter 128 Amerikaner, mit in die Tiefe riss, begannen die USA aufzurüsten.
Die Entscheidung der USA für den Kriegseintritt fiel endgültig Anfang 1917: Deutschland nahm im Januar 1917 den uneingeschränkten, d. h. warnungslosen U-Boot-Krieg wieder auf; die Briten fingen ein Telegramm des deutschen Außenministers Zimmermann an den deutschen Botschafter in Mexiko ab, in dem Deutschland Mexiko ein Bündnisangebot unterbreitete und dafür den Rückerwerb aller seit der Mitte des 19.Jh. an die USA verlorenen Gebiete (u.a. Kalifornien) in Aussicht stellte. Zudem erleichterte die Revolution in Russland die amerikanische Entscheidung. Das Zarenregime war beseitigt und die USA konnten nun auch propagandistisch ihren Krieg als Kampf der Demokratie gegen die Autokratie darstellen. Der Kriegserklärung stimmte das Repräsentantenhaus mit 370 : 50, der Senat mit 82 : 6 Stimmen zu.

**Kriegswirtschaft**

Für den Kriegseintritt war eine Reihe von Maßnahmen notwendig: Die Wehrpflicht wurde für Männer von 18 bis 45 Jahren eingeführt; die Einkommen- und Verbrauchssteuern deutlich erhöht, die Produktion von Flugzeugen, Schiffen und Munition wie auch von Nahrungsmitteln in staatliche Regie genommen. Von den Gewinnen der staatlich garantierten Industrie- und Handelsaufträge profitierte auch die Arbeiterschaft. Gewerkschaften und Unternehmer schlossen Tarifverträge, erhöhten die Löhne und führten den Achtstundentag ein. Wehrdienst und kriegsbedingter Einwanderungsstop entlasteten den Arbeitsmarkt erheblich.

**Kriegseinsatz in Europa**

Militärisch griffen die Amerikaner zuerst in den Seekrieg ein, indem sie die Versorgungsschiffe durch die Einführung eines Geleitschutzsystems gegen die deutschen U-Boote wirkungsvoll sicherten. Ab dem Frühjahr 1918 landeten täglich 10 000 Amerikaner in Frankreich. Mitte 1918 hatte der Oberkommandierende, General Pershing, 1 Million Soldaten in Frankreich, im Herbst 1918 2 Millionen. Sie wurden zur Verstärkung gefährdeter Frontlinien eingesetzt, wehrten die letzte deutsche Offensive ab und begannen im September den Gegenangriff. Ihr Einsatz gab den Ausschlag für den Sieg der Alliierten. 50 000 Amerikaner fanden in den Kämpfen, 53 000 durch Krankheiten den Tod, über 200 000 wurden verwundet.

**Wilsons Friedensprogramm**

Präsident Wilson sah nach dem Ende des Krieges seine große Aufgabe darin, eine dauerhafte Friedensordnung durch einen Völkerbund zu schaffen. Im Januar 1918 konkretisierte er seine Ziele vor dem Kongress im sog. 14-Punkte-Programm. Das Schicksal einer Friedensordnung hing aber nicht nur von seinem Willen, sondern auch von dem der Westmächte und von der Zustimmung der amerikanischen Öffentlichkeit und des Kongresses ab.

**Misslungener Friede**

Von Anfang an waren Wilsons Friedensvorstellungen umstritten: Vor allem Frankreich beharrte auf Gebietsabtretungen und Reparationen, aber auch im eigenen Lande kam Wilson in Schwierigkeiten. Die Kongresswahlen im November 1918 bescherten in beiden Häusern den Republikanern eine Mehrheit. Diese lehnten einen Beitritt der USA zum Völkerbund ab.

**Völkerbund:** Der Völkerbund war 1920–1946 eine Vereinigung von Staaten zur Sicherung des Friedens und zur wirtschaftlichen und kulturellen Zusammenarbeit mit dem Sitz in Genf. Oberstes Organ war die Generalversammlung, die den Völkerbundsrat mit seinen vier bis sechs ständigen und zuletzt neun nichtständigen Mitgliedern wählte. Der Völkerbund bemühte sich um friedliche Schlichtung von Konflikten, den Schutz nationaler Minderheiten, um Abrüstung und Flüchtlingshilfe. Der aggressiven Expansionspolitik Deutschlands, Italiens und Japans konnte der Völkerbund nicht wirksam entgegentreten.

**25** „Frauen von Amerika, rettet Euer Land."
*Untersuchen Sie die propagandistische Absicht des Plakates.*

**26** „Wunder der Technik", Zeichnung von F. Schilling. Bildunterschrift: „Den genialsten Köpfen Amerikas ist es gelungen, ein Riesenwolkenkratzermaul zu konstruieren, das alle unbegrenzten Möglichkeiten gegen die Mittelmächte ausspeit." (Simplizissimus 1917)
Die USA lieferten seit Kriegsbeginn ungeheuere Mengen von Munition, Metallwaren, Nahrungsmitteln und Rohstoffen vor allem an England und Frankreich. So stieg von 1914–1917 der Wert der exportierten Sprengstoffe von 6,3 Mio. auf 803 Mio. Dollar, der von Stahl und Eisen von 252 Mio. auf 1134 Mio. und der von Weizen von 88 Mio. auf 298 Millionen.
*Erörtern Sie im Zusammenhang mit M 27, welche Bedeutung der Exportboom für den Kriegseintritt der USA hatte.*

## 27 Der Eintritt der USA in den Krieg

**a)** Der britische Botschafter Cecil Spring-Rice im November 1915:

Wenn man die Dinge brutal beim Namen nennen will, so muss man auf die Tatsache hinweisen, dass Amerika durch den Krieg und unsere Nachfrage nach Waren aus einer großen Handelskrise errettet worden ist […] Wir haben daher Anspruch, als sein bester Kunde behandelt zu werden; im gegenwärtigen Augenblick sind unsere Aufträge an Amerika für die Prosperität dieses Landes von absolut wesentlicher Bedeutung.

Morison, S. E./ Commager, H. S., Das Werden der amerikanischen Republik, Bd. II, Stuttgart 1950, S. 500

**b)** Wilsons Rede zur Kriegserklärung an Deutschland am 2. April 1917:

Neutralität ist nicht länger durchführbar oder wünschenswert, wo es um den Frieden der Welt und die Freiheit ihrer Völker geht, und die Bedrohung dieses Friedens und dieser Freiheit liegt also in der Existenz autokratischer Regierungen, die sich auf organisierte Gewalt stützen, welche gänzlich durch ihren Willen, nicht den ihres Volkes kontrolliert wird.
Ein beständiges Zusammenspiel für den Frieden kann nicht anders erhalten werden als durch eine Partnerschaft demokratischer Nationen. Keiner autokratischen Regierung könnte man vertrauen, dass sie ihm die Treue hält und seine Abkommen beobachtet. Es muss ein Bund der Ehre, eine Partnerschaft der Meinung sein. […] Hat nicht jeder Amerikaner das Gefühl, dass unserer Hoffnung auf einen künftigen Frieden der Welt neues Zutrauen gegeben worden ist durch die wunderbaren und ermutigenden Ereignisse, die sich in den letzten Wochen in Russland zugetragen haben? Von Russland war bekannt, bei denen, die es am besten kannten, dass es immer faktisch von Herzen demokratisch war, in allen wesentlichen Denkgewohnheiten, in allen vertraulichen Beziehungen seines Volkes, die seinen natürlichen Instinkt, seine gewohnheitsmäßige Haltung gegenüber dem Leben aussprechen. Die Autokratie, die die Spitze seiner politischen Struktur krönte, so lange sie bestanden hatte und so fürchterlich sie in der Realität ihrer Macht war, war in Wirklichkeit nicht russisch nach Ursprung, Charakter und Zweck; und nun ist sie abgeschüttelt worden und das große, großzügige russische Volk ist in all seiner naiven Majestät und Macht den Kräften zugeführt worden, die für Freiheit in der Welt, für Gerechtigkeit und für Frieden kämpfen. Hier ist ein rechter Partner für einen Bund der Ehre […]
[…] Wir sind froh, jetzt, da wir die Tatsachen ohne einen Schleier trügerischen Scheins sehen, dass wir so für den schließlichen Frieden der Welt und für die Befreiung ihr Völker, die deutschen Völker eingeschlossen, kämpfen: für die Rechte der Nationen, groß und klein, und das Vorrecht der Menschen allüberall, sich ihre Weise des Lebens und des Gehorsams auszusuchen. Die Welt muss sicher gemacht werden für die Demokratie. Ihr Friede muss auf den erprobten Grundlagen politischer Freiheit errichtet werden. Wir haben keine selbstischen Ziele, denen wir dienen. Wir verlangen nach keiner Eroberung, keiner Herrschaft. Wir suchen keinen Schadenersatz für uns selbst, keine materielle Entschädigung für die Opfer, die wir bereitwillig bringen werden. Wir sind lediglich einer der Vorkämpfer für die Rechte der Menschheit.

Engl. in: Henry Steele Commager-Milton Cantor, Documents of American History, Vol. II.10, New Jersey 1988, (Doc. 418), 130 ff.; dt. aus: Erich Angermann, Der Aufstieg der Vereinigten Staaten von Amerika, 1914–1957, Stuttgart 1963, 5 ff.

**c)** Senator George W. Norris aus Nebraska zur Kriegsbotschaft des Präsidenten Wilson 1917:

Nach meiner Meinung hätten wir von Anfang an die strikteste Neutralität wahren sollen. Wenn wir das getan hätten, stünden wir jetzt nicht am Rande des Krieges. Der Krieg bringt Reichtum für die Spekulanten der Wall Street […] Sie wollen Geld verdienen durch den Krieg […] Wir gehen in den Krieg auf Befehl des Geldes […] Die Folgen könnten sein, dass Millionen unserer Brüder ihr Blut vergießen müssen, dass Millionen Frauen weinen müssen […] und alles nur, weil wir das Recht amerikanischer Bürger wahren wollten, Waffen an Krieg führende Staaten zu liefern.

R. Hofstadter, Great Issues in American History, Bd. 2, New York, S. 219 ff.

*a) Erläutern Sie, wie Wilson die politische Situation in Deutschland und Russland darstellt.*
*b) Stellen Sie fest, welche Begründungen des Kriegseintritts in den Texten genannt werden, und diskutieren Sie die jeweiligen Aussagen.*

**28** **Wilsons „Vierzehn Punkte“.** Botschaft des Präsidenten an den Kongress am 8. Januar 1918:

I. Öffentliche Friedensverträge, öffentlich beschlossen, nach denen es keine privaten internationalen Abmachungen irgendwelcher Art geben darf. Vielmehr soll die Diplomatie stets frei und vor aller Öffentlichkeit sich abspielen.

II. Absolute Freiheit der Schifffahrt auf der See außerhalb der territorialen Gewässer sowohl im Frieden wie im Kriege [...]

III. So weit als möglich die Aufhebung sämtlicher wirtschaftlicher Schranken und die Fortsetzung gleichmäßiger Handelsbeziehungen zwischen sämtlichen Nationen, die dem Frieden zustimmen und sich zu seiner Aufrechterhaltung vereinigen.

IV. Angemessene Garantien, gegeben und genommen, dass die nationalen Rüstungen auf den niedrigsten Grad, der mit der inneren Sicherheit vereinbar ist, herabgesetzt werden.

V. Eine freie, offenherzige und absolute unparteiische Ordnung aller kolonialen Ansprüche, gegründet auf strenge Beachtung des Prinzips, dass bei Bestimmungen aller derartigen Fragen der Souveränität das Interesse der betreffenden Bevölkerung gleiches Gewicht haben muss wie die billigen Ansprüche der Regierung, deren Rechtstitel festgesetzt werden soll.

VI. Die Räumung des gesamten russischen Gebietes und eine derartige Erledigung aller Russland berührenden Fragen, um die beste und freieste Zusammenarbeit der übrigen Nationen der Welt zu sichern zur Erlangung einer ungehemmten und ungeschmälerten Möglichkeit zur unabhängigen Bestimmung ihrer eigenen politischen Entwicklung und nationalen Politik, um in ihnen eine aufrichtige Aufnahme innerhalb der Gesellschaft freier Nationen zu gewährleisten unter Gesetzen ihrer eigenen Wahl, ja über eine freundschaftliche Aufnahme hinaus auch jede Art von Beistand, den sie benötigen und selbst wünschen mögen. [...]

VII. Belgien, dem wird die ganze Welt zustimmen, muss, ohne jeden Versuch, die Souveränität, deren es sich gleich allen anderen freien Nationen erfreut, zu beschränken, geräumt und wiederhergestellt werden[...] Ohne eine solche heilsame Handlung bleibt die gesamte Struktur und die Gültigkeit internationaler Gesetze für immer geschädigt.

VIII. Das gesamte französische Gebiet muss befreit und die verwüsteten Teile wiederhergestellt werden. Ebenso müsste das Frankreich durch Preußen 1871 in Sachen Elsass-Lothringen angetane Unrecht, das den Weltfrieden nahezu fünfzig Jahre bedroht hat, berichtigt werden, um dem Frieden im Interesse aller wieder Sicherheit zu verleihen.

IX. Eine Berichtigung der Grenzen Italiens sollte gemäß den klar erkennbaren Nationalitätenlinien bewirkt werden.

X. Den Völkern Österreich-Ungarns, deren Platz unter den Nationen wir gefestigt und gesichert zu sehen wünschen, sollte die freieste Möglichkeit autonomer Entwicklung gewährt werden.

XI. Rumänien, Serbien und Montenegro sollten geräumt werden, besetzte Gebiete wiederhergestellt, Serbien freier und gesicherter Zugang zum Meere gewährt und die Beziehungen der verschiedenen Balkanstaaten zueinander auf Grund freundschaftlicher Verabredungen gemäß den historisch festgesetzten Grenzen, der Untertanenpflicht und der Nationalität festgelegt werden. [...]

XII. Dem türkischen Teil des gegenwärtigen ottomanischen Reiches sollte eine gesicherte Souveränität gewährleistet werden, aber den anderen Nationalitäten, die sich jetzt unter türkischer Herrschaft befinden, sollte eine unzweifelhafte Sicherung des Lebens und eine absolute und ungestörte Möglichkeit der autonomen Entwicklung verbürgt und die Dardanellen sollten dauernd als freier Durchgang für die Schiffe und den Handel aller Nationen unter internationalen Garantien geöffnet werden.

XIII. Ein unabhängiger polnischer Staat sollte errichtet werden, der die von unbestreitbar polnischer Bevölkerung bewohnten Gebiete umfassen soll, denen ein freier und sicherer Zugang zum Meere gewährleistet und dessen politische und ökonomische Unabhängigkeit sowie dessen territoriale Integrität durch internationalen Vertrag garantiert werden sollen.

XIV. Eine allgemeine Gesellschaft der Nationen muss auf Grund eines besonderen Bundesvertrages gebildet werden zum Zweck der Gewährung gegenseitiger Garantien für politische Unabhängigkeit und territoriale Integrität in gleicher Weise für die großen und kleinen Staaten. [...]

Dokumente der Deutschen Politik und Geschichte von 1848 bis zur Gegenwart, Bd. II, Berlin o. J., Nr. 165, Nr. 393 ff.

*a) Welche Voraussetzungen sind nach Wilson für die Schaffung einer Friedensordnung notwendig?*

*b) Arbeiten Sie die Prinzipien heraus, die Wilsons Programm prägen.*

## 29 Der Völkerbund in der Diskussion

**a)** Wilsons Vorstellung von einer weltweiten Friedensordnung drückt die Völkerbundsatzung von 1919 aus:

Art. 16. Wenn ein Bundesmitglied unter Verletzung der durch die Artikel 12, 13 oder 15 [diese schrieben Schiedsverfahren vor] übernommenen Verpflichtungen zum Kriege schreitet, so wird es ohne weiteres so angesehen, als hätte es eine kriegerische Handlung gegen alle anderen Bundesmitglieder begangen. Diese verpflichten sich, unverzüglich mit ihm alle Handels- und finanziellen Beziehungen abzubrechen, ihren Staatsangehörigen jeden Verkehr mit den Angehörigen des vertragsbrüchigen Staates zu verbieten und alle finanziellen, Handels- oder persönlichen Verbindungen zwischen den Angehörigen dieses Staates und denjenigen jedes anderen Staates abzubrechen, gleichviel, ob er dem Bunde angehört oder nicht.

In diesem Falle ist der Rat verpflichtet, den verschiedenen beteiligten Staaten vorzuschlagen, mit welchen Land-, See- oder Luftstreitkräften die Mitglieder des Bundes für ihr Teil zu der bewaffneten Macht beizutragen haben, die zur Wahrung der Bundespflichten bestimmt ist.

E. Krautkrämer (Hg.), Internationale Politik im 20. Jh., Bd. 1, Frankfurt 1976, S. 6

**b)** Der republikanische Senator H. C. Lodge meint 1919 dazu:

Ich wehre mich auf das Schärfste dagegen, dass die Vereinigten Staaten – direkt oder indirekt – der Möglichkeit zustimmen, von einer internationalen Vereinigung gesteuert zu werden, die jederzeit völlig legal und in Übereinstimmung mit den Bedingungen des Bundes in innere Konflikte anderer Staaten hineingezogen werden kann, einerlei welcher Art diese Konflikte auch sein mögen. Wir sollten nie zulassen, dass die Vereinigten Staaten in jeden beliebigen Konflikt eines anderen Landes verwickelt werden können, gegen den Willen des amerikanischen Volkes, für das der Kongress spricht. [...] Wir haben große Opfer gebracht. Wir haben großartige Arbeit geleistet. Ich glaube, wir brauchen uns nicht von anderen Nationen sagen zu lassen, wann wir das tun müssen, was für die Sicherheit und die Zivilisation erforderlich ist. Ich meine, dass wir unter unserem eigenen Kommando viel besser zum Sieg kommen können als unter dem Kommando anderer.

G. Moltmann (Hg.), Die Vereinigten Staaten von 1917 bis zur Gegenwart, Paderborn 1987, S. 11 f.

**c)** Senator W. E. Borah argumentiert 1919 so:

Sehen Sie sich die Situation an, wie sie sich jetzt darbietet. Schauen Sie sich die Aufgaben an, die wir übernehmen sollen, und dann betrachten Sie die Methode, mit der wir an sie herangehen sollen. Ist die Methode von der Art, die sich für eine Regierung empfiehlt, „empfangen in Freiheit und der Maxime geweiht, dass alle Menschen gleich erschaffen sind"? Wenn dieser Bund, diese Vereinigung geschlossen wird, werden vier Großmächte, die die maßgebenden Völker repräsentieren, über die Hälfte der Bewohner der Welt als über unterworfene Völker herrschen – mit Gewalt herrschen und wir werden an der Gewaltherrschaft teilhaben. Es gibt keinen anderen Weg, auf dem Sie Völker in Untertänigkeit halten können. Sie müssen ihnen entweder Unabhängigkeit gewähren, ihr Recht anerkennen, als Nationen ihr eigenes Leben zu leben und ihre eigene Regierungsform einzurichten, oder Sie müssen ihnen diese Dinge mit Gewalt verweigern. Das ist das System, die Methode, die durch den Bund vorgeschlagen wird. Er sieht nichts anderes vor.

**30** „Interrupting the ceremony". Zeitgenössische Karikatur.
*Legen Sie dar, auf welche Schwierigkeiten Wilson im eigenen Land mit der Idee des Völkerbundes stieß.*

Wir werden uns beizeiten an seine unmenschlichen Lehren und seelenlosen Methoden gewöhnen, wie fremdartig auch diese Doktrin jetzt einem freien Volk vorkommt. Wenn wir unseren Vertrag einhalten, werden wir beizeiten dahin kommen, mit unseren Verbündeten zu erklären, dass Gewalt – Gewalt, das Credo der preußischen Militäroligarchie – trotz allem die wahre Grundlage ist, auf der jede beständige Regierung ruhen muss. Korea, ausgeplündert und aus allen Poren blutend; Indien, in Unwissenheit schmachtend und mit unmenschlichen Steuern überlastet nach über hundert Jahren Oberherrschaft; Ägypten, in der Falle und seiner angestammten Rechte beraubt; Irland mit 700 Jahren Aufopferung für die Unabhängigkeit – dies ist die Aufgabe, dies ist die Atmosphäre und dies ist das Glaubensbekenntnis, in und unter denen wir unseren Glauben an die sittlichen Zwecke des Volkes und seine Fähigkeit zur Selbstregierung lebendig erhalten sollen, einen Glauben, ohne den die Republik sich auflösen und sterben muss. Der Grundsatz der Freiheit wird bald der Herrschaft von Blut und Eisen weichen [...]

Richard Hofstädter (ed.), Great Issues in American History. A Documentary Record, 2 vols., New York 1958, II, S. 236–239

* Aus Abraham Lincolns Ansprache von Gettysburg (19. 11. 1863)

*a) Legen Sie dar, inwieweit sich in der Argumentation der beiden Senatoren langfristige Traditionen amerikanischer Außenpolitik widerspiegeln.*

*b) Erörtern Sie die Probleme, die die beiden Senatoren bei der Verhängung und Durchführung von Sanktionen gegen Aggressoren sehen.*

**Zur Diskussion**

## Amerikanischer Imperialismus – Gewinne und Kosten

Imperialistisches Denken und imperialistische Politik, wie sie das Verhalten vieler europäischen Mächte vor dem Ersten Weltkrieg bestimmten, ließen auch die USA nicht unberührt. Aber die Skrupel waren hier stärker als in Europa und die schlechten Erfahrungen, die man mit dem Widerstand der unterworfenen Filipinos machte, verleideten den Amerikanern den Appetit auf weitere Kolonien. Nach dem Ersten, vor allem aber nach dem Zweiten Weltkrieg taten sich die Vereinigten Staaten als Fürsprecher der Entkolonialisierung hervor.

**a)** Aus einem Standardwerk zur Geschichte der USA (1950):

Bei der Bekämpfung der Filipinos fanden es die amerikanischen Befehlshaber nötig, Konzentrationslager zu errichten und zu anderen brutalen Unterdrückungsmaßnahmen zu greifen, denselben Methoden, die Spanien in Kuba angewandt hatte. So endete eine Bewegung, die mit der Befreiung der Kubaner begonnen hatte, in einem Feldzug zur Unterwerfung der Filipinos. Inzwischen deckten Untersuchungsausschüsse des Kongresses Korruption und Unfähigkeit in der Wehrmacht auf. Die Folge war, dass imperialistische Unternehmungen weniger glorreich erschienen als vorher. Die Amerikaner wollten nun vielfach nichts mehr von weiteren Kolonien hören. Gleichzeitig vollzogen die amerikanischen Imperialisten einen Frontwechsel. Die Anhänger der Ausdehnungspolitik kamen zu der Überzeugung, dass die Annexion von Kolonien nicht die richtige Methode zur Ausdehnung des amerikanischen Auslandseinflusses war. Das nicht annektierte Kuba brachte den USA mehr Gewinn und weniger Ärger als die direkt einverleibten Philippinen. Konnte man daraus nicht schließen, dass indirekte Herrschaft besser war als voller Besitz? Das bedeutete keinen Verzicht auf Expansion, ganz im Gegenteil. Die USA sollten auf dem Gebiete des Handels und der Investitionen unentwegt weiter nach außen drängen, sollten weiter diplomatischen Einfluss und strategische Beherrschung anstreben. Amerika sollte aber vor der tatsächlichen Annexion überseeischer Gebiete Halt machen.

M. Curti u. a., Geschichte Amerikas, Bd. 2, Frankfurt 1950, S. 290

**b)** Der amerikanische Historiker W. A. Williams (1962):

Zur Zeit des Ersten Weltkrieges war also das grundlegende Dilemma der amerikanischen Außenpolitik klar definiert. Durch seine großzügige, humanitäre Haltung war Amerika verpflichtet, das Los weniger glücklicher Völker zu verbessern, aber diese Seite seiner Diplomatie wurde durch zwei andere Aspekte in Frage gestellt. Zum einen glaubten die Amerikaner, den Menschen helfen hieße, sie sich selbst ähnlich zu machen. Dies untergrub ihr Ideal der Selbstbestimmung. Andererseits behaupteten sie, dass wirtschaftliche Expansion in Übersee die Voraussetzung für ihr eigenes materielles Wohlergehen sei, und handelten dementsprechend. Aber da diese Expansion nichts anderes bedeutete als einen Gewinn von Märkten für die amerikanischen Exporte sowie eine Kontrolle über die Rohstoffe für die amerikanische Industrie, wurde die Möglichkeit anderer Völker, sich nach ihren eigenen Vorstellungen von Entwicklung zu verhalten, weiter ausgehöhlt.

W. A. Williams, Die Tragödie der amerikanischen Diplomatie, Frankfurt 1973, S. 97

**c)** Der deutsche Historiker Hans-Ulrich Wehler (1983):

Der wegen seines Tempos Staunen erregende Aufstieg der Vereinigten Staaten zur Weltmacht hing unauflöslich mit dem dynamischen Wachstum der amerikanischen Industrie und der kommerzialisierten Landwirtschaft insbesondere seit dem Bürgerkrieg zusammen. Dieses unregelmäßige, aber anhaltende Wachstum mit seinen schweren Einbrüchen während der Depressionsphasen […] förderte auch den Ruf nach staatlicher Unterstützung und brachte nicht anders als in Europa die frühe Gestalt des modernen Interventionsstaats hervor, der u.a. mit Hilfe der kommerziellen und schließlich auch der kolonialen Expansion die im Inneren aufgestauten ökonomischen, sozialen und politischen Probleme zu bewältigen versuchte. Die älteren expansionistischen Traditionen des Landes vom früh übernommenen britischen Merkantilismus über die „manifest-destiny“-Idee bis hin zum „Continentalism“ haben den Übergang zum modernen Imperialismus begünstigt. Rechtfertigungsideologien wie die einer Hegemonialstellung in der „Westlichen Hemisphäre“, der Unabdingbarkeit einer jeweils neuen „frontier“ auch in Übersee, der politischen Unfehlbarkeit des „Neuen Zion“ haben sich mit neuen ideologischen Strömungen wie dem Sozialdarwinismus und der kolonisatorischen Sendungsaufgabe der angelsächsischen Amerikaner verbunden, um die verschiedenen Spielarten der Expansion zu legitimieren. […] Anhaltenden Streit gab es über Taktik und Methode: ob trotz der antikolonialistischen Traditionen des Landes dennoch Kolonialherrschaft geboten sei oder ob informelle Herrschaft in ihren verschiedenen Abstufungen und Gradierungen erhalten bleiben könne. Nach Möglichkeit orientierte sich die Machtelite am Imperativ des „Informal Empire“, da die militärischen, finanziellen und politischen Belastungen von Kolonien nur zu deutlich erkennbar waren.

H.-U. Wehler, Grundzüge der amerikanischen Außenpolitik 1750–1900, Frankfurt 1983, S. 216 f.

*a) Worin sehen die Autoren den besonderen Charakter des amerikanischen Imperialismus?*
*b) Prüfen Sie, inwieweit die Verfasser Kritik am US-Imperialismus üben.*
*c) Erklären Sie die von Wehler erwähnten „antikolonialistischen Traditionen des Landes“ aus der amerikanischen Geschichte.*

*a) Der Krieg der USA gegen Spanien 1898 wird von Historikern oft als Wendepunkt der amerikanischen Außenpolitik angesehen. Erörtern Sie diese Ansicht.*
*b) Erläutern Sie Ziele, Motive und Methoden der Außenpolitik vor und nach der Jahrhundertwende.*
*c) Informieren Sie sich über Motive und Rechtfertigungen des europäischen Imperialismus und zeigen Sie Gemeinsamkeiten und Unterschiede zu dem amerikanischen Imperialismus auf.*
*d) „The world must be safe for democracy“. Stellen Sie Gründe und Motive für den Kriegseintritt der USA zusammen und erörtern Sie diese.*
*e) Legen Sie dar, warum Wilsons Idee des Völkerbundes im Kongress keine Zustimmung fand.*

# III. Die Roaring Twenties: die neue Weltmacht im Zeichen der Prosperität

Wie in Europa war das Ende des Ersten Weltkriegs auch in den USA in vielen Bereichen ein deutlicher Einschnitt. Zwar brachte hier das Kriegsende keine Revolutionen, keine Erschütterungen der traditionellen Staatsform, keine existenzielle Not wie in dem durch Staats- und Wirtschaftskrisen, von Massenarbeitslosigkeit und anderen Kriegsfolgen stark betroffenen Europa. Zu leicht wird aus europäischer Sicht dabei aber übersehen, dass auch die Amerikaner sich nach den Anstrengungen der Kriegszeit in ihren von ihrem eigenen Präsidenten Wilson so hochgesteckten Kriegszielen tief enttäuscht sahen und sich die Rückkehr zu „normalen" Zeiten (normalcy) ersehnten. Doch die Zeit ließ sich nicht zurückdrehen, eine Phase großer Veränderungen begann: „Roaring Twenties" nannten die Amerikaner später die Zeit nach dem Krieg und viele sahen in dem enormen wirtschaftlichen Aufschwung der 20er Jahre eine neue Hoffnung, der American Dream würde sich in materiellem Gewinn sowie persönlichem Wohlstand und Glück erfüllen.

| | |
|---|---|
| 1919–1929 | Unter den Präsidenten Harding und Coolidge erleben die USA einen erneuten wirtschaftlichen Aufschwung. |
| 1920 | Das staatliche Alkoholverbot (Prohibition) spaltet die Gesellschaft in die Lager der „wets" und der „drys" und führt zur Entstehung von Verbrechersyndikaten. |
| 1921 | Nachdem der Senat die Ratifizierung des Versailler Vertrages verweigert hatte, schließen die USA einen Separatfrieden mit Deutschland. |
| 1924–1926 | Der 1915 neu begründete Ku-Klux-Klan terrorisiert vor allem im Süden und Mittelwesten Schwarze, Katholiken, Juden, Intellektuelle und Gegner der Prohibition. |
| 1928 | Der Briand-Kellogg-Pakt ächtet international den Krieg als Mittel der Politik. |

**31** „The Flapper". Foto, Anfang der 20er Jahre. *Diskutieren Sie, wie dieser neue Tanzstil auf die Passanten gewirkt haben könnte.*

# 1. Nach dem Krieg – Rückkehr zu „normalen" Zeiten?

## 1.1 Von der Desillusionierung in einen neuen Isolationismus?

**Wirtschaft: die Rückkehr zum „Laissez-faire"**

Auf die meisten Amerikaner wirkte das Kriegsende ernüchternd. In Versailles waren die Sieger genauso rücksichtslos auf ihre Gewinne bedacht wie die Staatsmänner früherer Zeiten. Das Scheitern des „Kreuzzuges für die Demokratie" ließ die im Krieg erbrachten Opfer als vergeblich erscheinen.
Wie sehr die Amerikaner von den Reformprogrammen und Kriegszielen des „progressiven" Wilson enttäuscht waren, zeigte der Präsidentschaftswahlkampf 1920. Während sich 1912 noch alle vier Präsidentschaftskandidaten zum Progressivismus bekannt hatten, tat es 1920 keiner mehr. Mit der Parole „Back to Normalcy" erreichte der Republikaner Warren G. Harding einen überwältigenden Wahlsieg. Und „Back to Normalcy" sollte sich bald als Rückkehr zu den Laissez-faire-Zeiten des 19. Jahrhunderts entpuppen. Hardings Nachfolger Calvin Coolidge stand eindeutig auf der Seite der Unternehmer: „The business of America is business". Staatliche Eingriffe, überhaupt die Zuständigkeiten und die Verantwortung des Staates sollten abgebaut, soziale Maßnahmen stark eingeschränkt, die während des Krieges eingeschränkte wirtschaftliche Freiheit wiederhergestellt werden; progressive Reformvorschläge wurden abgelehnt. Gegen streikende Arbeiter setzte der Staat wieder Militär ein.

**Außenpolitik: Rückkehr zum Isolationismus?**

Der innenpolitischen Rückkehr zu den Zeiten des Laissez-faire entsprach außenpolitisch die Forderung vieler Amerikaner, sich wie zur Zeit George Washingtons möglichst von allen Verpflichtungen gegenüber anderen Staaten freizuhalten. Doch die Situation der USA war nicht mehr die des 18. Jahrhunderts: Diente es einer militärischen und wirtschaftlichen Weltmacht wirklich zum Vorteil, sich zu isolieren und von der Welt abzukapseln? Die führenden Kreise der amerikanischen Öffentlichkeit waren sich einig, dass es darauf ankam, zum einen in Europa eine Ausweitung des Bolschewismus zu verhindern und zum anderen weltweit die Türen für die amerikanische Wirtschaft offen zu halten. So kann man für die 20er Jahre eher von einer Politik des nationalen Egoismus als von einer Rückkehr zum Isolationismus im Sinne einer Abkapselung sprechen.

**32** Coolidge und das „big business", Karikatur um 1924.
*Interpretieren Sie das dargestellte Verhältnis zwischen dem Präsidenten und der Wirtschaft aus der Sicht des Karikaturisten.*

**Interessensicherung in Lateinamerika**

Dass die USA zur Sicherung ihrer wirtschaftlichen Interessen das Prinzip von „Zuckerbrot und Peitsche" verfolgten und dabei auch vor dem Einsatz militärischer Mittel nicht zurückschreckten, zeigte ihre Lateinamerika-Politik: In Nicaragua wurden erneut Truppen stationiert (bis 1933), um eine Revolution gegen die Großgrundbesitzer zu verhindern. Auch in Haiti blieben US-Soldaten, aus der Dominikanischen Republik wurden sie dagegen abgezogen, weil hier die Wirtschaftsbeziehungen nicht gefährdet waren. In Mexiko konnten nur unter der Drohung einer militärischen Intervention die Interessen der amerikanischen Ölgesellschaften gesichert werden (1927). Für Lateinamerika blieb die Furcht vor dem amerikanischen Imperialismus auch in der Folgezeit bestehen.

## 1.2 Prosperität der Wirtschaft und Polarisierung der Gesellschaft

**„Fließband" und „Taylorismus"**

Wirtschaftlich war für die allermeisten Amerikaner die nach einer kurzen Übergangsphase von der Kriegs- zur Friedensproduktion 1922 einsetzende Prosperität das beherrschende Faktum. Zum ersten Mal in ihrer Geschichte erlebten weite Bevölkerungskreise einen Wohlstand, der im Wesentlichen auf eine enorme, fast 40-prozentige Produktionssteigerung der Industrie zurückzuführen war.
Schon um die Jahrhundertwende hatte eine zweite technische Revolution eingesetzt, die nun nach dem Krieg nicht nur zu einer Rationalisierung im Management und im Arbeitsprozess, sondern auch zu neuen Industrieprodukten in Form von immer billiger werdenden Konsumgütern führte. 1911 veröffentlichte Frederik Taylor seine Grundsätze des modernen Managements: Um die Produktion eines Betriebes zu steigern, wurden Arbeits- und Zeitstudien angestellt und Arbeitsvorgänge in Einzelschritte gegliedert und genormt. Die Prinzipien des „Taylorismus" fanden rasch ihre praktische Anwendung in vielen Betrieben. Henry Ford führte das „Fließband" ein, womit er die Automobilherstellung revolutionierte. Der Preis für das berühmte „Modell T" von Ford sank in den Jahren 1921 bis 1929 von 500 auf 290 Dollar, d. h. auf etwa ein Zehntel des offiziellen jährlichen Existenzminimums einer Familie. 1929 kam auf fünf Einwohner ein Auto, ein Verhältnis, das die Bundesrepublik Deutschland erst um 1965 erreichte.
Neben massiven und immer raffinierteren Werbemethoden war eine Steigerung der Reallöhne die wichtigste Voraussetzung für den Kauf von Konsumgütern. Insgesamt aber blieb die Einkommensentwicklung recht ungleichmäßig: Durchschnittlich stieg das Einkommen von Arbeitern und Angestellten von 1919 bis 1929 zwar um 26%, die Gewinne der Unternehmer aber nahmen in dieser Zeit um fast 65% zu. Die Schere zwischen wenigen Superreichen und der übrigen Bevölkerung ging immer weiter auseinander. Mit der neuen Verkaufsstrategie der Ratenkäufe sollte daher, vor allem wenn es um teuere Produkte ging, der Massenkonsum gesichert werden. 1929 wurden 60% aller Autos und 75% aller Möbel auf Abzahlung gekauft.

**33** „Die Kasse klingelt", Karikatur von Daniel Fitzpatrick, o. J.
*Vergleichen Sie die Karikatur mit M 32 hinsichtlich gemeinsamer Aussagen und Intentionen.*

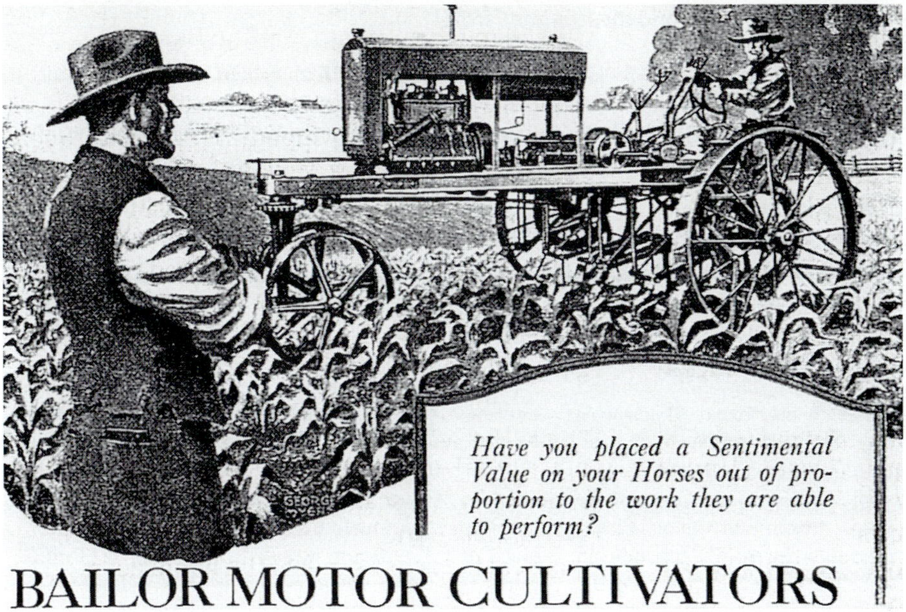


**34** Mechanisierung der Landwirtschaft.
Von 1920 bis 1930 stieg der Einsatz von Traktoren um das Zehnfache.
*Diskutieren Sie die Vor- und Nachteile der Mechanisierung aus der Sicht der Farmer.*

**Neuer Lebensstil**

Die Motorisierung veränderte den Lebensstil revolutionär. Neue berufliche Möglichkeiten ergaben sich, die großen räumlichen Distanzen des Landes konnten nun überwunden werden, für die gehobenen Einkommensgruppen wurden bald neue Vororte und Satellitenstädte gebaut. Andererseits führte die neu gewonnene Mobilität zu einer Zersiedelung weiter Landstriche, zum Zusammenwachsen benachbarter Städte und damit insgesamt zu einer ungeheueren Zunahme des Autoverkehrs. Ströme von Pendlern waren täglich zwischen Wohnung und Arbeitsplatz, Schule und Einkaufszentren unterwegs. In die verlassenen Stadtwohnungen zogen sozial Benachteiligte, vor allem Schwarze.

**Stiefkinder der Prosperität – die Farmer**

Die Farmer allerdings hatten keinen Anteil am Wirtschaftswachstum. Chronisches Hauptproblem der Landwirtschaft waren die Überproduktion und der damit verursachte Preisverfall. Auch erste ökologische Fehlentwicklungen machten sich bemerkbar; in den weiten waldarmen Anbauflächen kam es zu Erosionsschäden durch Wind, den „Dust Bowls", die in den 30er Jahren verheerendere Folgen haben sollten.
Nur die kapitalkräftigen Landwirte konnten durch weitere Mechanisierung die Möglichkeiten der Rationalisierung nutzen und auf dem Markt bestehen. Für die vielen kleinen Farmer fiel das Nettoeinkommen ständig. Vom Staat hatten sie kaum Hilfe zu erwarten. Zwar wurden durch ihre insgesamt recht gut organisierten Interessenvertretungen verschiedene Gesetzgebungsinitiativen eingebracht, diese fanden aber meist keine Mehrheit oder wurden von Präsident Coolidge abgelehnt.

## 35 **Umweltprobleme.** Die große Dürre und die Not der Farmer

**a)** Aus einer Lehrbuchbeschreibung (1991):

Auf den Great Plains wurden die Farmer nicht nur durch niedrige Preise ruiniert, sondern auch durch die Kräfte der Natur. In den 1930er Jahren wurde diese Region – die hoch gelegenen, halbtrockenen Grasländereien zwischen den Rocky Mountains und dem Mississippital – Jahr für Jahr von der Dürre heimgesucht. Ein Gebiet, das einen Teil von Texas, Oklahoma, Kansas, Colorado und New Mexico umfasste, erlebte eine solche Trockenheit, dass es als Staubschüssel (Dust Bowl) bekannt wurde. Teils waren menschliche Tätigkeiten für diese Staubschüssel verantwortlich. Der Boden der Great Plains wird durch die tiefen, verknäuelten Wurzeln des Präriegrases zusammengehalten. Bald nach 1800 begannen Farmer den Boden zu pflügen und Getreide, so etwa Weizen, anzubauen, dessen Wurzeln nicht kräftig genug waren, den Boden zusammenzuhalten. In trockenen Jahren wirbelten die heftigen Winde, die über die Ebene bliesen, den lockeren Boden auf und verursachten schreckliche Sandstürme. […] Weil diese Stürme auch die Ernten vernichteten, entschlossen sich viele Farmer wegzuziehen. Sie packten ihre Habe zusammen und zogen westwärts nach Kalifornien, auf der Suche nach besseren Lebensbedingungen und Arbeitsplätzen während der Obsternte. […] Aber anders als die Westwanderer im 19. Jahrhundert trieb sie eher die Verzweiflung als die Verheißung einer erfolgreichen Zukunft.

T.V. DiBacco u. a., History of the United States. Boston 1991, S. 544 f., dt. Übersetzung: J. Rohlfes

**b)** Ein Weizenfarmer aus Kansas beschreibt den Staubsturm (1940):

Nur die, die von einem „schwarzen Blizzard" überfallen worden sind, können mehr als eine schwache Vorstellung von seinen Schrecken haben. Der Staub beginnt bereits bei einer schwachen Brise aufzuwirbeln. Der Wind steigert seine Geschwindigkeit, bis er 40 oder 50 Meilen pro Stunde erreicht. Bald ist alles in Bewegung: das gesamte Land, der Acker- so gut wie der Weideboden. Der feine Staub rast mit einer Geschwindigkeit eines Schnellzuges dahin, und wenn selbst die Sonne verhüllt wird, kann man nur noch 15 Meter weit sehen. Oder vielleicht kann man überhaupt nicht mehr sehen, weil der Staub einen blind gemacht hat, und selbst Schutzbrillen helfen nicht gegen die feinen Partikel, die in die Augen eindringen.

L. Svobida, An Empire of Dust, Caldwell 1940, S. 21, dt. Übersetzung: J. Rohlfes

**c)** Der Schriftsteller John Steinbeck schildert die Nöte der nach Kalifornien geflüchteten Farmer (1936):

Die Dürre im Mittleren Westen hat neuerdings ein enormes Angebot billiger Arbeitskraft freigesetzt. Nach Kalifornien sind in unbeschreiblichen Wagen Arbeitskräfte aus Oklahoma, Nebraska, Texas und anderen Staaten gekommen, die zu erheblichen Teilen infolge der Dürre unbewohnbar geworden sind. Nach der Zerstörung ihrer Farmen völlig verarmt, durch die Reise um ihre letzten Geldreserven gebracht, sind sie so ausgemergelt und mittellos angekommen, dass sie anfangs bereit waren, unter jeder Bedingung und für jeden Lohn, den man ihnen bot, zu arbeiten. […]

Sie haben ein großes Ziel, und das heißt Land erwerben und darauf siedeln. Sie lassen sich nicht leicht einschüchtern. Sie sind mutig, intelligent und wendig. Nachdem sie die Schrecken der Dürre erlebt haben und ihnen mit unendlicher Anstrengung entkommen sind, lassen sie sich nicht mehr herumkommandieren, in die Enge treiben oder in Furcht versetzen. […]

Ihre Versuche, sich zu organisieren, beantworteten die Großgrundbesitzer mit einer bislang nicht erlebten Grausamkeit. […] Sie warteten gegen die Migranten mit den üblichen Unterdrückungsmaßnahmen auf: Sheriffs schossen in „Notwehr", man verhaftete ohne Haftbefehl, der Prozess vor einem Geschworenengerichr wurde verweigert, nächtliche Reiter folterten und prügelten. […] Es ist deutlich geworden, dass sie schikaniert werden, nicht weil sie höhere Löhne verlangen, nicht weil sie Kommunisten sind, sondern nur, weil sie sich organisieren wollen.

J. Steinbeck, Dubious Battle in California. In: The Nation, 12. 09. 1936, S. 303, dt. Übersetzung: J. Rohlfes

*a) Kommentieren Sie die Gründe für die verheerenden Auswirkungen der Dürre im Mittleren Westen. Erörtern Sie Möglichkeiten, solchen Katastrophen vorzubeugen.*

*b) Beschreiben Sie das soziale Klima, das der Text Steinbecks erkennen lässt. Welche Position nimmt der Autor ein?*

## 36 Bevölkerung und Wirtschaft

### a) Bevölkerung und Einkommen

| Jahr | Bevölkerung (Mill.) | In Städten über 2500 Einwohner (Mill.) | Schwarze (Mill.) | Erwerbstätige (Mill.) | Pro-Kopf Einkommen ($ pro Jahr) |
|---|---|---|---|---|---|
| 1920 | 106,5 | 54,,2 | 11,0 | 41,7 | 860 |
| 1930 | 123,2 | 69,0 | 12,5 | 48,8 | 734 |
| 1940 | 132,1 | 74,4 | 13,5 | 56,2 | 754 |
| 1950 | 151,7 | 96,5 | 15,9 | 63,9 | 1877 |
| 1960 | 180,7 | 125,3 | 19,4 | 72,1 | 2788 |
| 1970 | 204,9 | 149,3 | 22,8 | 85,9 | 4808 |
| 1980 | 226,5 | 169,4 | 26,5 | 106,8 | 9458 |

### b) Wirtschaft

| | Zugelassene Automobile (Mill.) | | Aluminium (Tsd. t) | Elektrizität (Mrd. KWh) | Erdöl (Mill. Barrel zu 159 l) | Weizen (Mrd. Scheffel)[1] | Rinder (Mill.) | Zigaretten (Mrd.) |
|---|---|---|---|---|---|---|---|---|
| | Pkw | Lkw/Bus | | | | | | |
| 1920 | 8,1 | 1,1 | 85 | 57 | 407 | 843 | 70,4 | 48,1 |
| 1930 | 23,0 | 3,7 | 194 | 115 | 931 | 887 | 61,0 | 124,2 |
| 1940 | 27,5 | 5,0 | 286 | 180 | 1333 | 815 | 68,3 | 189,4 |
| 1950 | 40,3 | 8,8 | 963 | 389 | 2197 | 1019 | 78,0 | 392,0 |
| 1960 | 61,7 | 12,2 | 2343 | 844 | 3194 | 1355 | 96,2 | 506,1 |
| 1970 | 89,3 | 19,1 | 4757 | 1640 | 4421 | 1370 | 112,3 | 562,2 |
| 1980 | 123,5 | 26,6 | 6424 | 2286 | 3127 | 2369 | 111,2 | 702,6 |

Nach: U.S. Bureau of the Census, Historical-Statistics of the United States, Colonial Times to 1970, Bicentennial Edition, 2 Parts (Washington, D.C., 1975), und Statistical Abstract of the United States, 102nd Edition (Washington, D.C., 1981); Zahlen ab 1960, einschließlich Hawaii und Alaska. Da die Berechnungsgrundlagen höchst uneinheitlich sind (Produktions- oder Verbrauchsangaben mit oder ohne Ex- und Importe, städtische Bevölkerung usw.), entbehren sie der statistischen Vergleichbarkeit, haben aber illustrativen Wert.

1 Das amerikanische Scheffel (Bushel) zu 35,24 l

### c) Entwicklung zur Dienstleistungsgesellschaft

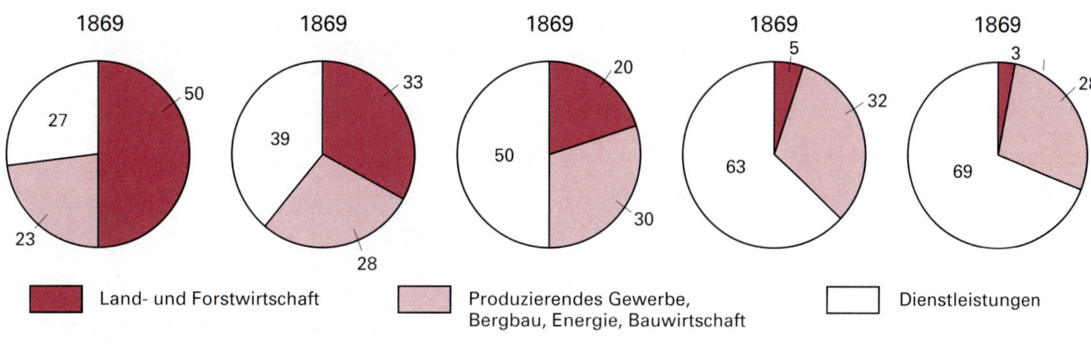


nach: Informationen zur politischen Bildung, Heft 211/1986, S. 38

**d)** Der Wirtschaftsaufschwung – eine Scheinblüte?

Der Literaturkritiker H.L. Mencken schreibt 1924 über das in den frühen 20er Jahren herrschende System:

Eines der für Dr. Coolidge vorgebrachten Hauptargumente ist, dass die Mehrheit der Geschäftsleute für ihn sei. Wenn das wahr wäre, dann könnte man mit Recht schließen nicht allein, dass Geschäftsleute ihre privaten Gewinne höher stellen als das öffentliche Wohl – was sie wahrscheinlich wirklich tun, genau wie wir anderen –, sondern auch, dass ihnen Sinn und Verstand in einmaliger Weise fehlten. Denn wenn etwas heute offenbar ist, dann muss es das sein, dass eine weitere Regierung Coolidge, wenn sie über uns verhängt wird, unvermeidlich in Skandal und Verderben enden wird. An dem Tag, an dem der gute Cal gewählt wird, wird jeder diebische Schuft in der Republikanischen Partei in Hosianna-Rufe ausbrechen und am Tag seiner Amtseinführung wird man Lob- und Dankgottesdienste abhalten, wo immer die gerichtlichen Verfügungen [sc. gegen Arbeiter und Gewerkschaften] engmaschig sind und die Probleme bis auf 50% gehen. Für ein Jahr oder zwei wird ein fröhliches Regiment zu Washington folgen, wilder und ausgelassener sogar als zu Hardings Zeiten. Und dann wird dort eine Explosion kommen.

Wie all das der rechtlichen Geschäftswelt zugute kommen soll, vermag ich nicht auszumachen. Der einzige Geschäftsmann, der etwas dabei gewinnen wird, ist der, der es fertig bringt, solange alles gut geht so viel zu stehlen, dass es ihm für sein ganzes restliches Leben reicht. Alle anderen werden sich bei der Explosion verbrennen, wie immer, wenn politisches Dynamit losgeht …

Wenn über den so genannten Radikalismus geklagt wird, wird diese Folge von Ursache und Wirkung nur zu oft übersehen. Man nimmt an, dass Leute zu Radikalen werden, weil sie von Natur kriminell sind oder weil sie mit russischem Gold gekauft oder weil sie nicht gehörig amerikanisiert worden sind. Aber was sie wirklich bewegt, in neun von zehn Fällen, ist die Überzeugung, dass die Regierung, unter der sie leiden, unerträglich und unheilbar korrupt sei …

Aus: „The Coolidge Buncombe“, 6. 10. 1924, in: H. L. Mencken, A Carnival of Buncombe, ed. by Malcolm Moos, Baltimore 1956, S. 105–109

*a) Legen Sie Zusammenhänge zwischen den in den Statistiken aufgewiesenen Entwicklungen der amerikanischen Wirtschaft und Gesellschaft dar.*
*b) Fassen Sie zusammen, welche Missstände des Systems und welche Gefahren für die Entwicklung von Wirtschaft und Gesellschaft von H. L. Mencken dargestellt werden.*
*c) Erläutern Sie, inwiefern der wirtschaftliche Aufschwung als „Scheinblüte“ bezeichnet werden kann.*

**37** „The American way of life“ – ein Weg nach oben? Karikatur von Elliott Banfield, ohne Jahr. In den 20er Jahren zwischen dem Ende des Ersten Weltkrieges und dem Beginn der Weltwirtschaftskrise 1929 schien sich für viele Amerikaner der American Dream zu erfüllen.
*Überprüfen Sie anhand des Darstellungstextes und der Materialien von Kap. 1.2, inwieweit dies zutrifft oder nicht. Legen Sie dabei auch die Gründe für Ihre Feststellungen dar. Untersuchen Sie, was der Zeichner über den American Dream aussagen möchte.*

## Zur Diskussion

# Isolationismus oder Sicherung der „Welt der offenen Tür"?

Von vielen Historikern wird die Außenpolitik der USA zwischen den Weltkriegen als eine Phase eines neuen Isolationismus aufgefasst, die die Amerikaner nur widerwillig wegen der Aggression des Nationalsozialismus aufgeben mussten. Gab es nach dem Eintritt in den Ersten Weltkrieg tatsächlich den Versuch, die Rolle des „Weltpolizisten" abzulegen?

**a)** Der amerikanische Historiker H. U. Faulkner schreibt dazu (1950):

Schon ein kurzer Rückblick auf die amerikanische Diplomatie in der Zeit nach dem Ersten Weltkrieg lässt erkennen, dass diese Ära im Zeichen der Rückkehr zur Isolationspolitik früherer Jahre stand. Gewisse Anzeichen hierfür waren die Weigerung der Unterzeichnung des Versailler Vertrages, die Ablehnung des Mandats über Armenien, der Verzicht auf das vorgeschlagene Defensivbündnis mit Großbritannien und Frankreich und die Absage an den Völkerbund und den Weltgerichtshof, soweit der Beitritt zu beiden Organisationen in Betracht kam. Als Ergebnis des Krieges bestand in Amerika eine gewisse Sorge vor der Verwirkung in europäische Angelegenheiten. Viele Amerikaner hatten den ernsten und aufrichtigen Wunsch, dass sich eine solche Katastrophe nicht wiederholen möchte. Der amerikanische Nationalismus entwickelte sich jedoch in anderer Form. Wollte man auch immer vermeiden, in europäische Verwicklungen hineingezogen zu werden, so empfand man andererseits die veränderte Stellungnahme der früheren Verbündeten als peinliche Kritik. Im Jahre 1918 waren die Vereinigten Staaten der „Heiland der Welt"; 1920 spielten sie die Rolle des „Onkel Shylock" (lit. Figur eines Geldverleihers aus Shakespeares „Kaufmann von Venedig", der unnachgiebig auf seinen Forderungen besteht).

H. U. Faulkner, Der Weg zur Weltmacht, Wiesbaden 1950

**b)** Robert Freeman Smith, ein Vertreter der „revisionistischen" Schule unter den Historikern der USA, meint dagegen (1968):

Ein Grundanliegen derer, die 1920 bis 1941 die Politik der Vereinigten Staaten bestimmten, war die Errichtung und Aufrechterhaltung einer der Prosperität und Macht der Vereinigten Staaten förderlichen Weltordnung. Seit Ausgang des 19. Jahrhunderts hatten Regierungsvertreter, Intellektuelle und Geschäftsleute verschiedene Mittel zur Erweiterung und zum Schutz der neuen Grenzen (new frontiers) zur Geltung gebracht, die durch die wirtschaftliche Expansion des Landes geschaffen worden waren. Um 1920 war eine dieser Taktiken modifiziert (der Kolonialismus), eine andere zurückgewiesen worden (internationale Organisation unter Leitung der Großmächte). Regierungsvertreter hatten unterdessen eine andere taktische Kombination entwickelt, von der sie sich die Sicherung einer „Welt der offenen Tür" erhofften; eine stabile Weltordnung, in der die Vereinigten Staaten die Früchte einer imperialen Position ohne die militärischen, finanziellen und administrativen Lasten eines Kolonialreiches genießen können. „Dollar-Diplomatie", Protektorate, Interventionen und die Ausbreitung des politischen und des Wertesystems der Vereinigten Staaten spielten allesamt eine Rolle in den Bemühungen, dieses umfassende Einfluss- und Kontrollsystem zu begründen […] Überzeugungen von der Mission und Bestimmung der Vereinigten Staaten fügten diesem Weltbild ein emotionales Ingrediens hinzu. Diese Überzeugungen waren verknüpft mit einem Glauben an den humanitären Charakter der Ziele der Vereinigten Staaten, und dies war ein wichtiger Teil des Eigenbildes, das die Regierung in ihrer Außenpolitik zu projizieren versuchte.

B. J. Bernstein (Hg.), Towards a New Past. Dissenting essays in American History, New York 1968, S. 237

*a) Fassen Sie Faulkners Kennzeichnung des amerikanischen Isolationismus zusammen.*
*b) Erläutern Sie, inwiefern sich die USA nach Meinung Faulkners vom „Heiland der Welt" zum „Onkel Shylock" wandelten.*
*c) Legen Sie dar, welche außenpolitischen Ziele die USA nach Smith verfolgen und überprüfen Sie, inwieweit dies isolationistischer Politik grundsätzlich widerspricht.*

## 2. Das „neue" und das „alte" Amerika – eine Gesellschaft ändert ihr Gesicht

Die amerikanische Gesellschaft begann sich in den 20er Jahren auseinander zu entwickeln: Zwischen dem modernen Lebensstil und den Verhaltensweisen einer Massenzivilisation in den Großstädten, dem „neuen" Amerika, und der an alten Traditionen und Normen festhaltenden ländlich-kleinstädtischen Bevölkerung, dem „alten" Amerika, das sich als das „echte" und das „eigentliche" empfand, wurden die Unterschiede immer größer. Welche neuen Lebensvorstellungen entwickelte das „neue" Amerika, wie reagierte das „alte" Amerika auf die Veränderungen?

**Das „neue" Amerika: Rebellion gegen Tabus**

Mit der Entwicklung zu einer modernen Konsumgesellschaft begann die Rebellion gegen den vorherrschenden puritanischen Moralkodex mit seinen einengenden Tabus, der Umgang zwischen den Geschlechtern wurde freier und unbefangener. Der moderne Amerikaner wollte sein Leben genießen: Zum Symbol dieser Rebellion entwickelte sich die Jazz-Musik („jazz-age"), deren Rhythmen Freiheit, Bewegung, Spontaneität und Improvisation ausdrückten und damit dem Lebensgefühl des „modernen" Amerikaners entsprachen: „The rhythm of life is a jazz rhythm."

**Veränderte Rolle der Frau: Frauenbewegung ...**

Eine der wichtigsten gesellschaftlichen Veränderungen der Zeit betraf die Rolle der Frau. 1920 brachte der 19. Verfassungszusatz den Amerikanerinnen bundesweit das Wahlrecht. Seit 1848 hatten Frauenrechtlerinnen darum gekämpft. Als noch viel schwieriger erwies sich der Kampf um gesellschaftliche Gleichstellung. Bei der Mehrheit der amerikanischen Frauen herrschte die Meinung vor, die natürliche Bestimmung der Frau sei Haushalt und Familie, während sich der Mann als Ernährer in der Welt zu bewähren habe. Frauen, die in diese Welt der Männer eindringen wollten, verloren die Anerkennung in ihrer Umgebung, denn beruflicher Erfolg und eheliches Glück schlossen sich nach der vorherrschenden Meinung aus. Für Forderungen nach gleichem Lohn für gleiche Arbeit, Zugang zu freien Berufen, z. B. in der Medizin, in der Rechtsprechung, in der Wirtschaft, oder auch für Gleichstellung im Ehe- und Scheidungsrecht kämpfte somit nur eine Minderheit unter den Frauen. Umso breiter war die Front der Gegner: Unternehmer fürchteten um ihre billigen Arbeitskräfte, Politiker um ihre Privilegien bei der Vergabe öffentlicher Ämter, Einwanderer um ihre ethnische Identität und ihre oft patriarchalische Familienstruktur; und die organisierte Arbeiterschaft sah ihre Hauptaufgabe mehr im Kampf um materielle Verbesserungen als im Kampf um die Gleichstellung der Frauen.

**38** Das Foto aus dem Jahre 1918 zeigt Frauen bei ihrer Arbeit an einer Eisenbahnstrecke.
*Nach Kriegsende verschwanden viele Frauen wieder aus traditionellen Männerberufen. Diskutieren Sie mögliche Ursachen.*

**… und Frauenemanzipation**

Dennoch veränderte sich die Stellung der Frau in der Gesellschaft. Dazu trug vor allem die steigende Zahl berufstätiger Frauen – sie wuchs von 1914 bis 1930 von zwei auf zehn Millionen, d. h. 22% der Erwerbstätigen – und die damit zunehmende Selbstständigkeit bei. Die moderne Frau zeigte sich in der Öffentlichkeit selbstbewusst und modisch (Bubikopf, kniefreie Röcke, auffällige Kosmetik), konsumierte wie der Mann Alkohol und Zigaretten. In der Werbung und den Massenmedien wurde das neue Bild der modernen Frau ebenso idealisierend vorgezeichnet wie in den Filmen der „Traumfabrik“ Hollywood.

**Das „alte“ Amerika: der „echte“ Amerikaner**

Trotz Industrialisierung und Urbanisierung lebte in den 20er Jahren noch etwa die Hälfte der amerikanischen Bevölkerung in ländlich-kleinstädtischen Gebieten. Dieser Teil der Amerikaner hielt sich für den Vertreter des „eigentlichen“, „echten“ und „ursprünglichen“ Amerika. Und sie vertraten „alte“ Werte und Normen: angelsächsische Traditionen, einfaches Leben, Rechtschaffenheit, puritanische Frömmigkeit und Sittenstrenge, Fleiß, Sparsamkeit und Geschäftstüchtigkeit. Im religiösen Leben bildete sich ein neuer Fundamentalismus aus, der sich sowohl gegen jegliche wissenschaftliche Bibelkritik als auch gegen die biologische Entwicklungslehre wandte.

**Prohibition und Kriminalität**

Mit großer Leidenschaft wurde auch der Kampf um das Alkoholverbot geführt, das seit 1920 als 18. Zusatz sogar in die Verfassung aufgenommen war. Die Ursprünge des Verbots („Prohibition“) reichten in die Zeit der „progressive era“ vor dem Krieg zurück und drückten den Versuch der Progressivisten aus, gesellschaftliche Missstände durch staatliche Regulierungen zu beheben. Überzeugte Protestanten hatten schon immer im Alkohol die Wurzel aller sozialen Übel gesehen. In der Praxis erwies sich das Gesetz als undurchführbar, die Folgen waren fast durchweg negativ: Einerseits wurde der Alkoholkonsum als Kavaliersdelikt angesehen, andererseits entwickelten sich Verbrechersyndikate, die Herstellung und Vertrieb bzw. den Schmuggel in großem Stil organisierten. Nach langen Auseinandersetzungen zwischen den „drys“ und den „wets“ hob ein weiterer Verfassungszusatz 1933 das Alkoholverbot zumindest teilweise wieder auf.

**Rassismus und Fremdenfeindlichkeit**

Durch die Propaganda während des Ersten Weltkriegs gegen alles Unamerikanische erhielten rassistische, aber auch religiös motivierte Kampagnen in den 20er Jahren wieder Auftrieb. Betroffen waren vor allem auch Amerikaner mit afrikanischer, asiatischer oder osteuropäischer Abstammung oder religiöse Minderheiten wie Katholiken und Juden.
Die Angst vor einer Überfremdung der „eigentlichen“ Amerikaner fand ihren Niederschlag in neuen Einwanderungsgesetzen. 1929 wurde die Einwanderung generell auf jährlich 150 000 Personen beschränkt.

**Fundamentalismus:** Der Begriff bezeichnet eine um 1875 in den evangelischen Kirchen der USA entstandene Bewegung mit dem Ziel, gegenüber dem Liberalismus und der historisch-kritischen Forschung die christlichen Glaubensgrundlagen zu verteidigen. Die Fundamentalisten bestanden vor allem auf der Lehre von der Gottheit Christi, seiner leiblichen Auferstehung und Himmelfahrt sowie der Jungfrauengeburt. Die naturwissenschaftliche Entwicklungslehre des Menschen wurde abgelehnt und aus dem Schulunterricht verbannt, weil sie mit dem biblischen Schöpfungsbericht unvereinbar sei. Von den USA ausgehend fand der christliche Fundamentalismus weltweite Verbreitung. Fundamentalismus gibt es auch in anderen Religionen.
Der islamische Fundamentalismus will gegenüber den Einflüssen europäischer Kultur die ursprüngliche islamische Religion zur Grundlage des gesellschaftlichen Lebens machen. Er fand vor allem Ende des 20. Jh. rasche Verbreitung in den islamischen Ländern.

**39** „Fundamentalist Outcry", Karikatur, 1925.
*Untersuchen Sie, wogegen sich der Protest der Fundamentalisten richtet, und erläutern Sie die Gründe dafür.*

**40** Ku-Klux-Klan-Parade von 40 000 Anhängern, Washington 1925.
*Erläutern Sie, welche Wirkung mit der Massenveranstaltung auf die Öffentlichkeit erzielt werden sollte.*

**Der Ku-Klux-Klan**

Die Fremdenfeindlichkeit, die in Beschränkung der Einwanderung Ausdruck fand, war noch „harmlos" verglichen mit den Aktivitäten der militanten Geheimorganisation Ku-Klux-Klan. 1915 im Südstaat Georgia wieder gegründet wuchs dieses Sammelbecken aller radikalen Gegner des modernen Amerika nach dem Krieg auf fast 5 Millionen Mitglieder an. Mit Auspeitschungen, Brandstiftung, Folterung und Mord errichtete der Ku-Klux-Klan als selbst ernannter „Hüter der öffentlichen Moral" vor allem im Süden und Westen eine Terrorherrschaft gegen Schwarze, Katholiken, Juden, Intellektuelle, Kommunisten, Anhänger der darwinschen Evolutionslehre oder auch Gegner der Prohibition. Politiker und Juristen, die nicht mit der Organisation sympathisierten, wurden durch Gewaltandrohung eingeschüchtert. Erst Skandale und Korruptionsfälle in der Führung des Ku-Klux-Klan ließen ab etwa 1926/27 seine Macht wieder schwinden.

## 41 Die neue Moral – „unerzogen" und „unglücklich"?

Der Journalist F. L. Allen, ein Chronist der Alltagskultur der zwanziger Jahre:

Eine entscheidende Revolution gegen die akzeptierte Ordnung in Amerika fand in den unmittelbaren Nachkriegsjahren statt. Die Rebellen waren […] die Söhne und Töchter wohl situierter amerikanischer Familien […]

Der Moralkodex des Landes [war in Gefahr] […] Schon allein die Kleider der Mädchen [und Frauen] schienen alarmierend genug. Im Juli 1920 berichtete ein Modejournalist der New York Times, „die Rocklänge der amerikanischen Frau ist bis weit oberhalb jeglicher Grenzen des Anstands gestiegen". Mit anderen Worten: Der Saum befand sich nunmehr 22 Zentimeter über dem Boden […] und kletterte noch ein paar skandalöse Zentimeter weiter nach oben. Einige der ganz wilden jungen Dinger rollten ihre Strümpfe bis unterhalb der Knie hinunter und enthüllten dem schockierten Auge der Tugend einen flüchtigen Blick auf Schienbeine und Knie. […]

Die vorherrschende Tanzmode konsternierte noch mehr. Nicht die romantische Violine, sondern das barbarische Saxophon dominierte nun das Orchester – und zu seinem verführerischen Sound bewegten sich die Paare […] Sie tanzten, als ob sie aneinander klebten, Körper an Körper, Wange an Wange. Angeblich anständige Mädchen rauchten Zigaretten, öffentlich und herausfordernd. […] Sie tranken, […] und es hieß, sie zögen sich bei Tanzveranstaltungen […] in dunkle Räume oder geparkte Autos zurück […]
Es war unglaublich. Es war verabscheuungswürdig. Was bedeutete dies? Wurde nun jeder Anstand über Bord geworfen? […]
Wie alle Revolutionen wurde diese durch ausländische Propaganda vorangetrieben. Sie kam jedoch nicht aus Moskau, sondern aus Wien. Sigmund Freud und Jung hatten bereits 1909 vor amerikanischen Psychologen über die Psychoanalyse Vorträge gehalten, aber erst nach dem Kriege fand die freudsche Lehre in der amerikanischen Öffentlichkeit Verbreitung. […] Sex, so hatte es den Anschein, war die zentrale und alles beherrschende Kraft, die die Menschheit bewegte. […] Die Grundlage geistiger Gesundheit war es, ein ungehemmtes Sexualleben zu führen. Wer glücklich und zufrieden sein wollte, musste seiner Libido gehorchen. So lautete die freudsche Lehre. […]
Eine neue Qualität der Freiheit wurde durch die enorme Verbreitung des Autos ermöglicht. Es ermöglichte die vorübergehende Flucht vor der Überwachung durch die Eltern und vor der sozialen Kontrolle durch die Nachbarschaft. […] Zitiert wurde ein Jugendrichter, der erklärte, dass das Auto „ein Bordell auf Rädern" geworden sei. […]
Die neue Moral war geboren aus Desillusionierung – und unter all der Überschwenglichkeit ihrer Vertreter und neben der Diskussion über den Beginn eines neuen Zeitalters blieb da doch die Desillusionierung. Die Dekade war nicht nur unerzogen, sondern auch unglücklich.

F. L. Allen, Only Yesterday. An Informal History of the Nineteen-Twenties, New York 1931, dt. Übersetzung: R. Theis, B. Obermann

*a) Beschreiben Sie, in welchen Lebensbereichen sich die von Allen dargestellte „Revolution" vollzog.*
*b) Legen Sie dar, welche Gründe für die Veränderungen angegeben werden.*
*c) Untersuchen Sie, welche Haltung der Verfasser zu den Veränderungen einnimmt.*

## 42 Die Einwanderung: Entwicklung und Probleme

**a)** Das Einwanderungsgesetz von 1924:
Es ist erinnerlich, dass das Quotenbegrenzungsgesetz vom Mai 1921 vorgesehen hat, dass die Zahl der Fremden irgendeiner Nationalität, welche in die Vereinigten Staaten eingelassen werden, in jedem Finanzjahr mit 3% der Zahl der Personen derjenigen Nationalität, die in den Vereinigten Staaten entsprechend der Volkszählung von 1910 gewohnt haben, begrenzt werden sollte, wobei auch vorgesehen war, dass nicht mehr als 20% der jährlichen Quote in einem einzigen Monat zugelassen werden könnten. Gemäß dem Gesetz von 1924 ist die Zahl der Angehörigen jeder Nationalität, die jährlich zugelassen werden kann, mit 2% der Bevölkerung dieser Nationalität, welche gemäß dem Volkszählungsergebnis von 1890 in den Vereinigten Staaten gewohnt hat, begrenzt und nicht mehr als 10% irgendeiner jährlichen Quote darf in irgendeinem Monat hereingelassen werden, außer in Fällen, wo eine solche Quote weniger als 300 für das ganze Jahr beträgt.
Gemäß dem Gesetz vom Mai 1921 war das Quotengebiet auf Europa, den Nahen Osten, Afrika und Australasien [d. h. Australien, Neuseeland u. a.] begrenzt. Die Länder von Nord- und Südamerika mit den angrenzenden Inseln und Ländern, bezüglich deren die Einwanderung auf andere Weise geregelt war, wie z. B. China, Japan und Länder innerhalb der asiatischen Sperrzone waren vom Quotengesetz nicht erfasst. Unter dem neuen Gesetz allerdings ist die Einwanderung aus der ganzen Welt, mit der Ausnahme des Kronlandes Kanada, von Neufundland, der Republik von Mexiko, der Republik Kuba, der Republik Haiti, der Dominikanischen Republik, der Kanalzone und unabhängigen Ländern von Mittel- und Südamerika den Quotenbegrenzungen unterworfen.

Engl. in: Henry Steele Commager-Milton Cantor, Documents of American History, Vol. II.10, New Jersey 1988, (Doc. 453), 192 ff., dt. Übersetzung: J. Rohlfes

*Stellen Sie fest, welche Veränderungen das neue Einwanderungsgesetz gegenüber den Bestimmungen von 1921 vornimmt.*

**b)** „Seeking More Freedom", Karikatur von McCutcheon in „Chicago Tribune", 1921.
*Erläutern Sie, auf welche Probleme der neuen Einwanderungswellen der Zeichner aufmerksam machen will.*

**c)** Einwanderung in die USA 1895–1924

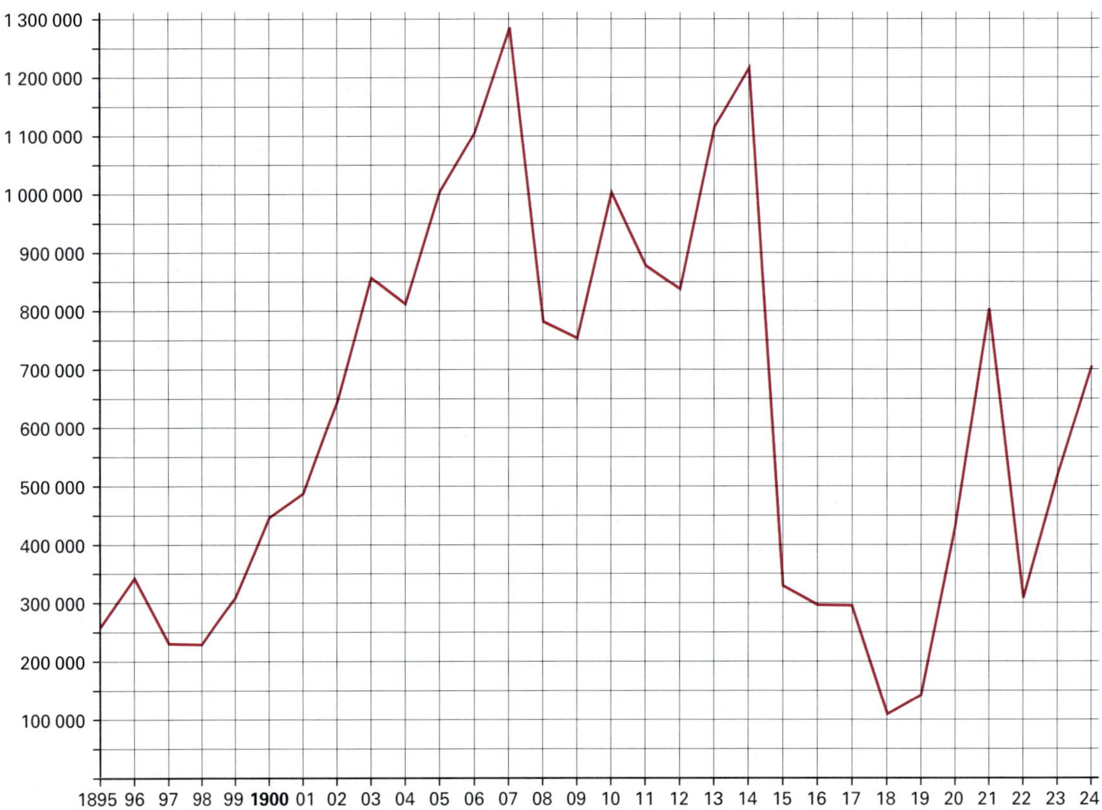


nach: Historical Statistics of the United States. 1789–1945. US Department of Commerce, Washington (D. C.) 1949

*Erläutern Sie ausgehend von der Aussage der Karikatur und unter Einbezug des Grafik c) sowie von M 15, warum den USA gerade 1921 und 1924 neue Einwanderungsgesetze notwendig erschienen.*

## 43 Literarische Texte: Amerika im Spiegel zeitgenössischer Romane

**a)** Sinclair Lewis (1885–1951), Nobelpreisträger, porträtiert in „Babbit" den typisch amerikanischen Kleinbürger (1922):

Veronika war sechs Monate Angestellte in der Buchhaltung der Gruensbergischen Lederaktiengesellschaft gewesen und hatte Aussicht gehabt, Sekretärin des Herrn Gruensberg zu werden; auf diese Weise hätte sie, wenigstens nach Babbits Auffassung, etwas Nützliches von den teuren Universitätsjahren gehabt, bis sie zum Heiraten und zum gesetzten Leben Lust bekam. Aber nun sagte Veronika: „Vater, ich habe mit einer Kollegin gesprochen, die in einer Wohlfahrtsvereinigung arbeitet – o Vater, die goldigsten kleinen Babys kommen dort zur Milchstation! – und ich fühle, dass es meine Pflicht wäre, etwas zu unternehmen, was wirklich der Mühe wert ist."

„Was verstehst du unter ‚der Mühe wert'? Wenn du Gruensbergs Sekretärin wärst – und vielleicht würdest du's, wenn du deine Stenografie üben wolltest, statt jeden Abend zu Konzerten und Quasseleien zu schleichen –, würdest du 35 oder 40 Dollar die Woche schon der Mühe wert finden!"

„Ich weiß, aber – ach, ich möchte – beitragen –. Am liebsten möcht' ich in einem Versorgungsheim arbeiten. Ob mich wohl eines der Kaufhäuser eine Wohlfahrtsabteilung einrichten ließe, mit einem hübschen Erholungsraum mit buntem Kattun und Strohlehnstühlen und was sonst noch so alles dazugehört? Oder ich könnte – –" „Jetzt pass mal gut auf! Das erste, was du richtig verstehen musst, ist, dass all dieses Gleichstellen und dieser Versorgungs- und Erholungsquatsch in Gottes Welt nichts anderes tut, als dem Sozialismus Tür und Tor öffnen. Je eher ein Mann begreift, dass er nicht verhätschelt und umsonst gefüttert werden wird und, na, desto eher wird er sich an die Arbeit machen und schaffen – produzieren, produzieren! [...]

S. Lewis, Babbit, Reinbek 1953, S. 15

**b)** Der Erzähler Sherwood Anderson (1876–1941) in seiner Autobiographie (1924):

Ich sehnte mich, wie alle Menschen, nach dem Gefühl der Zugehörigkeit. Zugehörigkeit –? Ja, zu einem lebendigen Amerika, das endlich einmal aufhörte, in kultureller Beziehung ein verachtetes Ziehkind Europas zu sein, dem man fortwährend peinliche Fragen nach seiner Herkunft stellte; zu einem Amerika, das sich bewusst als lebendiges, eine Heimat gründendes Volk zu empfinden begann; zu einem Amerika, das sich endlich von der Anschauung frei gemacht hatte, man könne irgendetwas wahrhaft Wertvolles dadurch erlangen, dass man in Hast durchs Leben sauste, Dollars scheffelte, einfach aufs Riesige aus war und sich fähig fühlte, eine kleinere Nation mit einer Hand abzutun, ohne dass man die andere von seinem breiten Rücken nahm. [...]

Warum vermochten die Juden, die sich bei uns in Amerika den Künsten gewidmet hatten, das Leben ein wenig unpersönlicher zu betrachten, sich der Eigenart anderer rascher und wärmer zu erschließen, aus dem Körper ihres Volkstums mehr Menschen mit geschlossenen Persönlichkeiten zu erzeugen, die sich mit ganzer Seele dem kulturellen Leben hingaben? Dankten sie das ganz einfach der Tatsache, dass sie als Rasse auf eine Geschichte zurückblicken konnten?

S. Anderson, Eines Geschichtenerzählers Geschichte, Olten 1963, S. 381 ff.

**c)** In dem Roman „The Big Money" von John Dos Passos (1896-1970) sinniert der Landstreicher Vag, während er ...

[...] am Straßenrand wartet; das Flugzeug war verschwunden; sein Daumen beschreibt einen kleinen Bogen, wenn ein Auto vorüberflitzt. Kopf schwimmt, Bauch krampft sich zusammen, Bedürfnisse überlaufen seine Haut gleich Ameisen: ging zur Schule, Bücher verhießen Chance, Reklame versprach schnellen Aufstieg, eigenes Heim, übertriff deinen Nachbarn, der Radiosänger flüsterte von Mädchen, Gespenster von platinblonden Mädchen lockten von der Leinwand, Millionengewinne wurden in den Büros notiert, Schecks für arbeitswillige Hände, der leere Schreibtisch eines leitenden Beamten mit drei Telefonapparaten darauf;

wartet mit schwimmendem Kopf, Hunger wütet im Bauch, müßige Hände erstarren, neben dem regen, raschen Verkehr.

J. Dos Passos, Die Hochfinanz. Reinbek 1962 (amerik. Original 1937), S. 560 f.

*a) Untersuchen Sie, inwiefern in diesen Texten Kritik an der amerikanischen Gesellschaft laut wird.*

*b) Benennen und diskutieren Sie die „amerikanischen Werte", die die Autoren anklingen lassen.*

## 44 Lebenswelten von Frauen in den zwanziger Jahren.

**a)** Die Journalistin Dorothy Bromley über den „neuen feministischen Stil" (1927):

Die ständig wachsende Gruppe junger Frauen in den Zwanzigern und Dreißigern, die wahrhaft modernen, sind überzeugt, dass ein erfülltes Leben sowohl nach Ehe und Kindern als auch nach einer beruflichen Karriere verlangt. Wenn diese Frauen sich zur Heirat entschließen, sind sie gewillt, daraus einen Erfolg und aus der Kindererziehung eine Kunst zu machen. Aber gleichzeitig treibt sie ein unausweichlicher innerer Zwang, Individuen mit eigenem Recht zu sein. Und in dieser Zeit der erleichterten Haushaltsführung sehen sie ihre Chance: ist es doch offenkundig, dass eine intelligent planende Frau beträchtliche Zeit für ihre eigenen Dinge erübrigen kann. Darüber hinaus sind sie überzeugt, bessere Ehefrauen und Mütter zu werden, weil ihre außerhäusliche Tätigkeit ihnen einen weiteren Horizont beschert. Kurz gesagt, sie sind sehr bewusste Wesen, die sich verpflichtet fühlen, ihre eigenen Wurzeln so tief wie möglich zu senken, obwohl sie bezüglich des gegenwärtigen untergeordneten Status ihres Geschlechts in den meisten Lebensbereichen keine Illusionen hegen. [...]

Die Feministin neuen Stils verkündet, dass Männer und Kinder nicht länger ihre Welt begrenzen sollen, auch wenn sie darin eine große Rolle spielen mögen. Sie ist ausgesprochen selbstbewusst, wohingegen die Feministinnen [alten Stils] ausgeprägt geschlechtsbewusst waren. [...] Sie weiß, dass es ihr amerikanisches, ihr dem 20. Jahrhundert gemäßes Geburtsrecht ist, sich von einem Instinktwesen zu einem voll entwickelten Individuum zu erheben, das imstande ist, sein eigenes Leben zu gestalten.

**b)** Der Journalist Paul W. White über das boomende Geschäft mit der Schönheit (1930):

Die amerikanische Frau besitzt im Durchschnitt 16 Quadratfuß Haut. Ihre Unzufriedenheit damit – oder zumindest mit dem Teil, den sie den öffentlichen Blicken aussetzt – schlägt sich in jährlichen Ausgaben von mindestens zwei Milliarden Dollar nieder. Diese enorme Kosmetikrechnung übersteigt die entsprechenden Ausgaben für Modeartikel, Kleider und Schmuck. Mehr noch, sie übertrifft die Haushalte eines halben Dutzend Bundesstaaten. [...] Möge niemand denken, dieses Streben nach Schönheit sei lediglich eine Begleiterscheinung der modernen weiblichen Freiheit. [...] Weibliche Angestellte folgen nicht nur einem natürlichen feministischen Hang, sondern sie zollen der Tatsache Tribut, dass Jugend, oder jedenfalls der Eindruck davon, ein hochrangiger Wert ist.

D. J. and S. M. Rothman (ed.), Sources of the American Social Tradition, Vol. II, New York 1975, S. 194ff., 201f., dt. Übersetzung J. Rohlfes

*a) Wie unterscheiden sich weibliches Selbstbewusstsein und Geschlechtsbewusstsein?*
*b) Diskutieren Sie die Aussagen über feministisches Bewusstsein und weibliche Schönheitspflege.*

## 45 Das „Amerikanische System" – Grundlage der Zivilisation?

**a)** Der Industrielle Andrew Carnegie, 1889:

Das Gesetz des Wettbewerbs [...] mag zwar für den Einzelnen gelegentlich hart sein, für die Menschheit ist es jedoch zum Besten, weil es auf jedem Gebiet das Überleben der Tüchtigsten sicherstellt. Daher akzeptieren und begrüßen wir große Ungleichheit der Lebensbedingungen, die Konzentration von Industrie und Handel in den Händen von Wenigen und das Gesetz des freien Wettbewerbs zwischen ihnen [...], da sie für den künftigen Fortschritt der Menschheit nicht nur günstig, sondern notwendig sind [...] Der Sozialist oder Anarchist, der die gegenwärtigen Verhältnisse umstürzen will, greift in Wirklichkeit die Grundlage der Zivilisation überhaupt an [...]

A. Carnegie, Wealth, in: North American Review 148. S. 665f.

**b)** Der Publizist Henry D. Lloyd vertritt 1894 die Meinung:

Wirtschaftliche Tätigkeit, die von der Selbstsucht des Einzelnen bestimmt wird, führt überall zum Monopol, wo sie das soziale Leben berührt – zum Landmonopol, Transportmonopol, Handelsmonopol, zum politischen Monopol in allen seinen Formen [...] bis zur Bestechung im Amt [...] Wir müssen [einen] Feldzug planen gegen die Grundsätze und gegen die Menschen, die sie vertreten und bis ins Extrem steigern – die die Regierungsbefugnisse, die von allen für alle verliehen wurden, als Privilegien für ihre persönliche Machterweiterung benutzen, die, ganz auf derselben Linie, die gemeinsame Arbeit aller und die allen gehörenden Geschenke der Natur, das Land, die Energiequellen, die Bergwerke, die Ortschaften statt dem allgemeinen Nutzen nur dem eigenen Interesse dienstbar machen, so dass einige wenige im Überfluss und die vielen in Armut leben […]

Aus: D. Düsterloh und J. Rohlfes, Die Vereinigten Staaten von Amerika, Stuttgart 1980, S. 48

**c)** Der republikanische Präsidentschaftskandidat Hoover meint dazu 1928 in einer Wahlrede:

Durch 150 Jahre haben wir eine Form der Selbstregierung und ein gesellschaftliches System aufgebaut, das ganz sonderlich unser Eigentum ist. Es unterscheidet sich wesentlich von allen anderen in der Welt. Es ist das Amerikanische System. Es ist ein ebenso bestimmtes und positiv politisches und gesellschaftliches System, wie je eines auf Erden entwickelt worden ist. Es ist auf eine besondere Konzeption der Selbstregierung gegründet, deren eigentliche Basis dezentralisierte lokale Verantwortlichkeit ist. Darüber hinaus ist es auf die Vorstellung gegründet, dass allein durch geordnete Freiheit, Freisein und gleiche Chance für den Einzelnen seine Initiative und sein Unternehmungsgeist auf dem Marsch des Fortschritts angespornt werden. Und in unserem Bestehen auf Gleichheit der Chance ist unser System weiter als die ganze Welt vorgeschritten. Während des Krieges wandten wir uns notgedrungen an die Regierung, um alle schwierigen wirtschaftlichen Probleme zu lösen. Da die Regierung alle Energie unseres Volkes für den Krieg absorbiert hatte, gab es keine andere Lösung. […] In hohem Grade reglementierten wir unser ganzes Volk zeitweise in einen sozialistischen Staat hinein. Wie gerechtfertigt auch immer er in Kriegszeiten sein mag, in Friedenszeiten weitergeführt würde er nicht allein unser amerikanisches System zerstören, sondern mit ihm ebenso wohl unseren Fortschritt und unsere Freiheit.

Als der Krieg endete, war die lebenswichtige Frage in unserem Land wie auch in der ganzen Welt, ob die Regierung ihre Eigentümerschaft und den Betrieb vieler Produktions- und Verteilungsmittel aus der Kriegszeit weiterführen sollte. Wir wurden aufgerufen zu einer Entscheidung in Friedenszeiten zwischen dem amerikanischen System des derben Individualismus [rugged individualism] und einer europäischen Philosophie aus diametral entgegengesetzten Lehren – Doktrinen der Bevormundung und des Staatssozialismus. Die Annahme dieser Ideen hätte die Zerstörung der Selbstregierung durch seine Zentralisierung der Regierung bedeutet. Sie hätte die Unterminierung der individuellen Initiative und Unternehmungslust bedeutet, durch die unser Volk zu beispielloser Größe herangewachsen ist […]

Wir sind heute dem Ideal der Verbannung von Armut und Furcht aus dem Leben von Männern und Frauen näher gekommen als jemals zuvor in irgendeinem Land. Und ich wiederhole noch einmal, dass jedes Abgehen von unserem amerikanischen System durch Injektion ihm verderblicher Prinzipien, die unsere Gegner vorschlagen, gerade die Freiheit und das Freisein unseres Volkes gefährden, die Gleichheit der Chance vernichten werden, nicht allein für uns selbst, sondern auch für unsere Kinder.

The People Shall Judge. Readings in the Formation of American Policy, selected and edited by the Staff Social Sciences I, The College of the University of Chicago, 2 vols., Chicago 1949, II, S. 438–441

*a) Stellen Sie fest, welche charakteristischen Merkmale und Eigenschaften Hoover dem „Amerikanischen System“ zuschreibt.*
*b) Erläutern Sie, welche Gefahren nach Hoover dem „Amerikanischen System“ drohen.*
*c) Erörtern Sie die Argumentation Hoovers, indem Sie die Gegenposition H. D. Lloyds und v. a. auch ökologische Überlegungen mit einbeziehen.*

◆

*a) Legen Sie dar, welche politischen und wirtschaftlichen Zielsetzungen für die meisten Amerikaner mit einer Rückkehr zu „normalen“ Zeiten verbunden waren.*
*b) Erläutern Sie, auf welchen Gebieten sich der Lebensstil der meisten Amerikaner nach dem Kriege veränderte.*
*c) Stellen Sie fest, welche Gesellschaftsschichten keinen Anteil am Wirtschaftsaufschwung hatten und geben Sie Gründe dafür an.*
*d) Fassen Sie die unterschiedlichen Lebensvorstellungen und Lebensstile des „alten“ und des „neuen“ Amerika in einer Gegenüberstellung zusammen.*
*e) Beschreiben Sie unter Einbezug der S. 17, 21 und 22 den Wandel der Einwanderungspolitik und beurteilen Sie die amerikanische Haltung der 20er Jahre.*

# IV. Die Große Krise: die USA auf dem Wege zum Sozialstaat?

„Wir sind heute dem Ideal der Verbannung von Armut und Furcht aus dem Leben von Männern und Frauen näher gekommen als jemals zuvor in einem Land", verkündete der neu gewählte Präsident Hoover 1928. Ein Jahr später erlebten die USA die schwerste Krise ihrer Geschichte. Der Schock der Depression von 1929 erschütterte nicht nur das soziale und politische Bewusstsein der Amerikaner, er ließ sie auch an der Gültigkeit ihrer Wertordnung von Tüchtigkeit und Erfolg zweifeln. Die Verwirklichung des American Dream schien ein jähes Ende gefunden zu haben.

| | |
|---|---|
| 1929 | Mit dem Zusammenbruch der New Yorker Börse vom 23.–29. Oktober beginnt die Weltwirtschaftskrise. Die Aktienkurse fallen um 50 bis 90%. Der internationale Zahlungsverkehr bricht zusammen, 1930 greift die Krise auf Europa und die Welt über. |
| 1931 | Angesichts der Auswirkungen der Weltwirtschaftskrise setzt Präsident Hoover eine Stundung der Rückzahlung von Kriegsschulden der europäischen Staaten durch (Hoover-Moratorium). |
| 1933 | Präsident Franklin D. Roosevelt versucht mit einem umfangreichen Wirtschafts- und Sozialprogramm („New Deal") die unmittelbare Not zu lindern und die Wirtschaft wieder in Gang zu bringen. |
| 1935 | Seit dem Beginn der zweiten Phase des New Deal sollen Reformen vor allem die Position der Arbeiter und der Farmer stärken. |

## 1. Die Wirtschaftskrise: vom Börsenkrach zur Depression

**Spekulationsfieber**

Obwohl der wirtschaftliche Boom der zwanziger Jahre bis in den Herbst 1929 hinein andauerte, waren bereits seit 1926 erste Anzeichen einer Abschwächung der Hochkonjunktur erkennbar. Der Absatz langlebiger und hochwertiger Konsumgüter – bis dahin die Basis der Prosperität – begann zu stocken. Die Aufnahmefähigkeit ausländischer Märkte blieb infolge der eigenen Schutzzollpolitik begrenzt, die inländische Umsatzsteigerung beruhte schon seit längerem nicht mehr auf der Kaufkraft selbst, sondern vor allem auf den zunehmenden Abzahlungsgeschäften. Angetrieben von einem unerschütterlichen Vertrauen in die Expansionsfähigkeit der eigenen Industrie kauften die Amerikaner zudem Aktien wie Waren auf Anzahlung, um unter allen Umständen am wirtschaftlichen Boom beteiligt zu sein. Das allgemeine Kreditsystem wurde so aufgebläht, dass es bei der geringsten Erschütterung platzen musste.

**25. Oktober 1929 – der „Schwarze Freitag"**

Im Oktober 1929 war es so weit: Angesichts der Absatzkrise einiger Industrien wollten viele Aktienbesitzer ihre Aktien so schnell wie möglich, notfalls auch unter Wertverlust, verkaufen. Am Mittwoch, dem 23. Oktober, begann der Sturzflug der Kurse; am darauf folgenden „Schwarzen Freitag" wurden fast 13 Millionen Aktien verkauft, die Besitzer von Wertpapieren verloren allein an diesem Tag etwa 5 Milliarden Dollar. Die Industriewerte sanken auch in den nächsten Wochen unaufhaltsam. Zahlreiche Banken mussten ihre Zahlungsunfähigkeit erklären – bis 1933 fast 10 000. Damit war mehr als ein Drittel aller Banken in Konkurs gegangen. Die Erschütterung des Kreditwesens zwang viele Unternehmer, ihre Produktion einzustellen und die Arbeiter zu entlassen. Was als Börsenkrach begann, war zu einer allgemeinen und tief greifenden Wirtschaftskrise geworden.

**Ursachen**

Als Ursachen der Krise gelten neben den Schwächen des aufgeblähten Kreditwesens folgende Hauptgründe:
Die Absatzkrise von Konsumgütern beruhte vor allem auf der Überproduktion langlebiger Waren wie Autos, Radios oder elektrischer Haushaltsartikel. 1929 wurden z. B. 5,4 Millionen neue Autos und 1 Milliarde Paar Schuhe produziert. Dabei blieb die Kaufkraft der Bevölkerung immer mehr hinter der Produktionssteigerung zurück. Dies war vor allem auf eine ungleiche Einkommensentwicklung zurückzuführen. Diese brachte einerseits eine ungeheuere Steigerung der Unternehmergewinne, die zu weltweiten amerikanischen Geldanlagen, vor allem aber zur Investierung in die eigenen Betriebe führte, was wiederum die Produktionskapazitäten erneut steigerte. Andererseits stiegen aber die Löhne und damit die Konsumkraft der Bevölkerung nicht in dem Maße, dass sie die Produktionssteigerungen hätten aufnehmen können.
Verhängnisvoll war auch die Abhängigkeit der amerikanischen Prosperität von wenigen Leitindustrien wie Automobilbau und Bauindustrie. Dies zeigte sich deutlich schon im Jahre 1927. Beide Industrien gerieten sofort in eine Absatzflaute, als die Löhne und Gehälter der Amerikaner in diesem Jahr nicht in dem erwarteten Maße anstiegen.

**Die Folgen der Krise: materielle Not ...**

Die bald weltweite Krise wirkte sich auch im Ursprungsland selbst verheerend aus: Die Industrieproduktion sank um fast 40%, die Agarpreise fielen zum Teil um mehr als die Hälfte, die Löhne um 56%, der Außenhandel bei Import und Export nahm um mehr als ein Drittel ab. Die Arbeitslosigkeit dagegen stieg unaufhaltsam. Eine staatliche Sozialfürsorge existierte so gut wie nicht.

**... und Krise des Selbstbewusstseins**

Neben der materiellen Not traf die Krise besonders das Lebensgefühl und Selbstbewusstsein der Amerikaner. Viele zweifelten an der bisher selbstverständlichen Führungsrolle der Eliten in der Industrie- und Geschäftswelt sowie der Politik;

**Weltwirtschaftskrise:** Mit dem Begriff werden die durch Handels- und Kreditverflechtung weltweiten Auswirkungen des New Yorker Börsenkrachs bezeichnet. Den Folgen der Krise standen Wirtschaftstheoretiker und Unternehmer weitgehend hilflos gegenüber und es dauerte in allen betroffenen Ländern lange, bis ein neuer Aufschwung der einzelnen nationalen Wirtschaften und der Weltwirtschaft gelang. Vielfach wurde versucht, die Krise durch Beschränkung der weltwirtschaftlichen Verflechtungen und Erhöhung der Außenzölle zu überwinden – ein falscher Weg. Die Krise führte zu verstärkten Eingriffen in die Wirtschaftsabläufe.

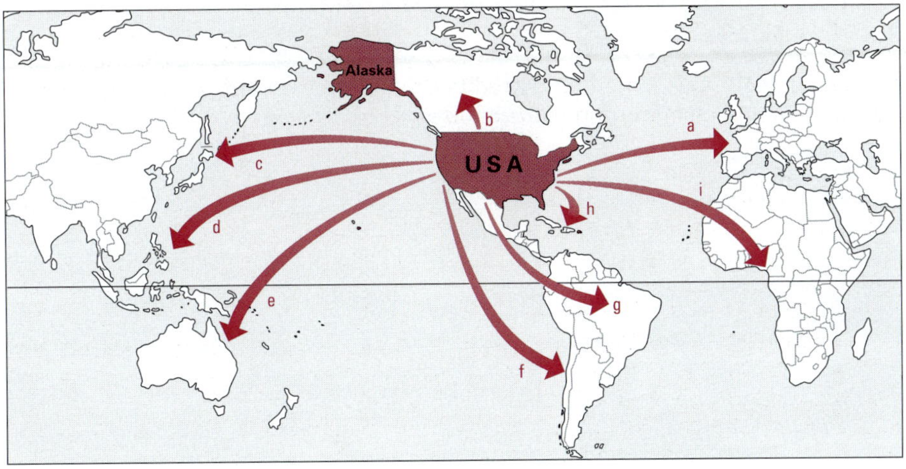


**46** Globale Auswirkungen der Krise:
a) Zusammenbruch der Industrie;
Verfall der Preise für:
b) Getreide
c) Seide und Baumwolle
d) Zinn und Kautschuk
e) Wolle
f) Fleisch
g) Kaffee
h) Zucker
i) Kakao

*Suchen Sie Gründe für den Preisverfall der Produkte.*

andere suchten die Schuld bei sich selbst, ohne aber ihre Situation aus eigener Kraft ändern zu können. Der Arbeitslose fiel in Dauerarbeitslosigkeit, der Kurzarbeiter oder Arbeiter musste Tag für Tag die Entlassung und damit seine soziale Deklassierung befürchten. Auch der Tüchtige schien nun offensichtlich unfähig, die Lage zu bessern. Damit gerieten traditionelle amerikanische Grundüberzeugungen ins Wanken.

**Gegenmaßnahmen ohne Wirkung?**

Präsident Hoover versuchte Gegenmaßnahmen einzuleiten: Steuersenkungen, um die Kaufkraft anzuregen; die Senkung des Diskontsatzes, um die Kreditnahme für neue Investitionen anzukurbeln; den Aufkauf von landwirtschaftlichen Produkten, um die Preise zu stabilisieren; die Anhebung der Zölle, um die inländische Produktion zu schützen. Doch mit diesen klassischen Methoden der Konjunkturbelebung war eine Krise dieses Ausmaßes nicht zu beheben, auch wenn 1931 eine leichte Besserung zu erkennen war.

**Das Elend – eine Chance für den Radikalismus?**

Obwohl der wirtschaftliche und soziale Niedergang in etwa dieselben Schichten traf wie in Europa, hatte auch in dieser Phase der Krise in den USA – ganz anders als in vielen Staaten Europas – der Radikalismus keine Chance. Zwar kam es zu Demonstrationen von Farmern oder Kriegsveteranen, zu vereinzelten Unruhen und Plünderungen in den Städten, revolutionäre Umsturzbewegungen entstanden aber nicht. Not und Elend ließen weder faschistische Bewegungen entstehen, noch brachten sie dem Kommunismus eine nennenswerte Anhängerschaft. Marxistisches Denken fand lediglich bei einigen Intellektuellen, nicht aber bei den breiten Bevölkerungsschichten Widerhall. Die Amerikaner wollten keinen Umsturz, sie forderten vom Staat allerdings nun ein stärkeres Engagement und ein helfendes, regulierendes Eingreifen. Dies zeigte auch der Präsidentschaftswahlkampf 1932. 57% der Amerikaner wählten den demokratischen Kandidaten Franklin D. Roosevelt. Er versprach eine „Neuverteilung der Karten": Das Schlagwort vom „New Deal" wurde zur Hoffnung der Nation.

**47** Folgen der Krise. Links: Szene nach dem Börsenkrach in New York vom 26. Oktober 1929. „100 Dollar für diesen Wagen, nur gegen Bargeld, verlor alles an der Börse."
Das Foto rechts zeigt eine Schlange von Arbeitslosen auf dem Broadway, 1932.

## 48 Daten zur Weltwirtschaftskrise.

**a)** Bruttosozialprodukt und Arbeitslosigkeit in den USA

| Jahr | BSP Nach jeweils gültigen Preisen, in Milliarden | Arbeitslose (in Tausend und in Prozent) |
|---|---|---|
| 1919 | 78,5 | 950 |
| 1929 | 104,4 | 1 550 (3,2%) |
| 1930 | 91,1 | 4 340 (8,7%) |
| 1931 | 87,3 | 8 020 (15,9%) |
| 1932 | 58,5 | 12 060 (23,6%) |
| 1933 | 56,0 | 12 830 |
| 1934 | 65,0 | 11 340 |
| 1935 | 72,5 | 10 610 |
| 1936 | 86,7 | 9 030 |
| 1937 | 90,8 | 7 700 |
| 1938 | 85,2 | 10 390 |
| 1939 | 91,1 | 9 480 |
| 1940 | 100,6 | 8 120 |
| 1941 | 125,8 | 5 560 |

Historical Statistics of the United States, Colonial Times to 1957. Washington 1960, S. 73, 139

**b)** Arbeitslosigkeit in Deutschland (Jahresdurchschnitt)

| Deutschland | | |
|---|---|---|
| 1929 | 1 899 000 | 13,1 Prozent |
| 1930 | 3 076 000 | 22,2 Prozent |
| 1931 | 4 520 000 | 33,7 Prozent |
| 1932 | 5 603 000 | 43,7 Prozent |

nach Ploetz, Das Dritte Reich, Freiburg 1983, S. 99

*Erklären Sie unter Einbeziehung des Darstellungstextes, warum sich trotz durchschnittlich geringerer Arbeitslosigkeit die Wirtschaftskrise in den USA auf die Betroffenen noch katastrophaler auswirkte als in Deutschland.*

## 49 Das Elend der Massen

Über das durch die Krise verursachte Elend berichtet die Zeitschrift „Fortune" im September 1932:

[…] Der Zustand der Counties Franklin und Williamson in Illinois ist womöglich noch schlimmer. Alle Zechen in den Counties sind seit etwa April 1932 geschlossen. Eine Stichprobe in zwölf Wohnungen der Stadt Benton zeigte: kein Geld, abgetragene Kleidung, von „unnötigem" Mobiliar entblößte Häuser, aus Mehl bereitete Gerichte, abgezehrte Eltern, unterernährte Kinder, unbezahlte Mieten und eine durchschnittliche Verschuldung der Familien von $300 für Lebensmittel und Arztrechnungen. 25 000 Personen waren im letzten Frühjahr in den beiden Counties in Not oder näherten sich dem rasch […]

So geht es von einer Stadt zur anderen und hinaus in die Fabrikstädte und Bergwerksdörfer und weiter zu den Farmern, wo die Häute einer Wagenladung Vieh kaum ein Paar Schuhe erbringen und Alfalfa [= Luzerne] $12 pro Tonne kostet, womit man eine Verkaufsernte von $2.50 anbaut, und die Traktoren auf den Feldern verrosten. Die Schwierigkeit bei solchen Tatsachen ist, dass sie in der Masse aufhören, etwas zu besagen. Und die wiederholte Feststellung, dass Hunderttausende von Menschen sich mit zum Unterhalt ungenügender Arbeitslosenunterstützung vor dem Verhungern sahen oder sehen, erzeugt lediglich Ungläubigkeit. „Sie sind noch nicht verhungert", bemerkt der Leser. „Sie werden schon irgendwie zurechtkommen."

Es stimmt, sie kommen irgendwie zurecht. Aber wie sie eben zurechtkommen, ist etwas anderes. Elf Tage lang waren letzten April in Philadelphia die privaten Hilfsfonds erschöpft und öffentliche Fonds noch nicht greifbar.

Solcherart ist das Problem, das aufgeworfen wurde durch drei Jahre anwachsender Beschäftigungslosigkeit und zwei Jahre Unterstützung aus der Hand in den Mund: Eine Stadt um die andere versucht eine

Hälfte oder ein Drittel oder ein Viertel ihrer Bürger zu ernähren von den Gaben, die aus verringerten Einnahmen gegeben werden, oder aus Steuern, die für zu hoch eingestufte Häuser der anderen Hälfte oder zwei Dritteln oder drei Vierteln erhoben werden; eine Stadt um die andere erhält das Leben, aber nicht die Gesundheit ihrer Unbeschäftigten mit einer Überdauerungsration; eine Stadt um die andere, wo der ganze Unterstützungsapparat zusammengebrochen oder im Begriff ist zusammenzubrechen oder nur durch Abstoßen des Hauptteils seiner Aufgabe noch besteht; und über die großen Städte hinaus die Fabrikstädte und die Kohlenzechen und die Großfarmen, wo Unterstützung ein leerer Name ist.

Aber zusammen mit ihrem Elend hat die Depression ihre sozialen Kuriositäten hervorgebracht, von denen nicht die geringste die Wanderbevölkerung ist, die sie auf die Straßen ergossen hat. Die Fortbewegungsmittel variieren, aber der Zweck ist stets der gleiche – woanders hin. Niemand hat noch eine Schätzung der Zahl der Anhalter vorgenommen, deren Daumen die amerikanische Überlandstraße entlangdeuten, noch eine der Zahl spatlahmer Fords, die Not leidende Familien von Stadt zu Stadt schleppen auf der Suche nach einem zahlungsfähigen Verwandten oder einem großzügigen Freund. Aber die gesamte wandernde Bevölkerung des Landes ist auf 600 000 bis 1 000 000 angesetzt worden […]

The People Shall Judge, a. a. O., II, S. 447 f.

*a) Kennzeichnen Sie die Erscheinungsformen der Krise aus der Sicht des Autors.*
*b) Stellen Sie fest, welche Hilfs- und Unterstützungsmaßnahmen angesprochen werden und was der Staat bis 1932 unternimmt.*

**50** Die „Krise", Holzschnitt von Gert Arntz, 1931.
*Stellen Sie dar, wie Arntz die amerikanische Gesellschaft zur Zeit der Wirtschaftskrise sieht.*

## 51 Präsidentschaftswahlkampf 1932 – „Kampf zweier Regierungsphilosophen"?

**a)** Der Präsidentschaftskandidat der Demokraten Franklin D. Roosevelt, 1932:

Jedermann hat ein Recht zu leben; und das bedeutet, dass er auch das Recht hat, einen auskömmlichen Lebensunterhalt zu verdienen. Er mag durch Trägheit oder Verbrechen der Ausübung dieses Rechtes absagen; aber es darf ihm nicht verweigert werden. Wir haben keine wirkliche Hungersnot oder Teuerung; unser industrieller und landwirtschaftlicher Apparat kann genug und übergenug produzieren. Unser formelles und korrekt politisches und wirtschaftliches Regierungssystem ist jedem einen Weg schuldig, sich durch seine eigene Arbeit in den Besitz einer Portion von diesem Überfluss zu setzen, die für seine Bedürfnisse genügt.

Jedermann hat ein Recht auf sein eigenes Eigentum; was ein Recht bedeutet, so weit wie möglich der Sicherheit seiner Ersparnisse gewiss zu sein. Auf keine andere Weise können Menschen die Lasten jener Teile des Lebens tragen, die naturgemäß keine Möglichkeit zur Arbeit geben: Kindheit, Krankheit und Alter. In allem Denken über das Eigentum ist dieses Recht das höchste; alle anderen Eigentumsrechte müssen ihm nachstehen. Wenn wir im Einklang mit diesem Prinzip die Operationen des Spe-

kulanten, des Manipulators, ja selbst des Finanziers einschränken müssen, so glaube ich, müssen wir die Restriktion als notwendig akzeptieren, nicht um den Individualismus zu beeinträchtigen, sondern um ihn zu schützen [...]
Wir haben eine ganze Menge über beide gelernt im vergangenen Jahrhundert. Wir wissen, dass individuelle Freiheit und individuelles Glück gar nichts besagen, wenn sie nicht beide geordnet sind in dem Sinne, dass nicht des einen Fleisch des anderen Gift sei. Wir wissen, dass die alten „Rechte persönlicher Zuständigkeit", das Recht zu lesen, zu denken, zu reden, eine Lebensweise zu wählen und zu leben, unter allen Umständen respektiert werden müssen. Wir wissen, dass die Freiheit, etwas zu tun, was andere jener elementaren Rechte beraubt, außerhalb des Schutzes irgendeines Vertrages steht; und dass Regierung in dieser Hinsicht die Bewahrung eines Gleichgewichtes ist, innerhalb dessen jeder Einzelne einen Platz haben kann, wenn er ihn einnehmen will; in dem jeder Einzelne Sicherheit finden kann, wenn er sie wünscht; in dem jeder Einzelne solche Macht erlangen kann, wie es seine Fähigkeit erlaubt, in Übereinstimmung mit der Übernahme entsprechender Verantwortung.

The People Shall Judge, a. a. O., II, S. 456 f.

**b)** Präsident Hoover wiederholt seine Argumente zum „Amerikanischen System" ebenfalls 1932:

Dieser Wahlkampf ist mehr als ein Kampf zwischen zwei Männern. Er ist mehr als ein Kampf zwischen zwei Parteien. Er ist ein Kampf zwischen zwei Regierungsphilosophien. Die Opposition sagt uns, dass wir einen Wechsel brauchen, dass wir einen new deal brauchen [...] Sie schlägt Veränderungen und so genannte new deals vor, die die eigentlichen Grundlagen unseres Amerikanischen Systems zerstören würden [...] Die ursprüngliche Idee dieses ganzen Amerikanischen Systems ist nicht die Reglementierung von Menschen, sondern das Zusammenwirken freier Menschen. Es ist gegründet auf der Vorstellung von Verantwortlichkeit des Individuums gegenüber der Gemeinschaft, der örtlichen Regierung gegenüber dem Bundesstaat, des Bundesstaates gegenüber der Nationalen Regierung [...] Die Zentralisation von Regierung untergräbt Verantwortlichkeiten und wird das System zerstören [...] Liberalismus ist eine Kraft, die dem Geist der tiefen Überzeugung entspringt, dass wirtschaftliche Freiheit nicht geopfert werden darf, wenn politische Freiheit bewahrt werden soll.

E. H. Merrill, Responses to Economic Collapse, Boston 1964, S. 85 ff.

*a) Stellen Sie fest, welche Ursachen nach Roosevelt für die Krise mitverantwortlich sind.*
*b) Vergleichen Sie die Aussagen Hoovers und Roosevelts zur Bedeutung von Staat und Individuum hinsichtlich möglicher Gemeinsamkeiten oder Unterschiede.*
*c) Setzen Sie sich mit den Einschätzungen der beiden Präsidentschaftskandidaten auseinander und formulieren Sie eine eigene Stellungnahme.*

## 2. Der Staat greift ein – die zwei Phasen des New Deal

**Die erste Phase: Sanierung, Neuorganisation ...**

Die Anordnung viertägiger „Bankferien" zur Neuorganisation, besseren Koordinierung und Kontrolle des Bankwesens war der spektakuläre Auftakt einer Flut von Gesetzesvorhaben der ersten Phase des New Deal, der sog. „Hundert Tage" (9. März –16. Juni 1933). Schnelligkeit und Entschiedenheit der Durchführung stellten das Vertrauen der Bevölkerung in die Banken wieder her, die Einlagen stiegen rasch an. Gesetze über die Kürzung der Staatsausgaben durch niedrigere Beamtengehälter und Veteranenpensionen überzeugten die Geschäftswelt und die Bevölkerung von der Ernsthaftigkeit der staatlichen Reformen. Auch die Beendigung der Prohibition für Bier und Wein fand vielfache Zustimmung. Ein Arbeitsbeschaffungsprogramm für junge Männer diente dem Naturschutz und verminderte die Arbeitslosigkeit. Staatlich geförderte Anbaubeschränkungen sollten die Überproduktion der Landwirtschaft abbauen und somit höhere Preise für ihre Produkte ermöglichen. Die Kreditmöglichkeiten der Farmer wurden verbessert und Modernisierungshilfen z. B. für die Elektrifizierung der Landwirtschaft bereitgestellt.
Wie in der Landwirtschaft sollte auch in der Industrie die Überproduktion abgebaut werden. Die Gewerkschaften erhielten das Recht zu Tarifverhandlungen, was der

Gewerkschaftsbewegung großen Aufschwung gab. Mindestlöhne und Maximalarbeitszeiten wurden festgesetzt, die Arbeit von Kindern unter 16 Jahren verboten. 1935 entstand neben der „American Federation of Labour" (AFL), die sich hauptsächlich aus besser qualifizierten Arbeitnehmern rekrutierte, der „Congress of Industrial Organization" (CIO), der vor allem ungelernte Arbeiter ansprach.

**... und Arbeitsbeschaffung**

Zu den wichtigsten Aufgaben des New Deal gehörten aber nach wie vor die Arbeitsbeschaffungsprogramme, wie sie der britische Wirtschaftstheoretiker John Maynard Keynes angeregt hatte. Staatliche Aufträge sollten die Wirtschaft ankurbeln: 122 000 öffentliche Gebäude sollten saniert, eine Million Kilometer Straßen neu angelegt, 77 000 neue Brücken errichtet werden.
Als wohl gelungenster Versuch gilt das Tennesseetal-Projekt. Das Einzugsgebiet des Tennessee gehörte vor allem infolge der Bodenerosion zu den ärmsten Gebieten der USA. Der neu geschaffenen Bundesbehörde Tennessee Valley Authority (TVA) gelang es, Arbeitsbeschaffung, Entwicklungshilfe, staatliche Energiepolitik und Umweltsanierung gleichzeitig zu realisieren. Durch Dämme und Kraftwerke wurden Überschwemmungen und Bodenerosion weitgehend verhindert, die Flüsse reguliert, die Malaria ausgerotet; zusammen mit der Gewinnung von billiger Elektrizität konnten Industriebetriebe angesiedelt, die Schifffahrt gesteigert, die Landwirtschaft modernisiert und neue Arbeitsplätze geschaffen werden.

**Kritik und Widerstand**

Doch nicht alle Projekte des New Deal fanden ungeteilte Anerkennung bei der Bevölkerung und der Wirtschaft. Manche Programme waren mangelhaft organisiert oder scheiterten am fehlenden Konsens der Beteiligten. Konservative Geschäftsleute und Politiker wandten sich gegen den wachsenden Einfluss der Gewerkschaften ebenso wie gegen die dirigistischen Maßnahmen des Staates, die der amerikanischen Tradition widersprächen und einen schleichenden Sozialismus darstellten. Starken Aufschwung erhielten diese Kräfte, als der Oberste Gerichtshof 1935 verschiedene Gesetze für verfassungswidrig erklärte.

**Die zweite Phase: soziale Reformen**

Trotz aller Widerstände startete Roosevelt 1935 die zweite Phase des New Deal: Weitere Arbeitsbeschaffungsprogramme sollten endlich die Zahl der Arbeitslosen reduzieren. Vor allem aber wollte die Regierung durch neue Gesetze mehr soziale Sicherheit schaffen und führte deshalb eine Arbeitslosenversicherung und eine Altersrente ein. Die Finanzierung erfolgte durch Besteuerung der Arbeitgeber, durch staatliche Zuschüsse und auch durch Beiträge der Versicherungsnehmer. Allerdings wurde fast die Hälfte der Amerikaner nicht erfasst, z. B. blieben Landarbeiter ebenso ausgeschlossen wie Angehörige der freien Berufe. Auch die Leistungen ließen einen Vergleich mit den schon viel früher geschaffenen Sozialversicherungssystemen vieler europäischer Staaten nicht zu. Eine Krankenversicherung wurde erst in den 60er Jahren eingeführt.

**Keynesianismus:** Der britische Volkswirtschaftler John Maynard Keynes entwickelte 1935/36 aus der Analyse der Ursachen der Weltwirtschaftskrise eine grundlegende Neuorientierung des ökonomischen Denkens. Hauptursache für Arbeitslosigkeit ist nach Keynes eine geringe Nachfrage der Unternehmen und der privaten Haushalte in den Bereichen Investitionen und Konsum. Die Nachfragelücke soll durch verstärkte staatliche Nachfrage ausgeglichen werden, wodurch ein schnelleres Erreichen der Vollbeschäftigung ermöglicht wird. Das Konzept nimmt eine – vorübergehende – Verschuldung („deficit spending") der öffentlichen Hand in Kauf, in der Erwartung, die wieder einsetzende Konjunktur werde mit ihren höheren Steuererträgen die Schulden wieder abbauen helfen.
Der Keynesianismus wurde nach dem Zweiten Weltkrieg zu einer der wichtigsten Grundlagen der Wirtschaftspolitik in Marktwirtschaften, blieb aber immer umstritten, weil zu starke staatliche Nachfrage auch zu steigender Inflation führen kann.

**52** Das Foto zeigt Opfer einer Flutkatastrophe in Louisville 1937, die in einer Schlange anstehen, um frisches Wasser zu bekommen. *Diskutieren Sie, aus welchen Gründen das Foto berühmt wurde.*

**Erfolg oder Scheitern?**

Kurzfristig gesehen schienen die Maßnahmen der zweiten Phase des New Deal zum Erfolg zu führen. In den Jahren 1935 und 1936 erholte sich die Wirtschaft deutlich und Roosevelt konnte 1936 auf der Höhe seiner Popularität einen triumphalen Wahlerfolg erringen. Zwei Drittel der Amerikaner gaben ihm ihre Stimme. In den nächsten zwei Jahren änderte sich die Situation jedoch wieder schlagartig. 1938 war die Industrieproduktion erneut auf den Stand von 1935 gesunken, die Arbeitslosenzahlen waren wieder auf über 10 Millionen gestiegen, der Reformschwung erlahmte. Auch die Popularität Roosevelts erreichte einen Tiefstand.

**53** **Franklin D. Roosevelts Programm:** Aus der Antrittsrede des Präsidenten im März 1933:

Unsere große Nation wird durchhalten, wie sie bisher durchgehalten hat, wird wieder aufblühen und gedeihen. Lassen Sie mich also vor Ihnen erst einmal meine feste Überzeugung aussprechen, dass das Einzige, was wir zu fürchten haben, die Furcht selbst ist – nämlich jenen vernunftlosen und unbegründeten Schrecken, der alle Kraft und Fähigkeit, den Rückzug in einen Vormarsch umzuwandeln, lahmlegt […]

Das Werk des Wiederaufbaues verlangt aber nicht nur eine Wandlung in unserer Ethik. Unsere Nation verlangt Taten, und zwar sofort.

Unsere alles beherrschende Aufgabe ist es, den Menschen wieder Arbeit zu verschaffen. Diese Aufgabe ist nicht unlösbar, wenn wir sie klug und unerschrocken anpacken. Teilweise kann das Problem durch direktes Eingreifen der Regierung gelöst werden, indem wir an unsere Aufgabe so großzügig herangehen, wie wir im Fall eines Krieges handeln würden; aber gleichzeitig müssen wir bei der öffentlichen Arbeitsbeschaffung so vorgehen, dass durch sie dringend notwendige Verbesserungen für den Gebrauch unserer natürlichen Hilfsmittel erfolgen. Gleichzeitig müssen wir erkennen, dass unsere Industriegebiete übervölkert sind und dass es im nationalen Interesse gelegen ist, eine Umschichtung und Neuverteilung der Menschen in unserem Land durchzuführen, – eine Neuverteilung, die eine bessere Ausnützung des Landes durch diejenigen, die sich dazu am besten eignen, ermöglicht.

Gefördert kann die Erfüllung dieser Aufgabe werden durch zielbewusste Maßnahmen zur Erhöhung der Preise der ländlichen Produkte und durch die dadurch zu erreichende Steigerung der Kaufkraft der ländlichen Bevölkerung, von der dann wieder die Städte den Nutzen haben. Sie kann weiter gefördert werden dadurch, dass man der sich immer noch verschärfenden Tragödie, die mit der Enteignung kleiner Heimstätten und Landgüter und den dabei erwachsenden Verlusten verbunden ist, tatkräftig einen Riegel vorschiebt. Ferner ist es unumgänglich nötig, dass die Bundes-, Staats- und Lokal-Regierungen in Zukunft ihre Ausgaben ganz erheblich verringern. Außerdem muss eine Vereinheitlichung all der zahlreichen Hilfsmaßnahmen durchgesetzt werden, die heute noch vielfach auseinander fließen und unwirtschaftlich und nicht genügend durchdacht sind. Endlich verlangt die Aufgabe, die wir zu lösen haben, auch die nationale Organisation und Kontrolle aller Arten von Transport- und Verkehrsmitteln oder sonstigen, dem öffentlichen Gebrauch dienenden Einrichtungen. So gibt es mancherlei Wege, die zum Ziele führen. Zu gar keinem Ergebnis aber werden wir kommen, wenn wir bloß von unseren Aufgaben reden. Wir müssen handeln, schnell und energisch.

Damit wir aber bei der Durchführung unserer Arbeit und bei der Wiederbelebung der Wirtschaft nicht wieder in die alten Übelstände zurückgleiten, haben wir Schutzwälle für unser Werk aufzurichten: Es muss eine scharfe Beaufsichtigung des ganzen Bankwesens, der Kreditwirtschaft und der Kapitalanlagen eintreten und es muss der Spekulation mit anderer Leute Geld ein Ende bereitet werden. Und es muss für eine mit der Wirklichkeit im Einklang stehende, aber gesunde Währung gesorgt werden.

Engl. in: Henry Steele Commager-Milton Cantor, Documents of American History, Vol. II.10, New Jersey 1988, (Doc. 476), 239 ff.; dt. aus: Franklin D. Roosevelt, Das neue Amerika, Luzern 1937, 31 ff.

*Stellen Sie die Maßnahmen zusammen, die Roosevelt vorschlägt, und erörtern Sie, welche Argumente seine Gegner anführen können.*

## 54 Die TVA – ein Modell der Neu-Deal-Politik?

Aus dem Bericht des Leiters der TVA, David E. Lilienthal (1899–1981), aus dem Jahre 1943:

[...] Der Gedanke der einheitlichen Erschließung der Naturquellen ist getragen von der Überzeugung, dass bei demokratischer Planung das Interesse der Einzelpersönlichkeit und das der einzelnen Unternehmen in wachsendem Maße mit den Interessen der Allgemeinheit in Einklang gebracht werden kann. Die Entwicklung im Tennessee-Tal hat, im Großen gesehen, die Richtigkeit dieser Überzeugung bestätigt. Das Einkommen der privaten Farmbetriebe ist gestiegen, vor allem wohl als Folge und Erfolg des Mühens um den Schutz des Bodens. Der Absatz der privaten Kunstdünger-Industrie ist schneller als jemals vorher angewachsen, weil die TVA einen neuen Kunstdünger herstellte und verwendete, der die Erhaltung des Bodens sicherte und damit das öffentliche Interesse förderte. Durch bessere Schulung in Waldbrandverhütung und vernünftige Abholzungs-Methoden wurde gleichzeitig mit der Erhaltung der Wälder auch der privaten Holzindustrie gedient. Stadtbau-Planung half zur Verschönerung der Städte, die gleichzeitig auch den Wert des Grundbesitzes für die einzelnen Eigentümer erhöhte. [...] Bei demokratischer Planung geht es letzten Endes stets um die Menschen. Wenn die Pläne nicht den Bedürfnissen des Menschen Rechnung tragen, müssen sie scheitern. Wer kein Verständnis für die Menschen hat und die Gefühle seiner Mitmenschen nicht teilt, ist kaum geeignet, wirklich sinnvoll und realistisch zu planen [...]

Ein großer Plan, eine tiefe ethische, ja sogar religiöse Zielsetzung – das ist die Antwort der Demokratie an die, die in unserem eigenen Land gern Diktatoren spielen möchten, und an die Feinde der Demokratie in der ganzen Welt. Die einheitliche Erschließung der Naturquellen verfolgt einen solchen großen Plan, der sich auf eine tiefe Erkenntnis gründet: auf die Einheit von Natur und Menschheit [...]

Im ganzen Volke das Verständnis für ein gemeinsames ethisches Ziel zu erwecken – das ist der idealistische Grundgedanke demokratischer Planung in solchem Ausmaße. Nicht auf ein starres Ziel, sondern auf die Richtung kommt es an; nicht auf einen ein für alle Mal festgelegten Plan, sondern auf die bewusste Auswahl vieler aufeinander folgender Pläne durch das Volk. Es war der große Demokrat [Walt] Whitman, der warnend zu bedenken gab, „dass ein einmal festgelegtes Ziel nicht zu widerrufen ist" [...]

[...] Wie oft haben die Menschen versucht, sich der langwierigen Aufgabe der Schulung und Erziehung und ihren oft prosaischen alltäglichen Anforderungen dadurch zu entziehen, dass sie einen Plan aufstellten – meist in Form eines Gesetzes –, ohne

danach zu fragen, ob die Menschen diesen Plan auch verstanden und welchen Nutzen er ihnen bringen konnte.
Nicht von vorhandenen Gegebenheiten ausgehen zu wollen, heißt einen Fehler von historischem Ausmaß begehen […] Weil die Lehren der Vergangenheit mir so eindeutig erscheinen und weil die menschliche Natur sie stets von neuem bestätigt, darum habe ich in diesem Bericht vielleicht bis zur Ermüdung immer wieder die folgenden Grundsätze wiederholt: Das Volk muss selbst aktiv an der Planung teilnehmen, seine Einrichtungen und Körperschaften müssen in diese Planung mit einbezogen werden; die Selbst-Schulung der Staatsbürger ist wichtiger als irgendwelche einzelnen Projekte und materiellen Veränderungen.
Aus dieser Überzeugung heraus hat die TVA auch nie den Versuch gemacht, diejenigen Kräfte und Institutionen des Tennessee-Tales, die dem Plan zur einheitlichen Erschließung entschieden entgegenwirkten, durch Zwang und Willkür auszuschalten oder zu bekehren […]

David E. Lilienthal, Das elektrische Stromtal. Tennessee, dt. Übersetzung: M. Slavik, München 1950, S. 249–252

*a) Prüfen Sie, inwieweit Lilienthals Vorstellungen den Grundzügen von Roosevelts New-Deal-Politik entsprechen.*
*b) Untersuchen Sie, welche verschiedenen Interessenbereiche das Projekt abzudecken versucht.*
*c) Stellen Sie fest, mit welchen Argumenten sich Lilienthal gegen den Vorwurf wehrt, Planwirtschaft zu betreiben.*

## 55 Anhänger und Gegner des New Deal:

**a)** Ein Washingtoner Journalist, 1936:
Es ist nicht zu leugnen: Es gibt unter den Wohlhabenden eine weit verbreitete Überzeugung, dass sie geschlachtet werden, um den weniger Glücklichen einen schönen Tag zu machen. Aber es ist sicher, dass die Wohlhabenden als Klasse relativ weniger unter den wirtschaftlichen Ereignissen der letzten drei Jahre gelitten haben als irgendeine andere Klasse […] Im Allgemeinen hängt die Heftigkeit des Hasses direkt mit dem Reichtum der sozialen Gruppe zusammen. Je größer das Haus, je zahlreicher die Diener, je prächtiger die Wäsche und das Silber, desto vernichtender und verletzender ist die Anklage gegen den Präsidenten.

The New Deal and the American People, ed. by F. Freidel, Englewood Cliffs, N. J. 1964, S. 100 f.

**b)** Ein Arbeiter, 1935:
Gestern war der überraschendste Tag: Dem Boss wurde befohlen, uns nach dem gesetzlichen Lohn zu bezahlen. Und mehr noch: Ihm wurde befohlen, uns nachzuzahlen, was er uns seit dem Beginn der gesetzlichen Festlegung schuldete, und wir kriegten das Geld richtig auf die Hand; Sie können sich vorstellen, dass mir das Geld gelegen kam […] Aber da ist etwas, das ist mehr wert als Geld. Das ist das Bewusstsein, dass der Arbeiter den Bossen und ihren gerissenen Rechtsanwälten und allen ihren Tricks nicht allein gegenübersteht. Da ist jetzt eine Regierung, die dafür sorgt, dass die Dinge gerecht für uns laufen. Ich sage Ihnen: Das ist mehr als Geld. Es gibt Ihnen ein gutes Gefühl […]

The New Deal and the American People, a. a. O., S. 41

**c)** Eine Industriearbeiterin, 1935:
Bevor der New Deal sich auswirkte, waren wir gezwungen, in Stoßzeiten jeden Tag 15 Stunden ohne Überstundenlohn zu arbeiten, und wir wurden gefeuert, wenn wir in die Gewerkschaft gingen. Jetzt haben wir unsere Gewerkschaft bekommen, eine annehmbare Arbeitswoche, mehr Frauen, die hier arbeiten, und wir haben bessere Löhne gekriegt. Bekam ich früher nie mehr als 8$ die Woche, krieg ich jetzt nie unter 13,50$. Wir sind zwar nicht gerade auf Rosen gebettet – so ist's schließlich noch nicht für die Arbeiter –, aber es geht uns besser, als ich es jemals erlebt habe, und ich bin schon seit 9 Jahren in der Fabrik, seit ich 15 bin.

The New Deal and the American People, a. a. O., S. 38

*a) Untersuchen Sie, welche Befürchtungen die Gegner der New-Deal-Politik haben.*
*b) Erläutern Sie die Argumente der Anhänger Roosevelts und zeigen Sie dabei die angesprochenen Missstände auf.*

**56** Wer fordert einen New Deal? Karikatur 1931.
*Beschreiben Sie die Personen und ihre Haltung zum New Deal.*

**57** Trojanisches Pferd, Karikatur 1935.
*Deuten Sie die Haltung des Zeichners zur Politik des New Deal.*

**Zur Diskussion**

## Der New Deal – eine „revolutionäre" Veränderung Amerikas?

Die Wirksamkeit des New Deal war schon bei den Zeitgenossen umstritten. War es tatsächlich den Rooseveltschen Reformen zu verdanken, dass Amerika aus der verheerenden „Großen Depression" herauskam und seinen Rang als führende Wirtschaftsmacht der Welt wiederherstellen konnte? Oder bedurfte es erst der Konjunktur des Zweiten Weltkrieges, um die Wirtschaft wieder anzukurbeln? War Amerika nach dem New Deal ein anderes Land, mit einem neuen Verständnis für die soziale Verantwortung von Staat und Gesellschaft oder blieben die traditionellen Werte der individuellen Selbstbehauptung und des schonungslosen Wettbewerbs weiter in Geltung?

**a)** Der amerikanische Historiker William E. Leuchtenburg (1963):

Als Roosevelt sein Amt antrat, war das Land in sehr großem Maße von einem einzigen Element geprägt: der weißen, angelsächsischen, protestantischen, besitzenden Klasse. Unter dem New Deal erlangten neue Gruppen einen Platz an der Sonne. Sie gewannen nicht nur Vorteile, die sie vorher nicht genossen hatten, sondern sie fanden auch Anerkennung als gleichwertige Mitglieder der Gesellschaft. Zu Beginn der Roosevelt-Ära ignorierten Wohlfahrtsorganisationen die Arbeiterschaft, wenn sie Repräsentanten suchten; am Ende dieser Periode war kein der Gemeinnützigkeit dienendes Komitee ohne einen Gewerkschaftsvertreter komplett. Während Theodore Roosevelt eine weiße Fortschrittspartei im Süden gegründet und Woodrow Wilson die Rassentrennung in der Bundesregierung eingeführt hatte, brachte Franklin Roosevelt ohne viel Aufhebens die Schwarzen in die New-Deal-Koalition. […] Die Gleichrangigkeit der religiösen Gruppen wurde so selbstverständlich, dass, wie sich ein (katholischer) Priester einmal zaghaft beklagte, man niemals in einer Zeitung das Bild eines Priesters sah, der nicht

auf beiden Seiten von einem (protestantischen) Pfarrer und einem (jüdischen) Rabbiner flankiert wurde.
Die Verehrung, die man Roosevelt entgegenbrachte, rührte nicht zuletzt daher, dass der New Deal die Pflicht begründete, jedem Amerikaner einen Mindestlebensstandard zu garantieren. Seine Hilfsprogramme stellten einen Fortschritt gegenüber den barbarischen Praktiken der Zeit vor der Wirtschaftskrise dar, der nicht graduell, sondern grundsätzlich war. [...] Die Roosevelt-Regierung leistete solche Hilfe nicht als eine Sache der Barmherzigkeit, sondern als eine Maßnahme, auf die die Menschen einen Rechtsanspruch hatten.[...] In seiner Parteikongressrede vom Juni 1936 erklärte der Präsident: „Regierungen können irren, Präsidenten machen Fehler, aber der unsterbliche Dante sagt uns, dass der göttliche Richter die Sünden der Kaltblütigen und die Sünden der Warmherzigen in verschiedenen Schalen wägt.“

W. E. Leuchtenburg, Franklin D. Roosevelt and the New Deal, New York 1963. S. 332 f., dt. Übersetzung: J. Rohlfes

**b)** Der amerikanische Historiker Dudley E. Baines (1977):

Eine Beurteilung des New Deal im Ganzen ist äußerst schwierig. [...] Die Hauptschwierigkeit liegt darin, dass das Bruttosozialprodukt bei Ausbruch des Zweiten Weltkrieges noch immer unter dem Stand von 1929 lag, was aber noch nicht beweist, dass der New Deal ein Misserfolg gewesen ist. Bedenkt man die außergewöhnlichen Umstände der 1930er Jahre, dann hätte es ohne den New Deal noch viel niedriger sinken können. Der wirtschaftliche Wiederaufschwung nach der Depression war zudem nicht das einzige Ziel des New Deal. [...] Man könnte sagen, die Wirtschaft hätte sich vielleicht besser erholt, wenn 1933 weniger Arbeitslose von der Regierung unterstützt worden wären. [...] Das Hauptproblem lag darin, dass die New-Deal-Gesetze so viel auf einmal bewerkstelligen sollten. Sie mussten die unmittelbare Not lindern. Roosevelt konnte es sich weder als Politiker noch aus humanitären Gründen erlauben, die Schlangen hungernder Menschen und die ruinierten Farmer zu übersehen. [...] Die Farmer dafür zu bezahlen, dass sie auf ihren Farmen blieben, die sie hätten aufgeben sollen, förderte den wirtschaftlichen Aufschwung nicht, milderte aber menschliches Elend.

W. P. Adams (Hg.), Die Vereinigten Staaten von Amerika. Frankfurt 1977, S. 350 f.

**c)** Der deutsche Historiker Jürgen Heideking (1996):

Die Roosevelt-Administration beabsichtigte keine grundlegende, revolutionäre Umwälzung der amerikanischen Gesellschaft und sie befand sich damit offenbar im Einklang mit der großen Mehrheit der Amerikaner. Zeitgenössische soziologische Untersuchungen lassen erkennen, dass das liberale Koordinatensystem von Individualismus, Eigeninitiative, Konkurrenz und Mobilität trotz der Depression weitgehend erhalten blieb. Es wurde auch ganz bewusst von der Unterhaltungsindustrie Hollywoods bestärkt, [...] deren Produzenten bemüht waren, selbst realistische Gegenwartsschilderungen mit einem optimistischen Happy End zu versehen. Die Mehrzahl der Bürger hielt offensichtlich am American Dream fest und gab die Hoffnung nicht auf, dass sich wirtschaftliche Leistungskraft und Fortschritt mit einem hohen Maß an individueller Freiheit, demokratischer Mitbestimmung und föderaler Selbstverwaltung vereinbaren ließen. Die Verfassung bildete immer noch eine Schranke gegen den allmächtigen Zentralstaat und die Aversion gegenüber einem bürokratischen Wohlfahrtssystem mit hohen Steuerlasten reichte bis weit in die Mittelschicht hinein.

J. Heideking, Geschichte der USA, Tübingen 1996, S. 315

*a) Welche Maßstäbe liegen den unterschiedlichen Wertungen der drei Autoren jeweils zugrunde?*
*b) Erläutern Sie die unterschiedlichen Auffassungen über das Ausmaß der durch den New Deal bewirkten Veränderungen. Wie schätzen Sie selbst den Erfolg ein?*

*a) Hinsichtlich der Ursachen der Weltwirtschaftskrise spricht man häufig von einem „circulus vitiosus“. Erörtern Sie, inwieweit diese Kennzeichnung zutrifft.*
*b) Diskutieren Sie, warum sich die Wirtschaftskrise in den USA – anders als vielfach in Europa – nicht zu einer politischen Krise oder einer Staatskrise entwickelte.*
*c) Erörtern Sie, inwieweit die New-Deal-Politik in das bisherige „Amerikanische System“ eingriff.*

# V. Vom Kreditgeschäft zum Kriegseintritt: die USA und der Zweite Weltkrieg

Es gilt als unbestritten, dass weite Kreise der amerikanischen Öffentlichkeit die Gefahren, die von der aggressiven Außenpolitik Deutschlands ausgingen, lange Zeit unterschätzten. Aber auch viele von denen, die die Bedrohung erkannten, glaubten durch eine konsequente Nichtbeachtung der Vorgänge in Europa und Asien den amerikanischen Interessen am besten zu dienen. Sie bezeichneten diejenigen Amerikaner, die wie Präsident Roosevelt eine frühzeitige Intervention für notwendig hielten, als „Kriegstreiber". Die überwiegende Mehrheit – mehr als acht von zehn Amerikanern – waren in den 30er Jahren strikt gegen einen neuen Kriegseintritt. Doch 1941 befanden sich die USA erneut in einem Weltkrieg und von ihrem Eingreifen sollte der Ausgang dieses Krieges ebenso abhängig sein wie im Ersten Weltkrieg.

| | |
|---|---|
| 1935 | Ein Neutralitätsgesetz verbietet den Verkauf und die Lieferung von Waffen an Krieg führende Staaten. 1937 wird auf der Grundlage von „cash and carry" der Verkauf von Waffen gestattet. |
| 1937 | Präsident Roosevelt stellt in Chicago die Forderung, Aggressoren einer „Quarantäne" zu unterwerfen, um eine „Epidemie der Rechtlosigkeit" zu verhindern. |
| 1941 | (März) Der Präsident wird durch das „lend-and-lease"-Gesetz ermächtigt, auch ohne sofortige Bezahlung Waffen an Kriegführende zu liefern.<br>(August) Roosevelt und Churchill proklamieren in der ‚Atlantikcharta' die Grundsätze einer zukünftigen Weltfriedensordnung.<br>(Dezember) Nach dem japanischen Überfall auf Pearl Harbor treten die USA in den Krieg ein. |
| 1943 | (Januar) Roosevelt und Churchill beschließen in Casablanca die alliierte Landung in Sizilien und fordern die „bedingungslose Kapitulation" Deutschlands.<br>(November) Die Konferenz von Teheran beschließt die Invasion in Nordfrankreich und die Verschiebung der polnischen Grenze nach Westen. |
| 1945 | (Februar) In Jalta werden die Westverschiebung Polens bestätigt und die Nachkriegspolitik gegenüber Deutschland festgelegt.<br>Im Juli/August zeigen sich auf der Konferenz von Potsdam neben Übereinstimmungen über die Zukunft Deutschlands auch tiefe Meinungsverschiedenheiten der Siegermächte. |

## 1. Die Politik des nationalen Egoismus und das Ende der Neutralität

Wie die meisten Amerikaner sah auch ihr Präsident Roosevelt die Hauptaufgabe der amerikanischen Außenpolitik in der Mitte der 30er Jahre darin, die New-Deal-Maßnahmen außenwirtschaftlich abzustützen. Gegenüber Lateinamerika bedeutete dies eine Politik der „guten Nachbarschaft" mit dem Ziel, die Absatzmöglichkeiten zu verbessern und Rohstofflieferungen zu sichern. Gegenüber den Staaten der übrigen Welt wollte Amerika zwar ökonomisch die Politik der „Offenen Tür" weiterführen, sich aber konsequent von jeder Bündnispolitik freihalten.

**Von der Neutralität zu „cash and carry"**

Eine Konsequenz dieser Politik waren Neutralitätsgesetze, die der Kongress von 1935 bis 1937 verabschiedete. Das Gesetz von 1935 verbot die Ausfuhr von Waffen, Munition und Kriegsgerät oder auch die Vergabe von Krediten an Krieg führende Staaten.
1937 wurden dann allerdings die strikten Neutralitätsgesetze durch die „cash-and-carry"-Klausel gelockert: Krieg führende Staaten konnten nun außer „tödlichen Waffen" alle Waren in den USA kaufen, wenn sie sie bar bezahlten und auf eigenen Schiffen abtransportierten. Damit glaubte die Mehrheit des Kongresses, einen Kriegseintritt der USA vermeiden zu können, ohne auf die gewinnbringenden Lieferungen von Erdöl, Kupfer, Stahl, aber auch von Lastwagen und Maschinen verzichten zu müssen.

**Isolationisten gegen Internationalisten**

Die „cash-and-carry"-Klausel war im Kongress heftig umstritten. Viele fürchteten, damit erneut in einen Krieg hineingezogen zu werden. Noch einmal sammelten sich die Anhänger eines konsequenteren Isolationismus. Sie traten für die strikte Einhaltung der Neutralitätsgesetze und gegen alle Maßnahmen ein, die einen Kriegseintritt der USA zur Folge haben könnten.
In schroffem Gegensatz zu den Isolationisten standen die Internationalisten und Präsident Roosevelt. Nach ihrer Auffassung durften die USA aus ideellen und wirtschaftlichen Gründen einer Expansion Deutschlands in Europa und Japan in Asien nicht tatenlos zusehen. Roosevelts außenpolitische Handlungsspielräume waren allerdings angesichts der isolationistischen Grundstimmung ziemlich eng.

**Neutralität – auch in den Gedanken?**

Auf den deutschen Angriff auf Polen am 1. September 1939 und den Ausbruch des europäischen Krieges reagierte Roosevelt am 3. September in einer Radioansprache mit dem Versprechen, den Krieg von Amerika fern zu halten: „Diese Nation wird neutral bleiben, aber ich kann nicht fordern, dass jeder Amerikaner auch in Gedanken neutral bleibe". Dies entsprach weitestgehend der Haltung der Öffentlichkeit. 62% waren nun für eine Unterstützung der westlichen Demokratien, denen 84% den Sieg wünschten; nur 3% hielten sie für schuldig am Krieg, dagegen gaben 82% Hitler-Deutschland die Schuld. Die Sympathien waren eindeutig, die Ablehnung des Kriegseintritts aber ebenso.

**Beginn der Aufrüstung**

Wenn schon eine baldige Aufhebung der Neutralitätsgesetze nicht durchsetzbar war, so musste Roosevelt zumindest Hitlers rasche militärische Erfolge in Europa dazu nutzen, den Kongress zu einer noch wirkungsvolleren Unterstützung vor allem Englands zu bringen. Neun Wochen nach Hitlers Einfall in Polen erlaubte ihm der Kongress am 4. November 1939, die „cash-and-carry"-Klausel auch auf Kriegsmaterial und Rüstungsgüter aller Art auszudehnen. Aber erst nach der Niederlage Frankreichs und in Anbetracht des für Großbritannien äußerst verlustreichen Seekrieges bewilligte der Kongress Mittel für eine insgesamt gigantische Aufrüstung.

**„Arsenal der Demokratie"**

1940, zum dritten Mal als Präsident wiedergewählt, fühlte Roosevelt sich in seiner Politik bestätigt und konnte sie nun auch entschiedener vertreten. Am 29. Dezember erklärte er die USA zum „Arsenal der Demokratie". Die Unterstützung Großbritanniens wurde massiv verstärkt. Als England mit dem „cash-and-carry"-Prinzip in große Zahlungsschwierigkeiten geriet, gelang es Roosevelt im März 1941 trotz erheblicher Widerstände im Kongress, das „lend-and-lease"-Gesetz durchzubringen: Der Präsident wurde ermächtigt, alle irgendwie kriegswichtigen Waffen, Waren und Güter an alle Staaten zu verkaufen, zu verleihen oder zu verpachten, deren Verteidigung nach Ansicht des Präsidenten von „vitalem Interesse" für die Sicherheit der USA war.

Um die unverändert hohen Verluste englischer Transportschiffe durch deutsche U-Boote einzuschränken, übernahmen amerikanische Kriegsschiffe deren Schutz und kontrollierten den Atlantik bis kurz vor Island. Doch nicht die Vorgänge im Atlantik sollten den amerikanischen Kriegseintritt auslösen, sondern die Ereignisse im Pazifik.

**Pearl Harbor: Kriegsbeginn im Pazifik**

Die Beziehungen der USA zu Japan verliefen trotz gegenseitigen machtpolitischen Misstrauens vor allem wirtschaftlich lange Zeit ohne größere Störungen. Als die immer deutlicher werdende Expansionspolitik Japans jedoch im Juli 1941 zur Besetzung Indochinas führte, wendete sich das Blatt: Die USA froren sofort alle japanischen Guthaben in den USA ein und schlossen sich mit Großbritannien und den Niederlanden zu einem Ölembargo zusammen, das die japanische Wirtschaft am Lebensnerv traf. Politische Verhandlungen über die Abgrenzung der Interessengebiete (vor allem in China) brachten keine Lösung. Japan beschritt nun den Weg der Gewalt. Am 7. Dezember griffen japanische Flugzeuge ohne vorherige Kriegserklärung die amerikanische Flotte in Pearl Harbor an und zerstörten einen Großteil der Kriegsschiffe. Über 2 400 Amerikaner kamen dabei ums Leben.
Obwohl die USA im Besitz des japanischen Codes waren und den japanischen Funkverkehr entschlüsseln konnten, hatten sie keine Abwehrvorkehrungen getroffen.
Die Frage, was die amerikanische Regierung von dem Angriff gewusst hat, wird in der Forschung noch heute kontrovers diskutiert. Die Wirkung der Katastrophe von Pearl Harbor war jedenfalls durchschlagend: Die amerikanische Öffentlichkeit und auch die Mehrheit der bisherigen Kriegsgegner standen nun auf der Seite der Regierung, die am Tag nach dem Angriff Japan den Krieg erklärte. Deutschland und Italien erklärten am 11. Dezember den USA den Krieg.

**58** „What next", Karikatur von Fitzpatrick in St. Louis Post-Dispatch, 1938.

**59** „Just so there'll be no misunderstanding", Karikatur von Sly Ray, Cansas City Star, 1944.
*Informieren Sie sich über den Verlauf des Zweiten Weltkriegs und ordnen Sie die Aussagen der Karikaturen zeitlich ein.*

## 60 Von der Neutralität zum Kriegseintritt

**a)** Das Neutralitätsgesetz vom 1. Mai 1937:

1 a) Wenn immer der Präsident feststellen sollte, dass ein Kriegszustand zwischen zwei oder mehreren ausländischen Staaten besteht, soll er diese Tatsache bekannt machen und es soll hernach die Ausfuhr, der Versuch oder die Veranlassung der Ausfuhr von Waffen, Munition oder Kriegsgerät von irgendeinem Ort der USA nach einem in einer solchen Proklamation genannten Krieg führenden Staat verboten sein, ebenso an einen neutralen Staat zur Weiterlieferung an einen oder Verwendung in einem solchen Krieg führenden Staat.

b) Der Präsident soll von Zeit zu Zeit durch Proklamation solches Embargo auf den Export von Waffen, Munition oder Kriegsgerät auf andere Staaten ausdehnen, sofern sie in solch einen Krieg verwickelt werden [...]

aus: E. Krautkrämer, Die Vereinigten Staaten von Amerika, Frankfurt 1971, S. 87

**b)** Roosevelts „Quarantäne-Rede" vom 5. Oktober 1937:

Ich bin gezwungen und Sie sind gezwungen, in die Zukunft zu blicken. Friede, Freiheit und Sicherheit von neunzig Prozent der Menschheit werden von den übrigen zehn Prozent gefährdet, durch die der Zusammenbruch aller Ordnung und allen Rechts im internationalen Leben droht.

Die Situation ist zweifellos für die ganze Welt von größter Bedeutung. Unglücklicherweise scheint die Epidemie der Gesetzlosigkeit sich auf der Welt auszubreiten. Wenn eine Krankheit sich epidemisch ausbreitet, beschließt die Gemeinschaft, um sich vor Ansteckung zu schützen, die Patienten in Quarantäne zu legen. Der Krieg ist eine Seuche, ob er nun erklärt ist oder nicht. Er kann Staaten und Völker verschlingen, die vom ursprünglichen Schauplatz der Feindseligkeiten weit entfernt sind [...]

Am allerwichtigsten ist, dass der Wille zum Frieden von Seiten der friedliebenden Völker so deutlich zum Ausdruck kommt, dass Völker, die vielleicht in Versuchung geraten, ihre Verträge und die Rechte anderer Völker zu verletzen, davon Abstand nehmen. Es müssen positive Bestrebungen vorhanden sein, den Frieden zu bewahren.

Amerika hasst den Krieg. Amerika hofft auf den Frieden. Deshalb müht sich Amerika tatkräftig um die Erhaltungen des Friedens.

Roosevelt, Links von der Mitte, a. a. O., S. 318 f.

**c)** Roosevelts Rede am Panamerika-Tag, 14. April 1939:

In diesen Verhältnissen erscheinen uns Eroberungsträume gleichermaßen lächerlich wie auch kriminell. Zusicherungen, welche darauf abzielen, Aggression zu verhindern, begleitet von offenen Türen des Handels und Verkehrs, und welche auch zusammengeknüpft sind durch den gemeinsamen Willen, friedlich zu kooperieren, lassen einen Krieg zwischen uns so veraltert und sinnlos erscheinen wie die Waffen der Steinzeit. Wir können stolz damit prahlen, dass wir begonnen haben, in den pan-amerikanischen Beziehungen zu bemerken, was Zivilisation im Verkehr zwischen Ländern wirklich bedeutet.

Wenn jener Prozess hier erfolgreich sein kann, ist es dann zu viel, zu hoffen, dass ein ähnlicher intellektueller und spiritueller Prozess auch anderswo Erfolg haben wird? Müssen wir wirklich annehmen, dass Nationen keine besseren Methoden finden können, ihr Schicksal zu meistern, als jene, welche von den Hunnen und Vandalen vor fünfzehnhundert Jahren verwendet worden sind?

Der amerikanische Friede, den wir heute feiern, trägt kein Zeichen der Schwäche an sich. Wir sind vorbereitet, ihn beizubehalten und ihn zu verteidigen mit dem größten Ausmaß unserer Stärke, auch in einem Kräftemessen, wenn irgendein Versuch unternommen werden sollte, unsere Einrichtungen zu untergraben oder die Unabhängigkeit irgendeines unserer Gruppe zu beeinträchtigen [...]

Die amerikanische Familie der Nationen kann auch rechtmäßig den Anspruch erheben, jetzt zum Rest der Welt zu sprechen. Wir haben ein Interesse, welches weiter ist als das der bloßen Verteidigung unseres vom Meer umschlossenen Kontinents. [...]

Es steht außer Zweifel, dass innerhalb weniger Jahre Luftflotten den Ozean so leicht überqueren werden können, wie sie heute die europäischen Binnenseen überqueren. Das Wirtschaftsgeschehen der Welt entwickelt sich zunehmend in Richtung auf Einheit; wenn irgendwo in der Zukunft eine Störung des Wirtschaftslebens auftritt, dann hat dies unweigerlich die Störung des Wirtschaftslebens überall sonst zur Folge [...]

Dies ist die lebendige Botschaft, welche die Neue Welt der Alten Welt übermitteln kann. Sie kann eine helle Öffnung über dunklen Wassern sein. Sie zeigt den Weg des Friedens.

Engl. in: Henry Steele Commager-Milton Cantor, Documents of American History, Vol. II.10, New Jersey 1988, (Doc. 523), 414 f.; dt. aus: H. Schambeck, a. a. O., S. 467 ff.

**d)** Roosevelts Friedensappell an Hitler am 14. April 1939

Ich bin überzeugt, dass der Sache des Weltfriedens sehr gedient wäre, wenn die Nationen der Welt eine freimütige Erklärung bezüglich der gegenwärtigen und zukünftigen Politik der Regierungen erhalten würden.

Da die Vereinigten Staaten als eine der Nationen der westlichen Welt nicht in die unmittelbaren Gegensätze, welche in Europa entstanden sind, verwickelt sind, hege ich die Hoffnung, dass Sie willens sind, mir als dem Haupt einer Nation fern von Europa eine solche politische Erklärung abzugeben, damit ich, der ich nur in der Verantwortung und Verpflichtung eines freundlichen Vermittlers handle, eine solcher Erklärung weiterleiten kann an andere Nationen, die jetzt den Kurs fürchten, den Ihre Politik nehmen mag.

Sind Sie willens, eine Versicherung abzugeben, dass Ihre Streitkräfte das Territorium oder die Besitzungen folgender unabhängiger Nationen nicht angreifen oder besetzen werden: Finnland, Estland, Lettland, Litauen, Schweden, Norwegen, Dänemark, die Niederlande, Belgien, Großbritannien und Irland, Frankreich, Portugal, Spanien, die Schweiz, Liechtenstein, Luxemburg, Polen, Ungarn, Rumänien, Jugoslawien, Russland, Bulgarien, Griechenland, die Türkei, den Irak, die arabischen Länder, Syrien, Palästina, Ägypten und den Irak?

Solch eine Versicherung muss sich nicht nur auf den heutigen Tag beziehen, sondern auf eine Zukunft, lang genug für jede Möglichkeit, mit friedvollen Methoden auf einen dauerhaften Frieden hinzuwirken [...]

aus: E. Krautkrämer, a. a. O., S. 87 f.

**e)** Roosevelts „Vier-Freiheiten-Rede" am 6. Januar 1941

Ich verlange auch vom Kongress Vollmacht und ausreichende Geldmittel für eine gesteigerte Produktion von Kriegsmaterial aller Art, das an die Länder, die sich mit den Angreifern im Kriege befinden, geliefert werden soll. Für den Augenblick nützen wir ihnen am meisten, wenn wir für sie und auch für uns als Waffenarsenal dienen. Truppen brauchen sie nicht. Aber sie brauchen Verteidigungswaffen im Werte von Milliarden Dollar.

**61** Neutralität oder Kriegseintritt?
Links: Außenpolitik an der Wegscheide, Karikatur von Bressier in der amerikanischen Presse, März 1939.
Rechts: Foto: Frauen demonstrieren gegen Clarence Streits Buch, das für einen Krieg Amerikas gegen den Faschismus eintritt.
*Erörtern Sie die Argumente, die für die verschiedenen Möglichkeiten der amerikanischen Außenpolitik sprechen. Legen Sie dar, welche Befürchtungen und Argumente die Gegner eines amerikanischen Kriegseintritts äußerten.*

Bald kommt der Augenblick, da sie nicht mehr imstande sein werden, mit barem Geld zu bezahlen. Wir können und werden ihnen wohl nicht sagen, dass sie kapitulieren müssen, nur weil sie im Augenblick nicht die Waffen bezahlen können, die sie, wie wir wissen, unbedingt brauchen.
Ich schlage nicht etwa vor, eine Dollaranleihe für den Ankauf dieser Waffen zu bewilligen – eine Anleihe, die in Dollars zurückzuzahlen wäre.
Ich schlage vor, dass wir die Bestellungen dieser Länder in unser eigenes Programm mit einrechnen und ihnen auf diese Weise auch weiterhin das nötige Kriegsmaterial zukommen lassen. So ziemlich das ganze Material wird zur gegebenen Zeit für unsere eigene Landesverteidigung sein […]
Eine solche Hilfe ist keine Kriegshandlung, auch wenn ein Diktator von sich aus erklären sollte, sie sei es […]
In der Zukunft, die wir jetzt zu sichern versuchen, hoffen wir eine Welt schaffen zu können, die sich auf vier wesentliche menschliche Freiheitsrechte gründet.
Erstens – Redefreiheit, und zwar in der ganzen Welt.
Zweitens – Freiheit für jeden Einzelnen, Gott auf seine Weise zu verehren, und zwar überall in der Welt.
Drittens – Freiheit von aller Not – das bedeutet, international gesehen, wirtschaftliche Abkommen, die in jedem Lande den Einwohnern gesunde Friedensverhältnisse sichern –, und zwar überall in der Welt.
Viertens – Freiheit von aller Angst – das bedeutet, international gesehen, eine weltumfassende Abrüstung, so gründlich und bis zu einem solchen Grade, dass kein Land mehr in der Lage ist, irgendeines seiner Nachbarländer gewaltsam anzugreifen –, und zwar überall in der Welt.
Das sind nicht etwa Träume von einem fernen tausendjährigen Reiche. Das ist eine bestimmte Grundlage für eine Welt, wie wir sie in unserer Zeit und in unserer Generation schaffen können.

Engl. in: Henry Steele Commager-Milton Cantor, Documents of American History, Vol. II.10, New Jersey, 1988 (Doc. 537), 446 ff.; dt. aus: Roosevelt spricht. Die Kriegsreden des Präsidenten, Stockholm 1945, 124 ff.

*a) Informieren Sie sich über die Ziele und Methoden der nationalsozialistischen Außenpolitik sowie über das Fortschreiten der Aggression und Expansion Hitlers bis zum Zeitpunkt der jeweiligen Reden Roosevelts. Untersuchen Sie davon ausgehend die jeweilige Reaktion des Präsidenten.*
*b) Erläutern Sie, inwiefern Roosevelt 1939 Panamerika durch Deutschland und Japan bedroht sieht.*
*c) Erörtern Sie die Gründe, die Roosevelt 1941 für die Waffenlieferungen anführt. Welche Gründe lässt er unerwähnt?*
*d) Vergleichen Sie Roosevelts Aussagen der „Vier-Freiheiten-Rede“ mit Wilsons „Vierzehn Punkten“ und stellen Sie Gemeinsamkeiten und Unterschiede bezüglich einer zukünftigen Friedensordnung fest.*

## 2. Kriegsführung, Kriegswirtschaft und Kriegskonferenzen

**„Germany first“**

Roosevelt wollte den Krieg zuerst in Europa führen, Deutschland schien ihm der gefährlichere Gegner. Zudem brauchte das angeschlagene Großbritannien rasche Entlastung. Im September 1943 landeten alliierte Truppen in Italien und am 6. Juni 1944 errichteten die Westalliierten die von der Sowjetunion immer wieder geforderte zweite Front in der Normandie. Im Juli 1944 standen bereits über eine Million alliierte Soldaten in Frankreich. Im Frühjahr 1945 brach die deutsche Westfront innerhalb weniger Wochen zusammen. Am 7. März 1945 überschritten amerikanische Truppen die Rheinbrücke bei Remagen, am 11. April die Elbe. Die deutsche Kapitulation im Westen erfolgte am 7. Mai in Reims.

**Der Krieg im Pazifik**

In den Monaten nach Pearl Harbor gelang den Japanern die Eroberung strategisch wichtiger Inseln in Ostasien. Von der australischen Stadt Darwin aus organisierten die Amerikaner den Gegenangriff; mit der Seeschlacht bei den Midway-Inseln (Juni 1942) leiteten sie die Wende im Pazifik-Krieg ein. In einem für beide Seiten verlustreichen ‚Inselspringen‘ eroberten die alliierten Truppen Insel für Insel

zurück. Mit ihren Flugzeugträgerverbänden gewannen die Amerikaner bald auch die Luft- und Seeherrschaft über den Pazifischen Ozean zurück. Doch der Widerstand der Japaner schien noch ungebrochen. Nach einem Atomtest in der Wüste New Mexicos im Juli 1945 beschloss die Regierung unter Präsident Harry S. Truman, die beiden zur Verfügung stehenden Atombomben gegen Japan einzusetzen. Ihr Abwurf am 6. und 9. August vernichtete die Städte Hiroshima und Nagasaki. Beide Städte waren in Sekundenschnelle dem Erdboden gleichgemacht, etwa 300 000 Menschen wurden auf der Stelle getötet oder schwer verwundet – Tausende starben oder litten in den nächsten Jahren und Jahrzehnten an den Spätfolgen. Zur Begründung und Rechtfertigung des Atombombenabwurfs auf die Zivilbevölkerung zweier Städte führten offizielle amerikanische Stellen im Nachhinein an, eine Invasion Japans hätte etwa eine Million amerikanischer Soldaten getötet oder verwundet.
Vielfach wird das Argument einer militärischen Notwendigkeit auch angezweifelt. Der japanische Widerstand sei im Erlahmen, die Kapitulation Japans nur eine Frage der Zeit gewesen. Zudem hätten die USA die Atombombe auch eingesetzt, um die Sowjetunion einzuschüchtern und für künftige Verhandlungen gefügiger zu machen. „Es war nicht nötig, diese furchtbaren Dinger auf sie abzuwerfen", meinte der spätere Präsident Dwight D. Eisenhower 1963. Die Kriegshandlungen in Japan wurden jedenfalls prompt beendet: Am Tag nach Nagasaki kapitulierte Japan.

**62** Kriegspropaganda, um 1942.
*Untersuchen Sie, an welche Gefühle die Plakate appellieren.*

**Kriegsopfer …**

Die USA verloren im Zweiten Weltkrieg 260 000 Soldaten, d. h. 0,2% der Bevölkerung, mehr als eine halbe Million wurden verwundet. Dem standen 4,03 Millionen deutsche bzw. österreichische, 1,2 Millionen japanische und 13,6 Millionen sowjetische gefallene Soldaten gegenüber. Von Kriegsbeginn an war es das Ziel Roosevelts und der militärischen Führung gewesen, die Zahl der eigenen Opfer so gering wie möglich zu halten und dafür mit höchstmöglichem Materialeinsatz zu operieren. Von 1942 bis 1944 produzierte die Rüstungsindustrie mehr als 40% aller Kriegsgüter der Welt.

**… und Kriegswirtschaft**

Die Voraussetzungen für diese gigantische Rüstung waren neben den reichen Ressourcen und der Unangreifbarkeit des eigenen Territoriums vor allem die Zusammenarbeit von Regierung, Unternehmern und Gewerkschaften.

Wirtschaftsmanager wurden für ein symbolisches Gehalt von einem Dollar in Spitzenpositionen des Amtes für Kriegsproduktion eingesetzt, blieben aber gleichzeitig weiterhin auch für ihre Firmen tätig: Eine Steigerung der Rüstungszahlen bedeutete damit eine Gewinnmaximierung des Unternehmens. Finanzielle Risiken wurden den Firmen weitgehend abgenommen, die steuerlichen Abschreibungssätze drastisch erhöht und zum Zwecke der Produktionssteigerungen konnten ungeachtet der Anti-Trust-Gesetze Zusammenschlüsse durchgeführt werden. Dieses Vorgehen Roosevelts erwies sich zwar als effektiv, war aber schon während des Krieges nicht unumstritten, da dadurch vor allem die kleinen Betriebe benachteiligt wurden.

Finanziert wurden die gewaltigen Rüstungsausgaben durch Ausweitung der Bundesverschuldung (1940: 42 Milliarden; 1946: 269 Milliarden), durch Kriegsanleihen und Steuererhöhungen. Auch Amerikaner mit geringerem Einkommen zog die Regierung nun zur Einkommenssteuer heran (1939: 4 Millionen; 1945: 43 Millionen).

**Der Krieg und die Minderheiten**

Ungünstig waren die Lebensverhältnisse nach wie vor für die Schwarzen. Für sie brachte der Krieg zwar auch manche materiellen Verbesserungen und die Rassentrennung in den Streitkräften wurde aufgehoben; die soziale Diskriminierung blieb aber bestehen. Daran nahmen auch diejenigen weißen Amerikaner keinen Anstoß, die den Krieg in Europa mit dem Kampf gegen den nationalsozialistischen Rassismus begründeten. Sogar im Heer blieben die sozialen und beruflichen Aufstiegsmöglichkeiten für Schwarze äußerst gering: Von 920 000 schwarzen Soldaten waren nicht einmal 8 000 im Offiziersrang.

Von den anderen Minderheiten in der amerikanischen Bevölkerung hatten besonders die Japaner unter dem Krieg zu leiden. Bis Ende 1944 waren sie in Konzentrationslagern untergebracht, ihre Besitzungen wurden für den zehnten Teil des Wertes eingezogen. Die Deutschamerikaner, die sich vom Nationalsozialismus distanzierten, blieben – anders als während des Ersten Weltkrieges – von staatlichen Maßnahmen dagegen weitgehend verschont.

**Kriegskonferenzen**

Die Prinzipien einer amerikanischen Friedensordnung nach dem Krieg waren spätestens seit der Atlantikcharta 1941 weltweit bekannt. Roosevelt betrachtete die USA, Großbritannien, die Sowjetunion und China als die künftigen Ordnungsmächte, die gemeinsam den allgemeinen Frieden schaffen sollten. Deshalb war Roosevelt bereit, dem Sicherheitsdenken der Sowjetunion in Europa auch in der Frage der Behandlung Deutschlands, der neuen Grenzen Polens und des sowjetischen Einflusses in Südosteuropa weitgehend entgegenzukommen.

Nachdem Roosevelt und der britische Premierminister Winston Churchill 1943 in Casablanca die „bedingungslose" Kapitulation der Kriegsgegner gefordert hatten, kamen sie mit dem sowjetischen Staatschef Stalin beim ersten Gipfeltreffen der „Großen Drei" 1943 in Teheran überein, der Sowjetunion ostpolnisches Territorium und die Westverschiebung der polnischen Grenze auf Kosten Deutschlands

zuzugestehen. Das nächste Zusammentreffen der „Großen Drei" 1945 in Jalta legte die Aufteilung Deutschlands in Besatzungszonen fest. Viele Fragen wie z. B. die Zerstückelung des Deutschen Reiches oder die Reparationen blieben allerdings zwischen den Siegermächten umstritten. So ließ auch deren letzte Konferenz 1945 in Potsdam vieles offen.
Die Höhe der Reparationen wurde in Potsdam nicht festgelegt, „die endgültige Festlegung der Westgrenze Polens sollte bis zu einer Friedenskonferenz zurückgestellt werden". An der faktischen Annexion des nördlichen Ostpreußen durch die Sowjetunion sowie der übrigen deutschen Gebiete östlich der Oder und Neiße durch Polen konnten diese Kompromissformeln nichts mehr ändern. Deutschland wurde in vier Besatzungszonen aufgeteilt, andererseits sollte es als wirtschaftliche Einheit behandelt werden.

## 63 Die Atlantikcharta vom 14. August 1941

Wenige Monate vor dem Kriegseintritt der USA formulieren Roosevelt und Churchill an Bord eines Kriegsschiffes im Atlantik die Grundsätze ihrer Politik:

Der Präsident der Vereinigten Staaten und Premierminister Churchill als Vertreter Seiner Majestät Regierung des Vereinigten Königreiches halten es nach gemeinsamer Besprechung für richtig, gewisse allgemeine Grundsätze der nationalen Politik ihrer beiden Länder bekannt zu machen, auf die sie ihre Hoffnung auf eine bessere Zukunft für die Welt gründen:
1. Ihre Länder erstreben keinerlei Gebiets- oder sonstige Vergrößerung;
2. Sie wünschen keine Gebietsveränderungen, die nicht mit den frei zum Ausdruck gebrachten Wünschen der betreffenden Völker übereinstimmen;
3. Sie anerkennen das Recht aller Völker, die Regierungsform zu wählen, unter der sie leben wollen; und sie wünschen, dass denen souveräne Rechte und Selbstregierung zurückgegeben werden, die ihrer gewaltsam beraubt worden sind;
4. Sie werden sich unter gebührender Berücksichtigung ihrer bestehenden Verpflichtungen bemühen, allen Staaten, groß oder klein, Siegern oder Besiegten, fördernd zu helfen, dass sie unter gleichen Bedingungen Zutritt zum Handel und zu den Rohstoffen der Welt haben, die zu ihrem wirtschaftlichen Gedeihen notwendig sind;
5. Sie wünschten vollste Zusammenarbeit zwischen allen Nationen auf wirtschaftlichem Gebiet zu erreichen mit dem Ziel, für alle einen gehobenen Arbeitsstandard, wirtschaftlichen Fortschritt und soziale Sicherheit zu gewährleisten;
6. Sie hoffen, dass nach der endgültigen Zerstörung der Nazityrannei ein Frieden geschaffen wird, der allen Nationen die Möglichkeit gibt, in Sicherheit innerhalb ihrer eigenen Grenzen zu leben, und der Gewähr dafür bietet, dass alle Menschen in allen Ländern der Welt ihr Leben frei von Furcht und Mangel leben können;
7. Ein solcher Friede sollte es allen Menschen ermöglichen, die Meere und Ozeane ungehindert zu überqueren;
8. Sie glauben, dass aus sachlichen wie aus ideellen Gründen alle Nationen der Welt dazu gelangen müssen, auf die Anwendung von Gewalt zu verzichten. Da künftig kein Friede erhalten werden kann, wenn von Nationen, die mit Angriffen außerhalb ihrer Grenzen drohen oder drohen könnten, weiterhin ihre Land-, See- und Luftrüstungen aufrechterhalten werden, glauben sie, dass bis zur Schaffung eines umfassenden und dauerhaften Systems allgemeiner Sicherheit die Entwaffnung solcher Nationen wesentlich ist. Sie werden ebenso alle anderen durchführbaren Maßnahmen unterstützen und fördern, die den friedliebenden Völkern die erdrückende Last der Rüstung erleichtern.

Engl. in: Henry Steele Commager-Milton Cantor, Documents of American History, Vol. II.10, New Jersey 1988, (Doc. 539), 451; dt. aus: Friedrich Berber, Völkerrecht, Dokumentensammlung, Bd. II, Konfliktsrecht, München und Berlin 1967, 2262 f.

*a) Erörtern Sie, welche Absicht die beiden Westmächte mit diesem Dokument verbanden.*
*b) Vergleichen Sie die Atlantikcharta mit Wilsons „Vierzehn Punkten" (s. S. 39), Roosevelts Rede von den „Vier Freiheiten" (s. S. 76 f.) und stellen Sie die gemeinsamen Prinzipien heraus.*

## 64 Forderung nach „bedingungsloser Kapitulation"

**a)** Roosevelt in Casablanca vor Journalisten am 24. Januar 1943:

Der Weltfriede kann nur durch die totale Ausmerzung des deutschen und japanischen Kriegspotentials erreicht werden. Wir hatten einen General, Ulysses S. Grant[1], aber in meinen und des Premierministers (Churchill) Jugendtagen nannte man ihn „Unconditional Surrender" Grant. Die Ausmerzung des deutschen, japanischen und italienischen Kriegspotentials ist gleichbedeutend mit der bedingungslosen Übergabe Deutschlands, Italiens und Japans. Das bedeutet nicht die Ausrottung der Bevölkerung, aber es bedeutet die Ausrottung der Ideologien dieser Länder, die auf Eroberung und Unterjochung anderer Völker gegründet sind.

Roosevelt, Links von der Mitte, a. a. O., S. 418 (Übersetzung vom Herausgeber wegen des Wortspieles mit U. S. Grant leicht abgeändert)

[1] General Ulysses Simpson Grant (1822–1885) war Oberkommandierender der nordstaatlichen Streitkräfte im amerikanischen Bürgerkrieg. Im Einverständnis mit Lincoln verlangte er die bedingungslose Unterwerfung der südstaatlichen Streitkräfte. 1869–1877 war er Präsident der USA.

**b)** Der spätere Präsident Truman 1955 über das Prinzip der „bedingungslosen Kapitulation":

Was aber dem deutschen Volke demonstriert werden sollte, das war der völlige Zusammenbruch seines Kriegsapparates, dienten doch die Ereignisse nach dem Ersten Weltkrieg den Alliierten als Warnung. Als am 11. November 1918 der Waffenstillstand unterzeichnet wurde, standen die deutschen Armeen immer noch in starken Formationen an der Westfront, und diese Westfront lag in Frankreich und Belgien. Auf deutschem Boden befand sich kein feindlicher Soldat und keine Kampfhandlungen hatten sich auf deutscher Erde abgespielt. Auch die alliierten Bomber hatten keinen nennenswerten Schaden angerichtet.

All das war greifbar – etwas, das das deutsche Volk, damals im Jahre 1918, mit eigenen Augen sah. Was es nicht sehen konnte und auch nicht erkannte, das war die innere Auflösung seiner Armee – eine Auflösung, die angesichts der übermächtigen und immer stärker werdenden feindlichen Kräfte jeden weiteren Widerstand nutzlos machte. Aber weil das deutsche Volk diesen Tatbestand nicht erkannte, waren die deutschen Chauvinisten schon nach kurzer Zeit in der Lage, laut zu proklamieren, dass das Heer von Verrätern rücklings erdolcht worden sei, und als man im Juni 1919 den Friedensvertrag unterschrieb, bereiteten die Deutschen große Schwierigkeiten. Später schlugen die Nazis aus der Dolchstoßlegende großes Kapital. Sie bildete eine der Haupttäuschungen, durch die Hitler die Macht errang, denn in den fünfzehn auf den Ersten Weltkrieg folgenden Jahren hatte sich das deutsche Volk in die Überzeugung hineingeredet, dass der Krieg durch Verrat und nicht auf dem Schlachtfeld verloren worden sei. Deshalb entschieden sich die Alliierten diesmal für die Forderung der bedingungslosen Kapitulation, um sicherzugehen, dass die Deutschen die Gründe und Vollständigkeit ihrer Niederlage auch wirklich einsehen würden [...]

Truman, Memoiren, Bd. I. Bern 1955, S. 166 f.

*a) Diskutieren Sie die von Roosevelt und Truman angegebenen Gründe für die Forderung der „bedingungslosen Kapitulation".*
*b) Informieren Sie sich, zu welchen propagandistischen Zwecken der Nationalsozialismus die alliierte Forderung nutzte und welche Auswirkungen sie auf die deutsche Widerstandsbewegung hatte.*

## 65 Aus dem Schlussdokument der Konferenz von Jalta im Februar 1945

Drei Monate vor der deutschen Kapitulation beschließen Rossevelt, Stalin und Churchill:

Nazideutschland ist zum Untergang verurteilt. Das deutsche Volk wird den Preis seiner Niederlage nur sich selbst erhöhen, wenn es versucht, einen hoffnungslosen Widerstand fortzusetzen [...]

Der angenommene Plan sieht vor, dass die Streitkräfte der drei Mächte je eine separate Zone Deutschlands besetzen werden. Eine koordinierte Administration und Kontrolle wurde im Plan durch eine zentrale Kontrollkommission vorgesehen, welche aus den Oberkommandierenden der drei Mächte mit dem Hauptsitz in Berlin bestehen wird. Es wurde beschlossen, dass Frankreich durch die drei Mächte eingeladen werden soll, falls es dies wünscht, eine Besatzungszone zu übernehmen und als viertes Mitglied der Kontrollkommission teilzunehmen [...]

Es ist unsere unbeugsame Absicht, den deutschen Militarismus und Nazismus zu zerstören und sicherzustellen, dass Deutschland niemals wieder imstande sein wird, den Frieden der Welt zu zerstören. Wir sind entschlossen, alle deutschen bewaffneten Kräfte zu entwaffnen und aufzulösen; für ewige Zeiten den deutschen Generalstab auseinander zu brechen, welcher des Öfteren die Wiederaufstehung des deutschen Militarismus betrieben hat; alle deutsche militärische Ausrüstung fortzuschaffen oder zu zerstören; jede deutsche Industrie, welche für militärische Produktion genützt werden könnte, zu entfernen oder zu kontrollieren; alle Kriegsverbrecher einer gerechten und raschen Bestrafung zuzuführen und eine Wiedergutmachung in Waren für die Zerstörung, welche durch die Deutschen verübt wurde, zu erhalten; die Nazi-Partei, Nazi-Gesetze, Organisationen und Einrichtungen auszumerzen; alle Nazi- und militaristischen Einflüsse von den öffentlichen Ämtern und vom kulturellen und wirtschaftlichen Leben des deutschen Volkes zu entfernen und in gemeinsamer Übereinstimmung andere Maßnahmen in Deutschland zu treffen, welche für den künftigen Frieden und die Sicherheit der Welt notwendig sein könnten. Es ist nicht unsere Absicht, das deutsche Volk zu zerstören, aber nur wenn der Nazismus und Militarismus ausgemerzt sein werden, wird es Hoffnung für ein anständiges Leben für die Deutschen und einen Platz für sie in der Gemeinschaft der Völker geben.

III. Wiedergutmachung durch Deutschland

Wir haben die Frage des Schadens, welchen Deutschland den alliierten Nationen in diesem Kriege zugefügt hat, überlegt und haben es als recht befunden, dass Deutschland verpflichtet sei, für diesen Schaden in weitmöglichstem Maße Kompensation in Waren zu leisten.

IV. Konferenz der Vereinten Nationen

Wir sind entschlossen, mit unseren Verbündeten so bald als möglich eine allgemeine internationale Organisation zur Erhaltung des Friedens und der Sicherheit zu errichten. Wir sind überzeugt, dass dies lebenswichtig ist, sowohl um Angriffe zu vermeiden, als auch um die politischen, ökonomischen und sozialen Ursachen des Krieges durch enge und ununterbrochene Zusammenarbeit aller friedliebenden Völker aus der Welt zu schaffen [...]

VI. Polen

Das Übereinkommen, welches wir getroffen haben, lautet folgendermaßen:

In Polen ist, hervorgerufen durch die vollständige Befreiung durch die Rote Armee, eine neue Situation entstanden. Dies macht die Errichtung einer Polnischen Provisorischen Regierung nötig, welche auf breiterer Basis aufgebaut sein kann, als es vor der jüngsten Befreiung des westlichen Polens möglich war. Die Provisorische Regierung, welche nun in Polen fungiert, sollte daher auf einer breiteren demokratischen Basis mit Einschluss demokratischer Führer von Polen selbst und von Polen im Auslande reorganisiert werden. [...]

Die drei Regierungschefs sind der Ansicht, dass die östliche Grenze Polens der Curzon-Linie mit Abweichungen von dieser in manchen Gebieten von 5 bis 8 Kilometern zugunsten Polens folgen soll. Sie anerkennen, dass Polen bedeutenden Gebietszuwachs im Norden und Westen erhalten muss. Sie sind der Ansicht, dass die Meinung der neuen Polnischen Provisorischen Regierung der nationalen Einheit im entsprechenden Zeitpunkt über das Ausmaß dieser Zuwächse eingeholt werden muss und dass die endgültige Festlegung der westlichen Grenze Polens danach bis zur Friedenskonferenz zuwarten soll.

IX. Einigkeit für den Frieden wie für den Krieg

Unsere Zusammenkunft hier in der Krim hat unsere gemeinsame Entschlossenheit bestärkt, im kommenden Frieden jene Einheit der Aufgaben und der Durchführung zu erhalten und zu vertiefen, welche den Sieg in diesem Kriege für die Vereinten Nationen möglich und sicher gemacht hat. [...]

Nur bei ständiger und wachsender Zusammenarbeit und Verständnis zwischen unseren drei Ländern und zwischen allen friedliebenden Völkern kann das höchste Ziel der Menschheit erreicht werden, ein sicherer und dauernder Friede, welcher in den Worten der Atlantischen Charta „es sicherstellen wird, dass alle Menschen in allen Ländern ihre Leben frei von Angst und Not leben können."

Engl. in: Henry Steele Commager-Milton Cantor, Documents of American History, Vol. II.10, New Jersey 1988, (Doc. 557), 487 ff.; dt. aus: Friedrich Berber, Völkerrecht, Dokumentensammlung, Bd. II, Konfliktsrecht, München und Berlin 1967, 2275 ff.

*a) Legen Sie dar, welche Beschlüsse den unterschiedlichen Interessen der beteiligten Mächte jeweils am meisten entsprechen.*

*b) Diskutieren Sie, welche Probleme der Nachkriegszeit das „System von Jalta" geschaffen hat.*

## 66 Der Abwurf der Atombombe

**a)** Radioansprache Präsident Trumans an die amerikanische Nation vom 9. August 1945.

Die Welt wird Kenntnis davon nehmen, dass die erste Atombombe auf den militärischen Stützpunkt Hiroshima abgeworfen worden ist. Wir wollten nämlich, soweit als möglich, die Tötung von Zivilpersonen vermeiden. Aber dieser Angriff stellt nur ein Vorspiel der kommenden Dinge dar. Wenn Japan nicht kapituliert, müssen weitere Atombomben auf seine Rüstungsindustrien abgeworfen werden und leider werden dann viele Tausende von Zivilisten ihr Leben verlieren. Ich fordere die japanische Zivilbevölkerung auf, unverzüglich die Industriestädte zu verlassen und sich der Vernichtung zu entziehen. Ich gebe mir Rechenschaft ab von der tragischen Bedeutung der Atombombe. Die amerikanische Regierung hat nicht leichten Herzens die Produktion dieser Bombe und ihre Verwendung beschlossen. Wir wussten, dass unsere Feinde Forschungen anstellten, um die Atombombe herstellen zu können. Wir wissen auch, dass ihnen das beinahe geglückt wäre. Wir sind uns bewusst, dass unser Land und alle anderen friedliebenden Nationen, ja unsere ganze Zivilisation von einer Katastrophe betroffen worden wäre, wenn die Feinde diese Erfindung gemacht hätten. Deshalb sahen wir uns gezwungen, lange Untersuchungsarbeiten, die sehr kostspielig waren, durchzuführen. Wir haben den Wettlauf mit den Deutschen gewonnen.

Nach der Erfindung der Atombombe sind wir zu ihrer Verwendung übergegangen. Wir haben sie gegen die verwendet, die uns ohne Warnung in Pearl Harbor angriffen, gegen die, die amerikanische Kriegsgefangene ausgehungert, misshandelt und hingerichtet haben, gegen die schließlich, die auf die Beachtung der internationalen Kriegsgesetze verzichtet haben. Wir haben die Bombe verwendet, um den Krieg abzukürzen und um das Leben tausender junger Amerikaner zu erhalten. Wir werden mit ihrer Verwendung fortfahren, bis wir die Fähigkeit Japans, Krieg zu führen, vollständig zerstört haben. Nur die Kapitulation Japans wird uns aufhalten können. [...]

Archiv der Gegenwart, 1945, S. 361 f.

**b)** Der amerikanische Schriftsteller John Hersey schreibt 1946 in einem Tatsachenbericht:

Auf der Landzunge fand Tanimoto (ein Pfarrer) ungefähr zwanzig Frauen und Männer. Er fuhr mit dem Kahn auf den Strand auf und forderte sie auf einzusteigen. Keiner rührte sich und es wurde ihm klar, dass sie zu schwach waren, um sich aus eigenen Kräften zu erheben. Er langte hinunter und ergriff eine Frau an der Hand, aber da schälte sich ihre Haut in großen, handschuhähnlichen Stücken ab. Darüber ward ihm so übel, dass er sich einen Augenblick hinsetzen musste. Dann stieg er ins Wasser hinaus und hub [...] einige Männer und Frauen [...] in sein Boot. Rücken und Brust dieser Menschen waren klebrig und er erinnerte sich mit Schaudern, wie die großen Verbrennungen, die er tagsüber beobachtet hatte, aussahen: erst gelb, dann rot und angeschwollen, wobei die Haut sich abschälte und schließlich abends vereiterte und übelriechend wurde [...] Dabei musste er sich fortwährend sagen: „Das sind menschliche Wesen."

John Hersey, Hiroshima, 1947, S. 93 f.

**c)** Nach dem Krieg: Überlebende nach dem Atombombenabwurf auf Hiroshima.

*Informieren Sie sich über die Spätschäden der Bevölkerung durch die radioaktive Strahlung.*

**d)** Aus dem Bericht einer US-Expertenkommission (1946):

Die Atombomben von Hiroshima und Nagasaki verursachten nicht nur die Niederlage Japans, noch bewogen sie, nach dem Zeugnis der feindlichen Führer, die Regierung, die bedingungslose Kapitulation anzunehmen. Der Kaiser, der Siegelbewahrer, der Premier-, der Außen- und der Marineminister hatten bereits im Mai 1945 beschlossen, dem Krieg zu beenden, selbst wenn dies mit einer Annahme der alliierten Bedingungen verbunden sein würde. Der Kriegsminister und die zwei Stabschefs widersetzten sich einer bedingungslosen Kapitulation. Die Wirkung des Hiroshima-Angriffs bestand darin, mehr Dringlichkeit und Tempo in den Waffenstillstandsprozess zu bringen, hauptsächlich dadurch, dass der Premierminister die Möglichkeit bekam, den Kaiser in eine Lage zu versetzen, in der seine Entscheidung, die Potsdamer Deklaration unverzüglich anzunehmen, dazu genutzt werden konnte, die verbleibenden Kapitulationsgegner auszumanövrieren. [...]
Es hat wenig Sinn zu versuchen, Japans bedingungslose Kapitulation noch genauer irgendeinem der zahlreichen Gründe zuzuschreiben, die in ihrer Gesamtheit für Japans Katastrophe den Ausschlag geben. An der Vollständigkeit seiner Niederlage kann kein Zweifel bestehen. Der zeitliche Abstand zwischen der militärischen Machtlosigkeit und der politischen Einwilligung hätte kürzer sein können, hätte die politischen Strukturen Japans eine schnellere Entscheidung erlaubt. Dennoch scheint es klar, dass die alliierte Luftüberlegenheit und ihre für das japanische Mutterland bevorstehenden Auswirkungen der Hauptfaktor waren, der den Zeitpunkt der japanischen Kapitulation bestimmte und eine Invasion überflüssig machte.

R. Griffith (ed.), Major Problems in American History Since 1945, Lexington 1992, S. 63 ff., dt. Übersetzung: J. Rohlfes

*a) Setzen Sie sich mit den Argumenten Trumans für den Einsatz der Atombombe in Japan auseinander.*
*b) Erörtern Sie, inwieweit nach dem Bericht der Kommission der Abwurf der Atombomben kriegsentscheidend war.*

**Zur Diskussion**

## Hat Roosevelt auf den Eintritt der USA in den Zweiten Weltkrieg hingearbeitet?

Schon bald nach seinem Tod 1945 geriet Roosevelt wegen seiner Politik im Vorfeld des amerikanischen Kriegseintritts ins Zwielicht. Seine Kritiker warfen ihm vor, er habe seine Wähler über seine wahren Absichten getäuscht und einen heimlichen Seekrieg gegen die Achsenmächte geführt, der über kurz oder lang den vollständigen Krieg unvermeidlich machte. Kritik wurde auch an seinem harten Vorgehen gegenüber Japan geübt, das er regelrecht zum „Befreiungsschlag" von Pearl Harbor getrieben habe.

**a)** Der deutsche Historiker Waldemar Besson (1964):

Das ganze Jahr 1941 hindurch hielt sich Hitler mit Repressalien gegenüber den Vereinigten Staaten zurück. Diese Mäßigung wird für ihn keine geringe Zumutung gewesen sein. Aber solange das Russlandabenteuer noch andauerte, dessen erfolgreichen Abschluss man nicht nur auf deutscher Seite für Ende 1941 erwartete, wollte er von sich aus keinen vollen Zweifrontenkrieg entfesseln. Es verzerrt freilich die wahren Verhältnisse, wenn einige Autoren Hitlers taktisch bedingte Zurückhaltung gegenüber Roosevelts angeblicher Kriegstreiberei positiv vermerken. Die willkürliche Auslegung des Völkerrechts durch die amerikanische Politik am Beginn der vierziger Jahre lässt sich juristisch kaum rechtfertigen. Aber das Gebot, die amerikanischen Interessen zu wahren, war zwingender. Jedes historische Urteil über Roosevelts Verhalten muss von einer realistischen Einschätzung der hitlerschen Gewalt-

politik ausgehen. Dass Roosevelt seinerseits den letzten Schritt vermied, lag in der Rücksicht auf die politische Struktur seines Landes begründet. Noch immer stand die amerikanische Nation, was die Bejahung des vollen militärischen Engagements anging, keineswegs einmütig hinter ihm. [...]
Selbst die radikale Regierung Tojo war noch einmal bestrebt, durch die Mission des Botschafters Kurusu nach Washington die drohende Auseinandersetzung mit den Vereinigten Staaten im letzten Augenblick abzuwenden. Am 20. November bot Kurusu den japanischen Rückzug aus dem südlichen Indochina an, sofern die USA ihrerseits die japanischen Guthaben freigeben würden. Die weitere Bedingung war freilich, dass die Vereinigten Staaten Japan in China freie Hand lassen sollten. Doch gerade das war für die USA auf keinen Fall annehmbar. Der Spielraum für einen Kompromiss war angesichts der japanisch-amerikanischen Interessenkollision denkbar gering, solange Japan seine bisherige Chinapolitik fortsetzte. Dennoch muss man feststellen, dass von amerikanischer Seite nicht alle Möglichkeiten genutzt worden waren, um die Chancen eines Ausgleiches abzutasten.

W. Besson, Von Roosevelt bis Kennedy, Frankfurt 1964, S. 60, 63

**b)** Der deutsche Historiker Detlef Junker (1988):
Die Internationalisten, an ihrer Spitze Roosevelt, reduzierten das nationale Interesse der USA nicht auf die westliche Hemisphäre, sondern bestimmten es im globalen Maßstab, und zwar wirtschaftlich, militärisch und ideell, ohne der isolationistischen Mehrheit bis Pearl Harbor zu sagen, dass ein Kriegseintritt der USA die notwendige Folge dieser Bestimmung des nationalen Interesses sein musste. In ihrem Bewusstsein war es für das zukünftige wirtschaftliche Wohlergehen der USA von entscheidender Bedeutung, dass die Weltmärkte offen blieben, die Weltwirtschaft nach liberalen Prinzipien funktionieren und das Entstehen von geschlossenen, auf Autarkie zielenden Wirtschaftsräumen in Europa und Asien verhindert würde; eine Entwicklung, die überdies noch die wirtschaftliche Position der USA in Lateinamerika untergraben würde.
Die zukünftige Sicherheit der USA könne nur gewährleistet bleiben, wenn durch eine Niederlage der Achsenmächte und Japans die Etablierung von bewaffneten und aggressiven Imperien in Europa und Asien verhindert würde; und das liberal-demokratische System der USA könne nur überleben, wenn die Welt außerhalb der westlichen Hemisphäre nicht von nazistisch-faschistischen Prinzipien regiert würde. Ein berühmtes Wort Lincolns wurde auf globale Maßstäbe übertragen: Die Welt könne nicht halb frei und halb versklavt sein. Das nationale Interesse der USA wurde von den Internationalisten im Horizont dieser Unteilbarkeiten bestimmt, des unteilbaren Marktes, der unteilbaren Sicherheit, des unteilbaren Rechts und der unteilbaren Freiheit.

D. Junker, Kampf um die Weltmacht, Düsseldorf 1988, S. 36 f.

*a) Erörtern Sie, warum Besson die Deutschland- und die Japanpolitik Roosevelts unterschiedlich bewertet.*
*b) Was hieß „nationales Interesse" der USA für die Internationalisten, was für die Isolationisten?*
*c) Auch Hitler berief sich auf das nationale Interesse Deutschlands. Diskutieren Sie, ob man insoweit Roosevelt und Hitler auf eine Stufe stellen kann.*

♦

*a) Erläutern Sie die Gründe für den Wandel der amerikanischen Außenpolitik von der Neutralität bis zum Kriegseintritt.*
*b) Setzen Sie sich mit der Rolle Roosevelts beim Kriegseintritt der USA auseinander.*
*c) Informieren Sie sich über den Verlauf des Zweiten Weltkriegs und erörtern Sie, inwieweit das Eingreifen der USA dem Krieg eine entscheidende Wende gegeben hat.*
*d) Diskutieren Sie die Gründe und die Folgen des Atombombenabwurfs.*
*e) Fassen Sie die Auswirkungen des Kriegseintritts für die amerikanische Wirtschaft und Gesellschaft zusammen.*
*f) Erläutern Sie die unterschiedlichen Interessenlagen, unter denen die Ergebnisse der Kriegskonferenzen zustande kamen.*

# VI. „Weltpolizist" gegen den Kommunismus? – die Außenpolitik zur Zeit des Ost-West-Konflikts

Die Geschichte der USA nach dem Zweiten Weltkrieg bis 1990 steht weitgehend im Zeichen des Konflikts mit der kommunistischen Welt und deren Führungsmacht Sowjetunion. Die USA verstrickten sich als „Weltpolizist" gegen den Kommunismus in gefährliche Krisen und mehrere Kriege. Nur langsam wuchs die Einsicht in die Notwendigkeit von Entspannung.

| | |
|---|---|
| 1947 | Präsident Harry S. Truman sagt allen „freien Völkern" Wirtschafts- und Militärhilfe zu, wenn dies zur Erhaltung ihrer nationalen und territorialen Unabhängigkeit notwendig sei (Truman-Doktrin). Außenminister George C. Marshall schlägt daraufhin ein Europäisches Wiederaufbauprogramm (ERP) vor. |
| 1950 | US-Truppen wehren den Angriff des kommunistischen Nordkoreas auf Südkorea ab. Chinesische „Freiwilligen"-Verbände drängen in einem weit vorgerückten Stellungskrieg die Amerikaner zurück. |
| 1957 | Im Krisenraum Nahost sichert Präsident Dwigt D. Eisenhower bedrohten Staaten Hilfe gegen kommunistische Angriffe zu. |
| 1962 | Die Kubakrise droht sich zu einem dritten Weltkrieg zu entwickeln. Die Lage entschärft sich, als die UdSSR ihre Raketenbasen aus Kuba entfernt. |
| 1963 | Präsident John F. Kennedy wird in Dallas (Texas) erschossen. |

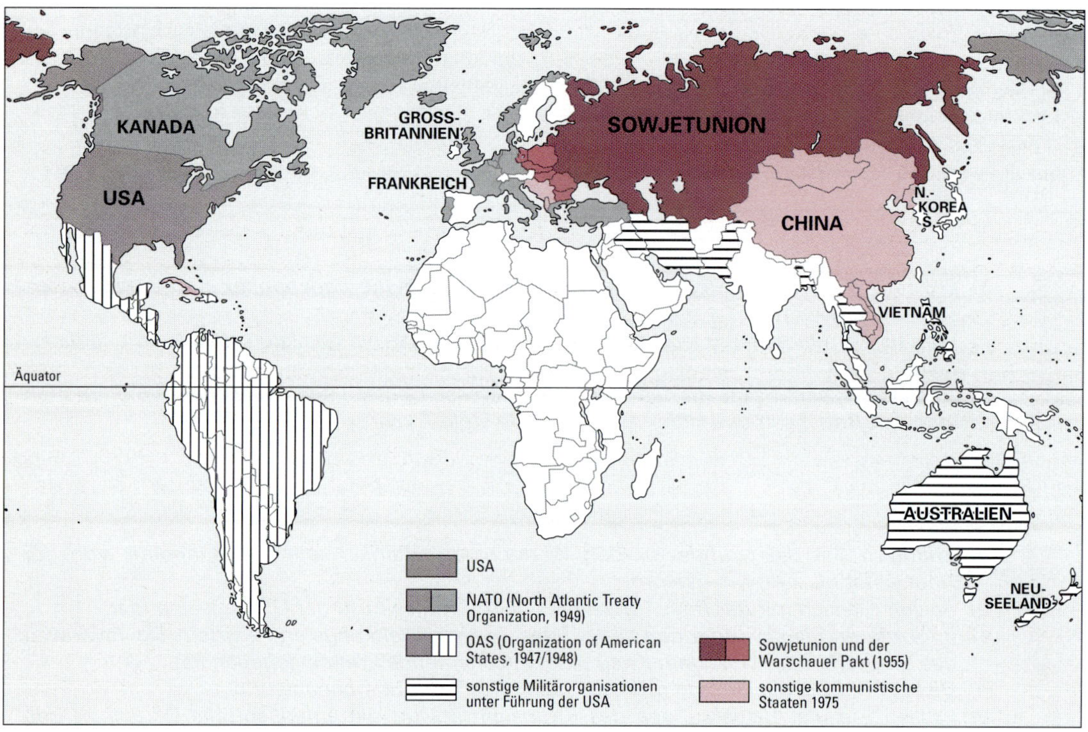


**67** Militärische Zusammenschlüsse nach 1945.
*Informieren Sie sich anhand eines Lexikons über die wichtigsten Vertragsinhalte der Bündnisse.*

| | |
|---|---|
| 1964 | Die USA verstärken ihre militärischen Kräfte in Südvietnam und verstricken sich zunehmend in den Vietnamkrieg. |
| 1969 | Präsident Nixon kündigt den stufenweisen Rückzug der amerikanischen Truppen an. 1973 kommt es zum Waffenstillstandsvertrag. |
| 1972 | Der Besuch Nixons in Peking leitet eine neue amerikanische Chinapolitik ein. |
| 1973 | In Helsinki beginnt die Konferenz für Sicherheit und Zusammenarbeit (KSZE). Sie wird 1975 mit einer gemeinsamen Schlussakte beendet. Zahlreiche Nachfolgekonferenzen u. a. über Fragen der Umwelt, der Wirtschaft und der Menschenrechte schließen sich an. |
| 1983 | Präsident Ronald Reagan kurbelt die amerikanische Rüstung an und verkündet die „Strategische Verteidigungsinitiative" (SDI), den Aufbau eines Abwehrsystems im Weltraum. |
| 1985 | Präsident Reagan und der sowjetische Parteichef Michail Gorbatschow beginnen Abrüstungsgespräche. |
| 1990 | Bush und Gorbatschow erklären nach einem KSZE-Gipfeltreffen die Spaltung Europas und den Kalten Krieg für beendet. |

## 1. Der Beginn des Kalten Krieges: Ursachen und Strategien

**Die UNO – eine Weltorganisation für den Frieden**

Anders als nach dem Ersten Weltkrieg trat in der Außenpolitik der USA nach dem Engagement im Zweiten Weltkrieg keine Wende zum Isolationismus ein. Präsident Truman betrieb mit Nachdruck die Gründung der Vereinten Nationen. Deren wirksamstes Instrument bildete der Sicherheitsrat, der auch Gewaltanwendung gegen Friedensbrecher beschließen konnte. In der Berufung von fünf ständigen Mitgliedern (USA, Sowjetunion, Großbritannien, Frankreich und seit 1971 China) fand sich Roosevelts Konzept der für Sicherheit und Frieden verantwortlichen „Weltpolizisten" wieder. Für Aktionen des Sicherheitsrates war die Zustimmung aller fünf ständigen Mitglieder notwendig. Das machte dieses Gremium in der Zeit des Kalten Krieges oft handlungsunfähig.

**Beginnender Gegensatz zur Sowjetunion**

War die Schaffung der UNO noch in gegenseitigem Einvernehmen gelungen, so zeigten sich bald Gegensätze zwischen den USA und der UdSSR. Diese hatten sich bereits in Potsdam deutlich abgezeichnet. Die Sowjetunion fühlte sich u. a. durch die harsche Verhandlungsführung Trumans, den Stopp der „lend-and-lease"-Lieferungen sowie durch die Einstellung der Reparationsleistungen aus den westdeutschen Besatzungszonen brüskiert. Die USA hielten sich dank des Alleinbesitzes der Atombombe militärisch für überlegen und wollten ihre Politik der „Offenen Tür" mit aller Entschiedenheit durchsetzen. Deshalb zeigten sie sich u. a. über das Verbleiben sowjetischer Truppen im Iran, den raschen Ausbau der kommunistischen Herrschaft in Osteuropa oder den kommunistischen Aufstand in Griechenland besorgt. Der Antikommunismus und das Misstrauen gegenüber der Sowjetunion, die nur angesichts des gemeinsamen nationalsozialistischen Gegners zwischenzeitlich etwas in den Hintergrund getreten waren, bekamen neue Nahrung. Auch in der Frage der Kontrolle der Atomenergie gab es keine Verständigung. Die Folge war ein gigantisches Wettrüsten auf diesem Gebiet.

**Politik der Eindämmung**

Bereits im Februar 1946 veranlasste eine Analyse der sowjetischen Außenpolitik den Diplomaten George F. Kennan zu der Schlussfolgerung, diese sei prinzipiell expansionistisch. Spätestens seit dem Frühjahr 1947 wurde die „feste und wachsame Zurückdämmung (containment) sowjetischer expansiver Tendenzen" (Kennan) zur Leitlinie der amerikanischen Außenpolitik. Präsident, Kongress, die großen Parteien und die breite Öffentlichkeit fanden in der Containment-Politik zu einem Konsens zusammen, der die Außenpolitik über die nächsten fast zwanzig Jahre bestimmte und erst durch den Vietnamkrieg beendet wurde. Roosevelts Politik der globalen kollektiven Sicherheit war damit faktisch gescheitert; die USA hatten sich selbst zum „Weltpolizisten" gegen den Kommunismus erklärt.

**Truman-Doktrin und Marshall-Plan**

Als erste Maßnahme beschloss Truman eine Wirtschafts- und Militärhilfe für Griechenland und die Türkei, um die dortigen Regierungen gegen die von der Sowjetunion geförderten kommunistischen Aktivitäten zu unterstützen (Truman-Doktrin vom 12. März 1947).

Ganz im Sinne dieser Doktrin verkündete Außenminister Marshall seinen Plan, den in „Hunger, Armut, Hoffnungslosigkeit und Chaos" lebenden Völkern Europas materielle Unterstützung zukommen zu lassen, um den Wiederaufbau zu ermöglichen und der kommunistischen Propaganda den Nährboden zu entziehen.

Der Marshall-Plan (European Recovery Program, ERP) wurde von der Sowjetunion und Osteuropa als „imperialistisch" abgelehnt, für Westeuropa wurde aber der erwartete Stabilisationseffekt weitgehend erreicht.

**Bündnissysteme, neue Aufrüstung …**

Neben dem Marshall-Plan entsprach auch die Entwicklung von umfassenden, die Sowjetunion und China umgebenden Militärbündnissen der Strategie der Eindämmung. Bereits 1947 schlossen sich 19 amerikanische und karibische Länder in der Organisation of American States (OAS) zusammen und im April 1949 gründeten die USA, Kanada und zehn westeuropäische Staaten die North Atlantic Treaty Organization (NATO).

Den Aufbau eines Bündnissystems begleitete die Aufrüstung – vor allem als die Sowjetunion 1949 ihre erste Atombombe zündete und damit das amerikanische Atombombenmonopol beendete. Bis 1946 war das US-Heer von 8 auf 1,8 Millionen Soldaten reduziert worden, nun wurde es wieder zusammen mit dem gesamten Bereich der konventionellen Rüstung verstärkt. Dazu traten neue Rüstungstechnologien, vor allem die Nuklearwaffen und ihre Trägersysteme. Die Zündung der sowjetischen Atombombe beantworteten die USA mit der Entwicklung der Wasserstoffbombe. Auch hier zog die Sowjetunion nach. Der einmal in Gang gesetzte Rüstungswettlauf führte zu mehr als einer Verdoppelung des Rüstungsbudgets der Jahre bis 1950 und damit zu einer Verschiebung notwendiger innerer Reformen.

**… und neue Strategien**

Trotz der sowjetischen Atombombe waren sich die USA lange Zeit ihres waffentechnischen Vorsprungs sicher. Erst der Start des sowjetischen Sateliten „Sputnik I" 1957 löste in den USA einen Schock aus: Erstmals erkannten die USA, dass auch sie selbst mit Nuklearwaffen angegriffen werden konnten. Ihr Verteidi-

**Kalter Krieg:** Dieses Schlagwort bezeichnet die Konfrontation zwischen den von den USA und der Sowjetunion angeführten Machtblöcken in West und Ost. Die Gegner setzten im direkten Gegeneinander keine militärische Gewalt ein, sie blieben aus Furcht vor der thermonuklearen Vernichtungskraft der Waffensysteme unterhalb der Schwelle des „heißen" Krieges. Die Mittel des „Kalten" Krieges reichten von wirtschaftlichem und politischem Druck, von Propaganda und Geheimdiensttätigkeit bis zur Organisation von Staatsstreichen. In der über 40-jährigen Epoche des Kalten Krieges wechselten Phasen der Konfrontation (1947–62, 1980–85) mit solchen der Entspannung (1968–79, 1985–90).

**Containment** (engl. Eindämmung): Der Begriff bezeichnet die vor allem vom amerikanischen Diplomaten George F. Kennan entwickelte außenpolitische Strategie der USA, die expansionistischen Bestrebungen des Weltkommunismus einzudämmen. Als Mittel dazu dienten beginnend mit der Truman-Doktrin vor allem Militär- und Wirtschaftshilfe sowie regionale Bündnissysteme.

gungskonzept der „massiven Vergeltung" (massive retaliation), d. h. eines vernichtenden atomaren Gegenschlags, verlor seine abschreckende Wirkung. Eisenhowers Nachfolger John F. Kennedy wandte sich daher von dieser Strategie ab und entwickelte zu Beginn der 60er Jahre das Konzept der „flexiblen Reaktion" (flexible response): Je nach den Umständen und Notwendigkeiten sollten vom begrenzten Einsatz konventioneller Truppen bis zum Atomkrieg alle zur Verfügung stehenden Möglichkeiten genutzt werden. Nachdem in den 70er Jahren der Rüstungswettlauf zu einem „Gleichgewicht des Schreckens" geführt hatte, konzentrierten sich die Rüstungsanstrengungen der USA darauf, einen atomaren Erstschlag der UdSSR zu überstehen und den Gegner durch die Fähigkeit zum Zweitschlag zu besiegen. Daneben begannen aber auch erste Gespräche über mögliche Wege zur Abrüstung.

## 68 Ideologische Feindbilder

**a)** Der amerikanische Diplomat George F. Kennan urteilt 1946:

Alles in allem haben wir es mit einer politischen Kraft zu tun, die sich fanatisch zu dem Glauben bekennt, dass es wünschenswert und notwendig ist, die innere Harmonie unserer Gesellschaft, unsere traditionellen Lebensgewohnheiten und das internationale Ansehen unseres Staates zu zerstören, um der Sowjetmacht Sicherheit zu verschaffen. [...] Aber ich möchte meiner Überzeugung Ausdruck geben, dass es in unserer Macht steht, das Problem zu lösen, und zwar ohne uns in einen großen militärischen Konflikt zu flüchten. [...] Im Gegensatz zu Hitlerdeutschland ist die Sowjetmacht weder schematisiert noch auf Abenteuer aus. Sie arbeitet nicht nach festgelegten Plänen. Sie geht keine unnötigen Risiken ein. Der Logik der Vernunft unzugänglich, ist sie der Logik der Macht in hohem Maße zugänglich. Daher kann sie sich ohne weiteres zurückziehen – und tut das im Allgemeinen –, wenn sie irgendwo auf starken Widerstand stößt. [...] Gemessen an der westlichen Welt insgesamt sind die Sowjets noch bei weitem schwächer. Ob sie Erfolg haben, hängt also wirklich von dem Maß an Zusammenarbeit, Festigkeit und Kraft ab, das die westliche Welt aufbringen kann. Und das ist ein Faktor, den zu beeinflussen in unserer Macht steht. Viel hängt von der Gesundheit und Kraft unserer eigenen Gesellschaft ab. Der Weltkommunismus ist wie ein bösartiger Parasit, der sich nur von erkranktem Gewebe nährt.

E. O. Czempiel/ C.-Chr. Schweitzer, Weltpolitik der USA nach 1945, Bonn 1989, S. 51

**b)** Das „Kommunistische Informationsbüro" (Kominform), das weltweit die Aktivitäten der kommunistischen Parteien koordiniert, erklärt 1947:

Der Kampf zwischen den beiden entgegengesetzten Lagern – dem imperialistischen und dem antiimperialistischen – vollzieht sich unter den Bedingungen einer weiteren Verschärfung der allgemeinen Krise des Kapitalismus, des Niedergangs der Kräfte des Kapitalismus und der Festigung der Kräfte des Sozialismus und der Demokratie. Aus diesem Grund entfalten das imperialistische Lager und seine leitenden Personen in den Vereinigten Staaten eine besonders aggressive Aktivität. Diese wird gleichzeitig nach allen Richtungen entwickelt: in der Richtung militärischer und strategischer Maßnahmen, der wirtschaftlichen Expansion und des ideologischen Kampfes. Der Truman-Marshall-Plan ist nur ein Teil, das europäische Kapitel eines allgemeinen Planes für eine die Welt umfassende expansionistische Politik, die von den Vereinigten Staaten in allen Teilen der Erde verfolgt wird. Der Plan für die wirtschaftliche und politische Versklavung Europas durch den amerikanischen Imperialismus wird durch die Pläne einer wirtschaftlichen und politischen Versklavung Chinas, Indonesiens und der südafrikanischen Länder ergänzt. Die Aggressoren von gestern – die kapitalistischen Magnaten in Deutschland und Japan – werden durch die Vereinigten Staaten von Amerika auf ihre neue Rolle vorbereitet. Sie besteht darin, als Werkzeug der imperialistischen Politik der USA in Europa und Asien zu dienen.

B. Meissner (Hg.), Das Ostpakt-System, Frankfurt 1955, S. 98

*Stellen Sie die gegenseitigen Anschuldigungen zusammen. Prüfen Sie die jeweiligen Begründungen und Argumente und diskutieren Sie deren Tragfähigkeit.*

## 69 Die Truman-Doktrin

Aus der Kongressbotschaft Trumans vom 12. März 1947:

In einer Anzahl von Ländern waren den Völkern kürzlich gegen ihren Willen totalitäre Regimes aufgezwungen worden. Die Regierung der Vereinigten Staaten hat mehrfach gegen Zwang und Einschüchterung bei der Verletzung des Jalta-Abkommens in Polen, Rumänien und Bulgarien protestiert. Und weiter muss ich feststellen, dass in einer Anzahl anderer Staaten ähnliche Entwicklungen stattgefunden haben.

Im gegenwärtigen Abschnitt der Weltgeschichte muss fast jede Nation ihre Wahl in Bezug auf ihre Lebensweise treffen. Nur allzu oft ist es keine freie Wahl.

Die eine Lebensweise gründet sich auf den Willen der Mehrheit und zeichnet sich durch freie Einrichtungen, freie Wahlen, Garantie der individuellen Freiheit, Rede- und Religionsfreiheit und Freiheit vor politischer Unterdrückung aus.

Die zweite Lebensweise gründet sich auf den Willen einer Minderheit, der der Mehrheit aufgezwungen wird. Terror und Unterdrückung, kontrollierte Presse und Rundfunk, fingierte Wahlen und Unterdrückung der persönlichen Freiheiten sind ihre Kennzeichen.

Ich bin der Ansicht, dass es die Politik der Vereinigten Staaten sein muss, die freien Völker zu unterstützen, die sich der Unterwerfung durch bewaffnete Minderheiten oder durch Druck von außen widersetzen.

Ich glaube, dass wir den freien Völkern helfen müssen, sich ihr eigenes Geschick nach ihrer eigenen Art zu gestalten.

Ich bin der Ansicht, dass unserer Hilfe in erster Linie in Form wirtschaftlicher und finanzieller Unterstützung gegeben werden sollte, die für eine wirtschaftliche Stabilität und geordnete politische Vorgänge wesentlich ist.

Die Welt steht nicht still und der Status quo ist nicht heilig. Aber wir können keine Veränderungen im Status quo zulassen, die eine Verletzung der Charta der Vereinten Nationen durch Zwangsmethoden oder durch vorsichtigere Maßnahmen wie eine politische Durchdringung bedeuten. Wenn wir freien und unabhängigen Nationen helfen, ihre Freiheit zu

**70** Feindbilder
oben: Amerikanische Karikatur von 1953
links: Plakat der SED, 1951.
*Erläutern Sie, welche gegenseitigen Beschuldigungen deutlich werden und welche Wirkungen die Zeichner erzielen wollen.*

bewahren, so werden wir damit die Prinzipien der Charta der Vereinten Nationen verwirklichen.
Man braucht nur einen Blick auf die Karte zu werfen, um zu erkennen, dass Existenz und Integrität der griechischen Nation von schwerwiegender Bedeutung im Rahmen einer viel umfassenderen Situation sind. Sollte Griechenland der Kontrolle einer bewaffneten Minderheit unterworfen werden, so würde das sofort schwerwiegende Auswirkungen auf seinen Nachbarn, die Türkei, haben. Verwirrung und Unordnung würden sich vielleicht durch den ganzen Mittleren Osten verbreiten [...]
Die Saat der totalitären Regimes gedeiht in Elend und Mangel. Sie verbreitet sich und wächst in dem schlechten Boden von Armut und Kampf. Sie wächst sich vollends aus, wenn in einem Volk die Hoffnung auf ein besseres Leben ganz erstirbt. Wir müssen diese Hoffnung am Leben erhalten. Die freien Völker der Erde blicken auf und erwarten, dass wir sie in der Erhaltung der Freiheit unterstützen.

Engl. in: Richard Hofstadter (ed.), Great Issues in American History, Vol. II.2, New York 1959, 411 ff.; dt. aus: Europaarchiv, August 1947, 820 ff.

*a) Stellen Sie dar, welche Gefahren Truman bei einer Ausweitung des Kommunismus auf Griechenland und die Türkei für den Mittleren Osten und die gesamte westliche Welt sieht.*
*b) Erläutern Sie, welche Ursachen Truman für das Entstehen totalitärer Regime angibt und welche Hilfen er daher für notwendig erachtet.*

**Zur Diskussion**

## Warum kam es zum Kalten Krieg?

Dass zwei Weltmächte mit politisch-ideologisch, wirtschaftlich, gesellschaftlich völlig unterschiedlichen Systemen und Wertvorstellungen in eine machtpolitische Rivalität gerieten, war für die Zeitgenossen nicht sonderlich überraschend. Dennoch hat die Frage nach den Ursachen der Entstehung des Kalten Krieges, nach Schuld und Schuldigen in der Nachkriegszeit immer wieder Diskussionen ausgelöst. Die führenden Politiker in Ost und West haben sich mit unterschiedlichen Begründungen stets gegenseitig beschuldigt.

**a)** Der amerikanische Historiker W. A. Williams, 1962:

Die Führer Amerikas operierten aufgrund dreier Prämissen oder Ideen, welche die Welt unter dem Gesichtspunkt des Kalten Krieges definierten. Die erste besagte, dass Russland zwar böse, aber schwach sei. [...] Die amerikanischen Führer konzentrierten sich darauf, den amerikanischen Einfluss in Osteuropa wiederherzustellen und die Russen auf ihre traditionellen Grenzen zurückzudrängen. [...] Eine weitere Grundauffassung der amerikanischen Führer definierte die Vereinigten Staaten als das Symbol und den Agenten des Positiven, Guten, im Gegensatz zum sowjetischen Übel, und unterstellte, dass die Kombination von amerikanischer Stärke und russischer Schwäche es ermöglichen würde, die Zukunft der Welt in Übereinstimmung mit dieser Beurteilung zu gestalten. [...] Der dritte wesentliche Aspekt der Perspektive der Offenen Tür war die Befürchtung, dass das Wirtschaftssystem Amerikas in eine schwere Depression geraten würde, wenn es nicht seine Expansion in Übersee fortsetzte. [...] Präsident Harry S. Truman war ein begeisterter und militanter Verfechter der Vorherrschaft Amerikas auf der Welt.

W. A. Williams, Die Tragödie der amerikanischen Diplomatie, Frankfurt 1973, S. 261 ff.

**b)** Der amerikanische Historiker David Horowitz, 1969:

Ich habe mich bemüht zu zeigen, dass die Struktur des Kalten Krieges (als „kalter Krieg“) durch eine Reihe politischer, in Washington zwischen 1945 und 1947 getroffener Entscheidungen bestimmt wurde, die ihre „klassische“ Formulierung in der Truman-Doktrin erhielten. Das heißt, wenn Washington zum Beispiel Walter Lippmanns strategisch-politische Empfehlungen als Alternative zur Eindämmungspolitik akzeptiert hätte, dann wäre mit Sicherheit [...] Europa heute nicht geteilt. Außerdem konnte zu einem Zeitpunkt, als die später in die Truman-

Doktrin aufgenommenen maßgeblichen strategischen Entscheidungen gefällt wurden, der angebliche sowjetische Expansionsdruck lediglich ein Vorwand für die eingeschlagene Politik, nicht aber deren Ursache gewesen sein [...]. Schließlich konnte die Sowjetunion wegen ihrer schwachen Machtposition – was auch immer ihre Pläne auf lange Sicht sein mochten – nicht gut von sich aus das Risiko eingehen, als Reaktionen genau die Maßnahmen zu provozieren, die diese Politik der USA vorschrieb. In diesem Sinne spreche ich von den strategischen Möglichkeiten, die den amerikanischen Politikern wahlweise zur Verfügung standen und ihren Kollegen im Kreml versagt waren.

David Horowitz, Kalter Krieg. Hintergründe der US-Außenpolitik von Jalta bis Vietnam, Bd. 1, Berlin 1969, S. 15

**71** „Das Veto der Bombe“ – Der Besitz der Atomwaffe durch die beiden Supermächte führte zu einem „Gleichgewicht des Schreckens“. Die Karikatur von H. M. Brookmann (1956) enthält den Satz: „Es wird hier dauernd vom Frieden gesprochen – meine Herren, der Friede bin ich!“
*Überlegen Sie, warum es trotz der Existenz der Atomwaffen zu regionalen Kriegen kommen konnte.*

**c)** Der amerikanische Historiker John Lukacs, 1970:

Schon vor Kriegsende stand es außer Frage, dass Russland als eine der großen Weltmächte aus dem Krieg hervorgehen würde. Es war klar, dass es nicht nur sein Ansehen, sondern in noch stärkerem Maße seine Macht und seine Besitzungen vermehren würde; es stand ebenfalls außer Frage, dass sein Hauptehrgeiz nicht das internationale Prestige des Kommunismus betraf, sondern in erster Linie auf die Beherrschung Osteuropas gerichtet war. All das gab Stalin selbst lange vor Jalta und noch im Anfangsstadium des Krieges zu verstehen. Es stand außer Frage, dass die Weltalliierten in Anbetracht des großen russischen Beitrags zum Kriege und ihrer eigenen geographischen Lage es nicht würden umgehen können, einzelne der russischen Forderungen zu erfüllen. Die Tragödie war, dass sie – insbesondere die Vereinigten Staaten – der Situation erst ins Gesicht sahen, als es schon zu spät war, denn die Russen besaßen bereits größere Gebiete, als ihre Verbündeten und vielleicht auch sie selbst jemals erwartet hatten [...]. Hier liegt der Ursprung des Kalten Krieges.

John Lukacs, Konflikte der Weltpolitik nach 1945. Der Kalte Krieg, München 1970, S. 17 f.

**d)** Der deutsche Osteuropa-Historiker Alexander Fischer, 1982:

Maßgebliche Bedeutung für die Entstehung und die Unvermeidbarkeit des Kalten Krieges hat die dynamische Grundkonzeption der sowjetischen Außenpolitik für den westlichen Rest Europas. Die Politik Moskaus beschränkte sich nicht darauf, westlich der sowjetischen Einflusssphäre Resteuropa militärisch und politisch ohnmächtig zu halten, um dort keinerlei Machtzentren aufkommen zu lassen. Die sowjetische Nachkriegspolitik war im Wesentlichen von der „Konzeption eines sozialistischen Europas“ bestimmt. [...] Unter der Voraussetzung konzipiert, dass das militärische Engagement der USA nicht von Dauer sein würde und sowohl Großbritannien als auch Frankreich eine nachhaltige bzw. entscheidende Schwächung ihrer Großmachtposition erfahren hatten, ging die sowjetische Führung davon aus, dass die UdSSR imstande und als siegreiche Großmacht auch im Recht sei, das Machtvakuum in Europa auszufüllen. [...] Die expansionistische Europa-Konzeption Moskaus wurde erst in dem Moment fallen gelassen, als die Westmächte der stalinschen Strategie der sukzessiven Expansion Widerstand entgegensetzten.

Bericht über die 34. Versammlung deutscher Historiker in Münster 1982, Stuttgart 1984, S. 138

*a) Stellen Sie die von den Autoren genannten Gründe einander gegenüber.*
*b) Erörtern Sie die jeweiligen Argumente und beziehen Sie dabei konkrete historisch-politische Vorgänge und Ereignisse mit ein.*

## 2. Weltweites Engagement

**Status-quo-Politik in Europa**

Ein Brennpunkt des amerikanisch-sowjetischen Interessengegensatzes war Europa und hier war es vor allem die „deutsche Frage". Trotz erheblicher Spannungen und Konflikte, z. B. durch die inneren Krisen in Osteuropa (DDR 1953, Polen und Ungarn 1956, Tschechoslowakei 1968) und in Berlin (1958–1961), schienen sich die beiden Weltmächte aber gerade hier mit der seit Potsdam 1945 entstandenen Lage abgefunden zu haben. Die USA griffen weder in die Aufstände gegen die sowjetische Verherrschaft im Ostblock ein, noch zeigten sie sich gewillt, Maßnahmen gegen den Bau der Berliner Mauer 1961 zu treffen. Zwar wurden in Wahlkämpfen z. B. 1952 durch den Republikaner Dwight D. Eisenhower Forderungen nach einer Roll-back-Politik (Zurückdrängung) erhoben, als Wahlsieger und neuer Präsident betrieb aber auch er faktisch eine Politik des Status quo.

**Koreakrieg**

Zu einer ernsthaften Bedrohung des Weltfriedens kam es dagegen in Korea. Dieses Land der Dritten Welt war von 1910–1945 eine Kolonie Japans. Nach der japanischen Niederlage 1945 wurde Korea in zwei Besatzungszonen nördlich und südlich des 38. Breitengrades aufgeteilt. 1948/49 zogen die Besatzungstruppen ab, im Januar 1950 erklärte Außenminister D. Acheson, Südkorea sei kein Gebiet von unmittelbarem amerikanischen Verteidigungsinteresse. Im Juni 1950 überschritten nordkoreanische Truppen den 38. Breitengrad, um das Land unter kommunistischer Herrschaft zu vereinen. Auf amerikanisches Drängen verurteilte der UNO-Sicherheitsrat die Aggression und beschloss eine internationale „Polizeiaktion". Ein sowjetisches Veto blieb aus, da die Sowjetunion den Sicherheitsrat wegen der Nichtaufnahme Chinas in die UNO boykottierte. General MacArthur, der Sieger über Japan, wurde Oberbefehlshaber der vorwiegend aus Amerikanern bestehenden UNO-Truppe. Es gelang ihm zusammen mit den südkoreanischen Soldaten, die nordkoreanische Armee trotz chinesischer Warnungen bis fast an die Grenze Chinas zurückzudrängen. Ausgestattet mit dem Mandat der UNO wollten die USA „eine einheitliche und unabhängige Regierung errichten". Nun allerdings griff China in den Konflikt ein und die UNO-Truppen mussten sich wieder weit in den Süden zurückziehen. Als MacArthur den Krieg auch auf China ausweiten wollte und den Einsatz der Atombombe forderte, wurde er von Truman abgesetzt. Nach langen Verhandlungen legten die Kontrahenten 1953 erneut den 38. Breitengrad als Grenze zwischen Nord und Süd fest. Der Krieg hatte zwei Millionen Soldaten, darunter mehr als 33 000 Amerikanern, das Leben gekostet.

**Kubakrise**

Zu einer direkten Konfrontation mit der Sowjetunion war es im Koreakrieg nicht gekommen. Ein unmittelbarer Krieg zwischen den beiden Supermächten dagegen drohte von einem anderen Staat der Dritten Welt auszugehen. In Kuba hatte 1959 eine nationale Befreiungsarmee unter Fidel Castro die von den USA unterstützte

**Deutsche Frage:** Der Begriff umschreibt das seit der Gründung der Bundesrepublik Deutschland und der DDR 1949 existierende Problem, wie die Zukunft des geteilten Deutschland gestaltet werden sollte. Die USA setzten auf die Integration der Bundesrepublik in ein wirtschaftlich und politisch starkes Westbündnis und auch die Sowjetunion wollte den unter ihrem Einfluss stehenden Teil Deutschlands möglichst eng an sich binden. Bis heute ist umstritten, wie ernsthaft sowjetische Angebote zwischen 1952 (Stalinnoten") und 1955 waren, eine Wiedervereinigung zu einem neutralen Deutschland zuzulassen. Die USA und der Westen gingen auf die Angebote nicht ein und forderten für den Fall einer Wiedervereinigung freie gesamtdeutsche Wahlen sowie das Recht Deutschlands auf freie Wahl in seinen außenpolitischen Bindungen. Dem stimmte die Sowjetunion nicht zu, die Politik der Wiedervereinigung geriet über Jahrzehnte in eine Sackgasse. Erst die Reformpolitik Gorbatschows (s. S. 105) ermöglichte 1989 den Fall der Mauer sowie die darauf folgende Vereinigung der beiden Teile Deutschlands und damit die Lösung der „deutschen Frage".

diktatorische Regierung gestürzt und durch Verstaatlichung, Enteignung und Bodenreform eine sozialistische Gesellschafts- und Wirtschaftsform eingeführt. Zum Schutze vor den USA, die das neue Regime wirtschaftlich und politisch bekämpften, wandte sich Castro an die Sowjetunion. Im Oktober 1962 konnten die USA durch Luftaufnahmen eindeutig nachweisen, dass die Sowjetunion – entgegen ihren Beteuerungen der letzten Monate – Raketenabschussrampen auf Kuba errichtete, von denen aus jede größere Stadt der amerikanischen Ostküste erreicht werden konnte. Amerikanische Militärs traten für einen sofortigen Präventivschlag gegen Kuba ein. Präsident Kennedy lehnte dies ab, verkündete in einer dramatischen Fernsehrede im Oktober allerdings eine Seeblockade für weitere Raketentransporte und forderte ultimativ den Abbau und Rücktransport der Raketen. Die Welt hielt den Atem an, denn sowjetische Schiffe mit einer weiteren Raketenladung bewegten sich auf den Blockadering zu und amerikanische strategische Bomber befanden sich – wie sich später herausstellte, ohne Wissen des Präsidenten – bereits in der Luft. Im letzten Moment verhütete ein Briefwechsel zwischen Kennedy und dem sowjetischen Partei- und Regierungschef Chruschtschow eine Katastrophe: Die Sowjetunion stoppte ihre Schiffe und transportierte ihre Raketen wieder ab. Kennedy versprach, das Castro-Regime nicht gewaltsam zu stürzen, und entfernte die US-Raketenbasen in der Türkei.

**Der Vietnamkrieg: Ursachen ...**

Auch in Indochina sahen sich die USA herausgefordert: In Vietnam hatte sich 1954 die bisherige Kolonialmacht Frankreich nach der Niederlage gegen die kommunistische Befreiungsbewegung unter Ho Chi Minh zurückziehen müssen. Die Indochinakonferenz in Genf beschloss 1954 eine Teilung des Landes in einen kommunistischen Norden unter der Regierung Ho Chi Minh und einen westlich orientierten Süden unter der bisherigen Regierung Diem, sah aber auch gesamtvietnamesische Wahlen und die Wiedervereinigung des Landes vor. Die USA unterschrieben – wie auch Südvietnam – das Abkommen nicht, versprachen aber, es zu respektieren. Diem errichtete in Südvietnam eine Diktatur, die jede Opposition unterdrückte und notwendige Bodenreformen verbot. Dagegen formierte sich ab 1960 die Widerstandsbewegung der „Nationalen Befreiungsfront" (FNL) als

**72** Kinder flüchten vor Napalmbomben der US-Luftwaffe, Foto, 1972.

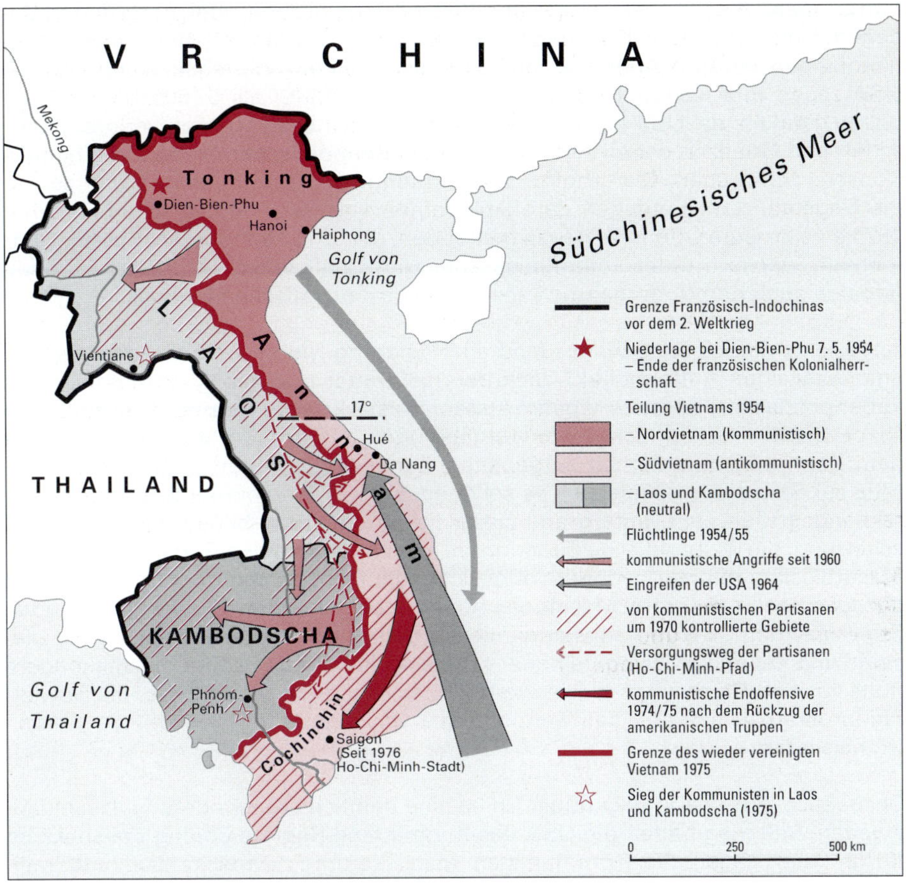


**73** Der Vietnamkrieg.
*Beschreiben und erläutern Sie den Kriegsverlauf.*

Dachorganisation mehrerer Widerstandsgruppen, darunter auch der kommunistische Vietcong. Dieser übernahm in der FNL bald die Führungsrolle. Um zu verhindern, dass in Indochina ein Staat nach dem anderen dem Kommunismus zufiel (Domino-Theorie), unterstützten die USA die Diktatur Diems und nach dessen Ermordung 1963 auch die folgende Militärdiktatur.

**... Verlauf ...**

Die USA traten damit in einen Bürger- und Guerillakrieg ein, bei dem es keine festen Fronten gab und der sich immer mehr ausweitete. Eisenhower gewährte Südvietnam Wirtschafts- und Militärhilfe, dann folgten unter Kennedy, der ebenfalls der Domino-Theorie folgte, militärische „Berater" (1962 bereits 16 500), die aber auch Kampfaufgaben übernahmen. Unter Präsident Johnson standen schließlich fast 600 000 US-Soldaten in Vietnam. Damit ging es nicht nur um die Zurückdrängung der Kommunisten, nun stand auch das amerikanische Prestige auf dem Spiel. Doch trotz Flächenbombardements und technisch modernster Waffen konnte sich die Weltmacht USA im Dschungelkrieg gegen die Guerillataktik der von der Sowjetunion und China sowie der nordvietnamesischen Armee unterstützten Vietcong nicht durchsetzen. Auf Vietnam fielen mehr Bomben als im gesamten Zweiten Weltkrieg niedergegangen waren. Chemische Kampfmittel entlaubten große Waldflächen und zerstörten ganze Landstriche. Hart getroffen von dieser Kriegsführung war vor allem die südvietnamesische Zivilbevölkerung. Weil die Versorgungswege des Vietcong vom Norden her über Gebiete von Laos und Kambodscha führten, wurden auch diese Länder vom Kriegsgeschehen erfasst.

**... Ergebnis und Folgen**

Immer mehr Amerikaner verurteilten diese Kriegsführung und protestierten dagegen. Unter Johnsons Nachfolger Richard Nixon wurden seit 1968 Friedensverhandlungen geführt. Aber erst 1973 kam es zu einem Waffenstillstand und die USA zogen ihre letzten Truppeneinheiten zurück. Mehr als 57 000 US-Soldaten waren gefallen, die USA hatten ihren Nimbus der Unbesiegbarkeit verloren. Wirtschaft und Finanzen waren zerrüttet, der in außenpolitischen Fragen traditionelle Konsens zerbrochen. Die erhoffte Eindämmung des Kommunismus aber schlug ins Gegenteil um: Entgegen dem Abkommen von 1973 begann Nordvietnahm 1974 eine erneute Offensive gegen den Süden, der 1975 kapitulieren musste. Ganz Vietnam war nun unter kommunistischer Herrschaft vereinigt. In der Folgezeit gerieten auch Kambodscha und Laos unter kommunistischen Einfluss.

**Nixon-Doktrin – das Ende der „containment"-Politik**

Angesichts des Vietnamkrieges fand die Regierung Nixon zu einer Änderung der amerikanischen Außenpolitik. Nach der 1969 unter maßgeblichem Einfluss des außenpolitischen Beraters (später Außenminister) Henry Kissinger formulierten Nixon-Doktrin war es nicht mehr Aufgabe und Ziel der USA, überall in der Welt dem Kommunismus Einhalt zu gebieten, sondern bedrohten Staaten nur mehr Hilfe zur Selbsthilfe zu leisten – es sei denn, sie würden von der Sowjetunion direkt angegriffen. Den Hintergrund dieser Neuorientierung bildete Kissingers Einschätzung, die weltpolitische Situation sei nicht nur durch den Gegensatz von zwei Machtblöcken (bipolar), sondern angesichts der Entwicklung Chinas, Japans und Europas durch mehrere Machtpole (multipolar) bestimmt. Neben den beiden Supermächten USA und Sowjetunion entwickelte sich China zur dritten Kraft. Diesem Land fiel nach Kissingers neuer „Dreiecksdiplomatie" sogar eine besondere Rolle zu, weil China ebenso wie die USA „ein Interesse daran hatte, die Sowjetunion daran zu hindern, das weltpolitische Gleichgewicht irgendwie zu stören" (H. Kissinger).

**Annäherung an China**

Deshalb vollzog Nixon gegenüber China eine deutliche Kursänderung. Nach dem Zweiten Weltkrieg hatten die USA das Kuomintang-Regime Chiang Kai-sheks im Bürgerkrieg gegen die Kommunisten Mao Tse-tungs wirtschaftlich und militärisch, nie aber mit amerikanischen Truppen unterstützt. Der Sieg Maos und der Rückzug der Kuomintang nach Formosa (Taiwan) war in den USA allgemein als „Verlust Chinas" empfunden worden. Taiwan genoss in der Folge umfangreiche amerikanische Unterstützuung, während zur Volksrepublik China über zwanzig Jahre keine Beziehungen bestanden.

Nixons Staatsbesuch 1972 in Peking galt daher als Sensation. Vorausgegangen waren allerdings bereits die Lockerung des 21-jährigen Handelsembargos und die Aufnahme Chinas in die UNO. Taiwan wurde dafür aus der UNO ausgeschlossen. Die USA und China kamen überein, eine Normalisierung in den Beziehungen der beiden Staaten herbeizuführen.

**Naher Osten**

Zu einer Auseinandersetzung mit der Sowjetunion führten auch die Beziehungen zu Israel und den arabischen Staaten. Die USA verfolgten im Nahen Osten mehrere schwer miteinander zu vereinbarende Ziele. Einerseits pflegte Washington enge Beziehungen zu Israel, der einzigen westlich orientierten Demokratie in dieser Region, andererseits bemühten sie sich wegen der Öllieferungen um ein gutes Verhältnis zu den arabischen Staaten. Zum Dritten sollte auch in diesem Raum das Containment-Konzept greifen. So machten die USA dem ägyptischen Staatspräsidenten Nasser Zusagen für die Finanzierung des Assuan-Staudamms, lehnten aber Waffenlieferungen ab. Als sich Nasser daraufhin an die Sowjetunion wandte, zogen die USA ihre Kreditzusagen für den Assuan-Staudamm zurück. Nasser verstaatlichte den Suez-Kanal; israelische, englische und französische Truppen griffen 1956 Ägypten an und nur durch erheblichen Druck auf Großbritannien und

Frankreich gelang es den USA, diese zum Rückzug zu veranlassen und damit ein Eingreifen der Sowjetunion zu verhindern. 1957 erklärten die USA die Unabhängigkeit und Integrität der Staaten des Nahen Ostens als „lebenswichtig für das nationale Interesse und für den Weltfrieden" (Eisenhower-Doktrin). 1978 verhandelten auf Einladung Präsident Carters Israel und Ägypten auf dessen Landsitz Camp David und schlossen schließlich 1979 einen Friedensvertrag. Die USA verpflichteten sich, für beide Länder die Militär- und Wirtschaftshilfe zu verdreifachen.

**Lateinamerika**

Wie im Nahen Osten, so sahen die USA auch in Lateinamerika die Ursachen für revolutionäre Unruhen lange Zeit nicht in wirtschaftlichen und sozialen Missständen, sondern im Einfluss des internationalen Kommunismus. Im Kampf gegen kommunistische Bewegungen griffen die USA dabei zu Mitteln, die ihrem Ansehen nicht nur in Lateinamerika erheblich schadeten. Vor allem die Geheimoperationen des 1947 als Nachrichtendienst gegründeten CIA (Central Intelligence Agency), die vom Sturz missliebiger Regierungen bis zu Mordplänen reichten, trugen dazu bei. In Guatemala organisierte der CIA 1954 den Sturz der progressiv-reformerischen und daher als kommunistisch denunzierten Regierung; 1961 scheiterte in Kuba eine vom CIA geplante, von Exilkubanern durchgeführte Invasion in der Schweinebucht; in der Dominikanischen Republik griffen US-Truppen ein, um ein „zweites Kuba" zu verhindern; in Chile wirkte der CIA 1973 am Sturz der sozialistischen Regierung Allende mit; auf der Karibikinsel Grenada landeten US-Truppen und sorgten für die Wahl eines den USA genehmen Präsidenten; in Nicaragua unterstützte zunächst Jimmy Carter den Aufstand gegen die Diktatur des Somoza-Regimes zögerlich, während sein Nachfolger Ronald Reagan jahrelang durch aktive Unterstützung der „Contra"-Rebellen den Sturz der sandinistischen Links-Regierung zu betreiben versuchte.

## 74 Die Kubakrise – eine außenpolitische Wende?

**a)** Aus Kennedys Proklamation über die Waffensperre gegen Kuba am 24. Oktober 1962:

[...] angesichts der Tatsache, dass in einer vom amerikanischen Kongress verabschiedeten und am 3. Oktober 1962 gebilligten gemeinsamen Resolution erklärt wurde, dass die Vereinigten Staaten entschlossen sind, mit allen etwa erforderlichen Mitteln, einschließlich der Anwendung von Waffengewalt, das marxistisch-leninistische Regime auf Kuba daran zu hindern, durch Gewalt oder Gewaltandrohung seine aggressiven oder umstürzlerischen Tätigkeiten auf andere Teile dieser Hemisphäre auszudehnen und zu verhindern, dass in Kuba ein von außen unterstütztes militärisches Potential aufgebaut oder eingesetzt wird, das die Sicherheit der Vereinigten Staaten gefährdet, [...] und um zu verhindern, dass die Raketen mit offensiver Kapazität auf Kuba jemals eine aktive Bedrohung des Friedens und der Sicherheit des Kontinents werden: – proklamiere ich, John F. Kennedy, Präsident der Vereinigten Staaten von Nordamerika, [...] hiermit, dass die unter meinem Befehl stehenden Streitkräfte angewiesen sind, vom 24. Oktober 1962, 2 Uhr nachmittags Greenwicher Zeit an die Auslieferung von Offensivwaffen und hiermit in Verbindung stehendem Material an Kuba gemäß den in dieser Anordnung enthaltenen Anweisungen zu unterbinden [...].

Dies schließt auch die Festlegung von Verbots- und Sperrzonen in angemessener Entfernung von Kuba und vorgeschriebener Kurse ein. Jedes Schiff oder Boot, das in Richtung Kuba fährt, kann angehalten und angewiesen werden, sich, seine Ladung, seine Ausrüstung und Vorräte sowie seine Bestimmungshäfen zu identifizieren, zu stoppen, beizudrehen, ein Betreten und eine Durchsuchung zuzulassen oder einen vorgeschriebenen Kurs zu laufen. Jedes Schiff oder Boot, das sich diesen Anordnungen entzieht oder sich weigert, ihnen nachzukommen, wird aufgebracht werden [...].

Archiv der Gegenwart 1962, S. 10 197 f.

**b)** Aus dem Schreiben Chruschtschows an Kennedy am 28. Oktober 1962:

Ich gebe meiner Befriedigung und Erkenntlichkeit Ausdruck für das rechte Maß und Ihre Einsicht in die Verantwortung, die Sie gegenwärtig für die Aufrechterhaltung des Friedens in der ganzen Welt tragen. Ich habe großes Verständnis für Ihre Befürchtung und für die Befürchtung des Volkes der Vereinigten Staaten von Amerika angesichts der Tatsache, dass die Waffen, die Sie als Angriffswaffen bezeichnen, wirklich gefährliche Waffen sind. [...] Wenn es uns mit Hilfe anderer Menschen guten Willens gelingt, diese gespannte Situation zu überwinden, so müssen wir auch dafür sorgen, dass keine anderen gefährlichen Konflikte ausbrechen, die zu einer thermonuklearen Weltkatastrophe führen können. [...] Wir müssen jetzt sehr vorsichtig sein und dürfen keine Schritte unternehmen, die der Verteidigung der in den Konflikt verwickelten Staaten nicht nützen, sondern nur Verstimmung schaffen und gar die Herausforderung zu einem verhängnisvollen Schritt darstellen könnten. Daher müssen wir Nüchternheit und Vernunft zeigen und uns derartiger Schritte enthalten.

Europa-Archiv, Jg. 1962, S. 586

**d)** „Einverstanden, Herr Präsident, wir wollen verhandeln ...“. (Daily Mail, London 1962)

**c)** Aus Kennedys „Friedensrede“ in der Universität Washington, 1963:

Lassen Sie uns unsere Haltung gegenüber der Sowjetunion überprüfen. Der Gedanke ist entmutigend, dass die sowjetischen Führer wirklich glauben könnten, was ihre Propagandisten unablässig schreiben. Es ist entmutigend, eine kürzlich erschienene autoritative sowjetische Veröffentlichung über militärische Strategie zu lesen und Seite um Seite völlig grundlose und unglaubliche Behauptungen zu finden. [...] Es ist traurig, diese sowjetischen Erklärungen zu lesen und die Größe der Kluft, die uns trennt, zu erkennen. Es ist aber auch eine Warnung – eine an das amerikanische Volk gerichtete Warnung, nicht in die gleiche Falle wie die Sowjets hineinzutappen, sich nicht nur ein verzerrtes und verzweifeltes Bild von der anderen Seite zu machen. [...] Keine Regierung und kein Gesellschaftssystem sind so schlecht, dass man das unter ihm lebende Volk als bar jeder Tugend ansehen kann. Wir Amerikaner empfinden den Kommunismus als Verneinung der persönlichen Freiheit und Würde im Tiefsten abstoßend. Dennoch können wir das russische Volk wegen vieler seiner Leistungen – sei es in der Wissenschaft und Raumfahrt, in der wirtschaftlichen und industriellen Entwicklung, in der Kultur und in seiner mutigen Haltung – rühmen. [...] Wir sind beide in einem unheilvollen und gefährlichen Kreislauf gefangen, in dem Argwohn auf der einen Seite Argwohn auf der anderen auslöst und in dem neue Waffen zu wieder neuen Abwehrwaffen führen. Kurz gesagt: Beide, die Vereinigten Staaten und ihre Verbündeten sowie die Sowjetunion und ihre Verbündeten, haben ein gemeinsames tiefes Interesse an einem gerechten und wirklichen Frieden und einer Einstellung des Wettrüstens.

Europa-Archiv, Jg. 1963, S. 192 f.

*a) 25 Jahre nach der Kubakrise trafen sich die engsten Mitarbeiter Kennedys und Chruschtschows zu einem öffentlichen Gespräch in Harvard/USA. Sie erklärten ihre Positionen von 1962. Dabei wurde deutlich, dass sie die Absichten der Gegenseite jeweils gründlich missverstanden hatten. Überlegen Sie, welche Missverständnisse den Konflikt verschärfen konnten.*

*b) Erläutern sie, inwiefern Kennedys „Friedensrede“ eine Reaktion auf den Ablauf der Kubakrise 1962 darstellt.*

*c) Diskutieren Sie, auf welche politischen Konsequenzen die Aussagen Chruschtschows und Kennedys nach der Kubakrise schließen lassen.*

## 75 Der Vietnamkrieg: Ziele und Strategien

**a)** Das Vier-Punkte-Programm der nordvietnamesischen Regierung von 1964:

1. Die Teilnehmerstaaten der Genfer Indochinakonferenz von 1954 müssen die Souveränität, Unabhängigkeit und Einheit Vietnams respektieren und sich jeder Einmischung in die inneren Angelegenheiten enthalten. Südvietnam wie die Demokratische Republik Vietnam dürfen an keinen Militärbündnissen mit andern Staaten teilnehmen und keine fremden Militärbasen und kein ausländisches Militärpersonal auf ihrem Territorium dulden. 2. Die amerikanische Regierung muss ihre Truppen und Waffen aus Südvietnam abziehen und den Südvietnamesen gestatten, ihre internen Probleme auf der Grundlage des Programms der ‚nationalen Befreiungsfront' zu lösen. 3. Die friedliche Wiedervereinigung Vietnams ist die innere Angelegenheit des vietnamesischen Volkes und wird entsprechend dem Programm der ‚Nationalen Befreiungsfront' geregelt werden. 4. Vor der Wiedervereinigung müssen sich die Regierungen der beiden Zonen verpflichten, keine Propaganda zur Spaltung des Volkes und für den Krieg zu betreiben, keine militärische Gewalt gegeneinander anzuwenden und Verhandlungen über den wirtschaftlichen und kulturellen Austausch und die Bewegungsfreiheit der Bevölkerung zwischen den Zonen aufzunehmen.

E. Kux/J. C. Kun, Die Satelliten Pekings, Stuttgart 1964, S. 179

**b)** Aus einer Rede Präsident Johnsons vom 7. April 1965:

[…] Über diesem Krieg und über ganz Asien liegt der tiefer werdende Schatten des kommunistischen China. Die Machthaber in Hanoi werden von Peking angetrieben. Diese ist ein Regime, das die Freiheit in Tibet zerstört hat, Indien attacktiert hat und das durch die Vereinten Nationen wegen der Aggression in Korea verurteilt worden ist. Dies ist eine Nation, die die Kräfte der Gewalt in beinahe jedem Kontinent unterstützt. Der Kampf in Vietnam ist Teil eines weit reichenden Musters aggressiver Zielsetzung.

Was gehen uns die Realitäten an? Warum sind wir in Südvietnam? Wir sind dort, weil wir ein Versprechen zu halten haben. Seit 1954 hat jeder amerikanische Präsident dem Volk von Südvietnam Unterstützung gewährt. Wir haben geholfen aufzubauen und wir haben geholfen zu verteidigen. Auf diese Art haben wir viele Jahre lang ein nationales Versprechen gegeben, Südvietnam zu helfen, seine Unabhängigkeit zu verteidigen. Und ich beabsichtige, unser Versprechen zu halten […]

Wir sind auch dort, um die Weltordnung zu stärken. Rund um den Globus, von Berlin bis Thailand gibt es Menschen, deren Wohlbefinden zum Teil darauf beruht, dass sie auf uns zählen können, wenn sie angegriffen werden. Würden wir Vietnam seinem Schicksal überlassen, wäre das Vertrauen all dieser Menschen in den Wert des amerikanischen Engagements, den Wert des Wortes Amerikas erschüttert. Das Resultat wäre steigende Unruhe und Instabilität und sogar weiter reichender Krieg.

Wir sind auch dort, weil sehr viel auf dem Spiel steht. Niemand soll auch nur einen Moment daran denken, dass der Rückzug von Vietnam ein Ende des Konfliktes bringen würde. Der Kampf würde in diesem und dann in einem anderen Land wieder aufbrechen. Die wesentliche Lehre unserer Zeit ist die, dass der Appetit auf Aggression niemals gestillt ist. Sich aus einem Kampffeld zurückzuziehen bedeutet nur, sich für das nächste vorzubereiten. Wir müssen in den Worten der Bibel in Südostasien das sagen, was wir auch in Europa gesagt haben: „Bis hierher sollst du kommen, aber nicht weiter." […]

Und wir tun dies, um die Führer von Nordvietnam und von allen, die beabsichtigen, deren Eroberung zu teilen, von einer sehr einfachen Tatsache zu überzeugen:

Wir werden nicht besiegt werden.

Wir werden nicht müde werden.

Wir werden uns nicht zurückziehen, weder offen noch unter dem Deckmantel eines bedeutungslosen Abkommens. […]

Engl., in: Henry Steele Commager-Milton Cantor, Documents of American History. Vol. II.10, New Jersey 1988, (Doc. 654) 698 ff.; dt. aus: H. Schambeck, a. a. O., S. 583 f.

**c)** Aus einer Rundfunkrede Präsident Nixons vom 25. Februar 1971:

Der rechte Weg, sich aus Vietnam zu lösen, ist entscheidend für unsere sich wandelnde Rolle in der Welt. Um das Wesen der neuen amerikanischen Rolle zu verstehen, müssen wie die großen historischen Veränderungen bedenken, die sich ereignet haben. In 25 Jahren nach dem II. Weltkrieg waren die USA nicht nur der Führer der nichtkommunistischen Welt, sie waren auch der eigentliche Träger und Verteidiger dieser Welt. – Heute aber haben unsere Verbündeten und Freunde neue Kraft und neues Selbstvertrauen gewonnen. Sie sind nun in der Lage, in weitaus höherem Maße nicht nur zu ihrer eigenen Verteidigung beizutragen, sondern auch ihre moralische und intellektuelle Stärke für die Schaffung einer stabilen Weltordnung ins Werk zu setzen. – Heute stellen unsere Gegner nicht länger mehr eine fest geeinte Front dar; wir können jetzt Unterschiede in unserem Verhalten zu ihnen machen; heute hat keine der Supermächte mehr einen eindeutigen nuklearen Vorteil; damit ist die Zeit für ein Rüstungskontrollabkommen reif. Die Welt hat sich gewandelt. Unsere Außenpolitik muss sich mit ihr wandeln. Wir haben in den vergangenen Jahren die Gefahren eines Überengagements unsererseits kennen gelernt. Die andere Gefahr – und zwar eine sehr ernste Gefahr, die wir genauso entschlossen sind zu vermeiden – ist ein Unterengagement. Nach einem langen und unpopulären Krieg besteht die Versuchung, sich nach innen zu wenden – sich von der Welt zurückzuziehen und von unseren Verpflichtungen zurückzutreten. Dieser verführerisch glatte Weg eines neuen Isolationismus ist mir Sicherheit der Weg zum Krieg. Unsere Außenpolitik steuert heute einen geraden Kurs zwischen den vergangenen Gefahren des Überengagements und der neuen Versuchung eines Unterengagements.

Keesing's Archiv der Gegenwart, XLI. Jg., 1971, S. 16 082

**d) Aus der Vereinbarung über die Beendigung des Krieges am 27. Januar 1973:**

Art. 1. Die Vereinigten Staaten und alle anderen respektieren die Unabhängigkeit, Souveränität, Einheit und territoriale Unverletzlichkeit Vietnams, wie sie in dem Genfer Vietnam-Abkommen von 1954 anerkannt wurden […]

Art. 4. Die Vereinigten Staaten werden ihr militärisches Engagement nicht fortsetzen […]

Art. 5. Innerhalb von 60 Tagen nach der Unterzeichnung dieses Abkommens werden die Vereinigten Staaten und die anderen ausländischen Staaten aus Südvietnam sämtliche Streitkräfte, Militärberater und anderes Militärpersonal, eingeschlossen technische Militärberater und Militärangehörige, die in Verbindung mit dem Befriedigungsprogramm stehen, sowie Waffen, Munition und anderes Kriegsmaterial abziehen […]

Art. 11. Unmittelbar nach dem Waffenstillstand werden die zwei südvietnamesischen Vertragspartner:

– die nationale Aussöhnung und Eintracht anstreben, Hass und Feindschaft beenden, alle Handlungen der Vergeltung und der Diskriminierung gegen Personen oder Organisationen untersagen, die mit der einen oder anderen Seite kollaboriert haben;

– die demokratischen Freiheiten des Volkes gewährleisten: persönliche Freiheit, Redefreiheit, Versammlungsfreiheit, Organisationsfreiheit, Freiheit für politische Betätigung, Glaubensfreiheit, Recht auf freie Bewegung, Recht zur freien Wahl des Wohnsitzes, Recht auf Arbeit, Recht auf Eigentum und das Recht auf freie Berufsausübung […]

Art. 15. Die Wiedervereinigung Vietnams soll Schritt für Schritt auf der Basis von Verhandlungen und Vereinbarungen zwischen Nord- und Südvietnam ohne Zwang oder Annexion von Seiten der einen oder der anderen Partei und ohne ausländische Einmischung verwirklicht werden. […]

Engl. in: Henry Steele Commager-Milton Cantor, Documents of American History, Vol. II.10, New Jersey 1988, (Doc. 693), 793 ff.; dt. aus: Frankfurter Allgemeine Zeitung, 26. 1. 1973, 7 f.

**e) Aus einer Erklärung Nixons vom 23. Januar 1973:**

Während all der Jahre der Verhandlungen haben wir auf einem ehrenhaften Frieden bestanden. In meinen Ansprachen an die Nation vom 25. Januar und 8. Mai [1972] legte ich die Ziele dar, die wir als von entscheidender Bedeutung für einen ehrenhaften Frieden erachteten. Mit der Regelung, der jetzt zugestimmt worden ist, wurden alle von mir damals gestellten Bedingungen erfüllt.

[…] Nachdem wir jetzt ein ehrenhaftes Abkommen erreicht haben, können wir stolz darauf sein, dass Amerika sich nicht auf einen Frieden einließ, der unsere Verbündeten betrogen, unsere Kriegsgefangenen aufgegeben oder den Krieg zwar für uns beendet, aber ihn für die 50 Millionen Menschen in Indochina fortgesetzt hätte. Wir können stolz sein auf die zweieinhalb Millionen junger Amerikaner, die in Vietnam gedient haben – die in Ehren und mit Auszeichnung in einem der selbstlosesten Unternehmen in der Geschichte der Völker gedient haben. Und wir wollen stolz sein auf die, die sich opferten, die ihr Leben hingaben, damit das südvietnamesische Volk in Freiheit und damit die Welt in Frieden leben kann.

Keesing's Archiv der Gegenwart, XLIII. Jg., 1973, S. 17 621 f.

*a) Legen Sie dar, welche politische und strategische Bedeutung Vietnam in der Rede Johnsons zugeschrieben wird.*

*b) Stellen Sie fest, welche Gründe Nixon für eine Wende in der Vietnampolitik anführt. Welche weiteren Gründe werden nicht genannt?*

**Zur Diskussion**

# Warum scheiterte Amerika in Vietnam?

Der Krieg in Indochina war der längste in der amerikanischen Geschichte und der einzige, den die USA nicht erfolgreich beendeten. Sie wurden zwar nicht militärisch besiegt, mussten aber dem Gegner das acht Jahre umkämpfte Land überlassen. Wie war es möglich, dass die wirtschaftlich, technisch, militärisch hochüberlegene Supermacht einen Feind nicht bezwingen konnte, der kaum über schwere Waffen verfügte, seinen Nachschub teilweise auf Fahrrädern heranführte und es nicht wagen konnte, den Amerikanern in offener Feldschlacht zu begegnen?

**a)** Der amerikanische Historiker George C. Herring (1979):

Die Vereinigten Staaten intervenierten in Vietnam, um den vermeintlichen Marsch eines sowjetisch gelenkten Kommunismus durch Asien zu stoppen; sie verstärkten ihr Engagement, um ein anscheinend expansionistisches kommunistisches China aufzuhalten; und sie machten schließlich Vietnam zu einem Testfall ihrer Entschlossenheit, die Weltordnung aufrechtzuerhalten. Indem die USA den vietnamesischen Konflikt fälschlicherweise auf auswärtige Kräfte zurückführten, missverstanden sie völlig dessen innere Ursachen. Dadurch dass sie sich in einen Krieg einmischten, der seinem Wesen nach eine lokale Auseinandersetzung war, gerieten sie in Abhängigkeit von den lokalen Kräften, nämlich einem schwachen Schützling und einem entschlossenen Gegner. Was ein lokaler Streit hätte bleiben können, weitete sich zu einem großen internationalen Konflikt aus. Weil die USA den Krieg zu einem Probefall für ihre eigene Glaubwürdigkeit machten, schränkten sie ihre Handlungsmöglichkeiten in gefährlicher Weise ein. [...] Vietnam erwies die Unanwendbarkeit einer Politik der globalen Eindämmung. [...]

Außerdem demonstriert die Vietnam-Erfahrung die begrenzte Wirksamkeit amerikanischer Ideale in der heutigen Welt. Die USA intervenierten in Vietnam nicht in erster Linie, um den Vietnamesen ein besseres Leben zu sichern. Dennoch ging die amerikanische Weltsicht davon aus, dass bei freier Wahlmöglichkeit die Menschen überall sich für die amerikanische Lebensart entscheiden würden. [...] dass viele Vietnamesen nicht unter einer kommunistischen Regierungsform leben wollten, dürfte klar sein. Andererseits sehnten sie sich nicht gerade nach amerikanischen Lebensformen – sie verstanden sie wahrscheinlich nicht einmal.

G. C. Herring, America's Longest War, New York 1979, S. 270 f., dt. Übersetzung: J. Rohlfes

**b)** Der amerikanische Historiker Gabriel Kolko (1985):

Die wichtigste Kraftquelle der Kommunistischen Partei über 35 Jahre hinweg war ihr Konzept einer sozialistischen und revolutionären Moral und ihr Bestehen auf der vorrangigen Bedeutung radikaler Werte und Verhaltensweisen für den Aufbau einer sozialistischen Gesellschaft. Ihre Fähigkeit, eine Organisation zu schaffen, deren Mitglieder im Großen und Ganzen nach diesen Grundsätzen lebten, kam diesem Ziel nahe, wenn auch niemals perfekt. [...] Niemand kann ermessen, wie unzählige Tausende Männer und Frauen jahrzehntelang kämpften – gewöhnlich unter extremen Entbehrungen und oft allein auf sich gestellt, was außerordentlichen persönlichen Einsatz, Leidensfähigkeit und Opfermut erforderte –, wenn er nicht den Einfluss solcher revolutionären Einstellungen und Werte, aber auch die Anziehungskraft des kommunistischen sozialen und politischen Programms in Rechnung stellt. In einem lang dauernden Kampf, in dem ständige Krisen die Ereignisse in einer Weise bestimmten, die jedermanns Fähigkeit zur Vorausplanung, auch die der Führer, überforderte, bestand die entscheidende Stärke der Partei in ihrer Fähigkeit, durchzuhalten und fortwährend auf die Ereignisse zu reagieren, sei es in kluger oder in fehlerhafter Form. Weil die Partei auf ihre unermüdlichen, loyalen Mitglieder bauen konnte, war sie in der Lage, die Zukunft der Nation zu gestalten und die Leere auszufüllen, die das französische und amerikanische Eingreifen hinterlassen hatte.

G. Kolko, Anatomy of a War, New York 1985, S. 553 f., dt. Übersetzung: J. Rohlfes

**c)** Robert S. McNamara, US-Verteidigungsminister 1961–68 (1995):

Für unser Scheitern in Vietnam waren vor allem elf Gründe verantwortlich:

[…] 2. Wir haben die Bevölkerung und die führenden Politiker Südvietnams nach unseren Maßstäben beurteilt: Wir meinten, sie hätten einen übermächtigen Wunsch nach Freiheit und Demokratie und seien entschlossen, dafür zu kämpfen. Wir haben die politischen Kräfte dieses Landes ganz und gar falsch eingeschätzt.

3. Wir haben unterschätzt, welche Kraft das Nationalbewusstsein einem Volk (hier den Nordvietnamesen und dem Vietcong) verleiht, für seine Überzeugungen und Werte zu kämpfen und zu sterben. […]

5. Zudem haben wir nicht erkannt, dass den modernen, hochtechnologisch ausgerüsteten Streitkräften und den für sie entwickelten Strategien Grenzen gesetzt sind, wenn es zur Konfrontation mit einem unkonventionell kämpfenden und hochmotivierten Volk kommt.

6. Wir haben es versäumt, den Kongress und die amerikanische Bevölkerung vorab in eine Diskussion über das Pro und Contra eines groß angelegten militärischen Engagements der USA in Südostasien einzubeziehen.

7. […] Die größte Stärke eines Landes liegt nicht in seinem militärischen Können, sondern in der Einigkeit des Volkes. Es ist uns nicht gelungen, diese zu bewahren. […]

10. Wir haben nicht erkannt, dass ebenso wie im täglichen Leben auch auf internationaler Ebene Schwierigkeiten auftauchen können, für die es keine unmittelbaren Antworten gibt. […] Zuweilen bleibt uns nichts anders übrig, als uns mit einer unvollkommenen und unordentlichen Welt abzufinden.

R. S. McNamara, Vietnam. Das Trauma einer Weltmacht, Hamburg 1996. S. 410 ff.

*a) Versuchen Sie die für das Scheitern der USA genannten Gründe nach Kategorien zu ordnen. Welche unterschiedlichen Akzente setzen die drei Autoren?*
*b) Worin sehen die Verfasser die amerikanischen Schwächen und die nordvietnamesischen Stärken?*
*c) Kommentieren Sie McNamaras Bemerkungen über die „unordentliche Welt“. Was für eine Sichtweise wird hier erkennbar?*

**76** „Passing the Buck“ (so viel wie: den „Schwarzen Peter“ weitergeben – „buck“ bezeichnet eine Spielkarte in einem amerikanischen Kartenspiel), Karikatur von Jules Feiffer 1975. Die Karikatur stellt die fünf Präsidenten dar, die nacheinander mit dem amerikanischen Vietnam-Engagement befasst waren: „Ike“ = Eisenhower, 1953–61; „Jack“ = Kennedy (1961–63); „Lyndon“ = Johnson (1963–69); „Dick“ = Nixon (1969–74); „Jerry“ = Ford (1974–77). Die sechste Figur stellt Henry Kissinger dar, zunächst Sicherheitsberater, von 1969–77 Außenminister.

*Stellen Sie dar, wie die Präsidenten jeweils karikiert werden. Diskutieren Sie unter Einbezug des Darstellungstextes S. 95 f. und M 75 deren Rolle im Vietnamkrieg. Worin sieht der Zeichner das Dilemma der Vietnam-Politik?*

## 3. Von Konfrontation und Kooperation zum Ende des Kalten Krieges

**Phasen der Entspannung**

Trotz der weltweiten Auseinandersetzung mit dem Kommunismus gab es in der Zeit des Kalten Krieges auch Phasen der Entspannung, in denen die beiden Großmächte die Kooperationsbereitschaft des Gegners zumindest als Möglichkeit anerkannten und nicht als besonders raffinierten Trick abtaten. Als reines Störmanöver wurde von den USA so z. B. noch die Stalin-Note vom 10. März 1952 behandelt, die unter der Bedingung der Neutralität ein wiedervereintes Deutschland anbot. Stärkere Resonanz löste bei der US-Regierung 1956 der Vorschlag des sowjetischen Parteisekretärs Chruschtschow aus, die beiden Supermächte sollten in einen Wettbewerb der Wirtschaftssysteme, in eine Politik der „friedlichen Koexistenz" eintreten. In Genf fanden mehrere Konferenzen der Großmächte statt und der „Geist von Genf" ermöglichte kulturelle, wissenschaftliche und wirtschaftliche Kontakte sowie 1958 eine Beendigung der Atomtests in der Atmosphäre.
Aber erst die Einsicht in die Gefahren eines Atomkrieges nach der Kubakrise brachte die Entspannungspolitik unter den Präsidenten Kennedy, Nixon und Carter voran. Verschiedene Abkommen zeigten, dass grundsätzlich zwischen den beiden Weltmächten Vereinbarungen über komplizierte Fragen möglich waren. Vor allem die Helsinki-Konferenz 1975 über Sicherheit und Zusammenarbeit in Europa (KSZE) ließ die Hoffnungen auf Entspannungserfolge zwischen den USA und der Sowjetunion wachsen.

**Präsident Carters Dilemma: die Sicherheitsfrage ...**

Trotzdem blieb die Entspannungspolitik umstritten. Als Präsident Carter 1977 für weitere Entspannung und eine weltweite Einhaltung der Menschenrechte eintrat, sah er sich nach anfänglichen Erfolgen bald in die Defensive gedrängt.

- Die SALT-Abkommen (s. S. 107) hatten zu keiner Reduzierung der Raketenrüstung geführt, sondern umgekehrt eine Modernisierung der Waffensysteme ausgelöst (z. B. Mehrfachsprengköpfe).
- Der Versuch der Sowjetunion, innerhalb der Abkommen zu einem Gleichstand in der Raketenrüstung zu kommen, schien die Sicherheit der USA zu gefährden.
- In der Dritten Welt waren Erfolge der Kommunisten unübersehbar: Teile Südostasiens kamen unter kommunistische Herrschaft; in Angola, Äthiopien und Somalia operierten sowjetische und kubanische Militärs.

**Friedliche Koexistenz:** Mit dem Begriff „Koexistenz" wird das Nebeneinander unterschiedlicher kultureller, ökonomischer, politischer und gesellschaftlicher Systeme bezeichnet. Der nach der Übernahme der sowjetischen Parteiführung durch Chruschtschow in den 50er Jahren verbreitete Begriff der „friedlichen Koexistenz" schloss den Krieg als Mittel der Politik aus. Die nach der kommunistischen Lehre aber weiterhin notwendige Auseinandersetzung mit dem „Kapitalismus" sollte vor allem mit ideologischen Mitteln und im ökonomischen Wettbewerb ausgetragen werden. Die Überlegenheit des sozialistischen Systems sollte zur Durchsetzung des Kommunismus ohne Gewalt und Krieg führen.

**Rüstungsbegrenzung/Abrüstung:** Die Abrüstung wurde bereits auf den Haager Friedenskonferenzen (1899, 1907) als wesentlicher Beitrag zur internationalen Friedenssicherung angestrebt. Nach dem Ersten Weltkrieg gehörte sie zu den wichtigen Zielen des Völkerbundes. Nach dem Zweiten Weltkrieg führte die atomare Aufrüstung der USA und der UdSSR in den 50er Jahren zu einem nuklearen Patt („Gleichgewicht des Schreckens"). Erst in den 60er Jahren wurden zwischen den Weltmächten Verhandlungen über Abrüstung und Rüstungsbegrenzung aufgenommen. Wirksame Abrüstungsmaßnahmen blieben von Anfang an begrenzt, nicht zuletzt deshalb, weil sie einen gewissen Verzicht auf Souveränitätsrechte (z. B. durch Kontrollmaßnahmen wie Inspektionen oder Luftaufklärung) bedeuten. Moderne Überwachungsmethoden wie z. B. Satellitenaufklärung ermöglichen es heute, das Problem des Eingriffs in die Souveränitätsrechte zu umgehen. Auch nach der Auflösung der Sowjetunion werden mit deren Nachfolgestaaten Abrüstungsverhandlungen geführt.

**... Iran und Afghanistan**

Das vorläufige Ende der amerikanischen Entspannungspolitik brachten dann die Ereignisse im Iran und in Afghanistan.
Im Iran wurde 1979 der Schah, seit 1953 ein zuverlässiger Verbündeter der USA, durch eine islamische Revolution gestürzt; anschließend wurden die Angehörigen der US-Botschaft in Teheran monatelang als Geiseln festgehalten.
Die sowjetische Invasion in Afghanistan 1979 wurde von den meisten Amerikanern als weiterer Beweis für den sowjetischen Expansionismus angesehen. Wie die Mehrheit der Amerikaner zog nun auch die Regierung Carter daraus die Konsequenz, durch eine rasche Nachrüstung wieder die militärische Überlegenheit anzustreben. Der Westen boykottierte die Olympischen Spiele in Moskau und verhängte ein Ausfuhrverbot für moderne Technologien und Weizen in die Sowjetunion. Die Präsidentschaftswahlen 1980 gewann nicht Carter, sondern Ronald Reagan, der statt jeglicher Entspannungspolitik eindeutig zum Standpunkt „Frieden durch Stärke" und zur alten Vormachtstellung der USA in der Welt („America first") zurückzukehren versprach.

**Reagans „evil empire": gigantische Aufrüstung ...**

Mit seiner Politik der Rüstungserhöhungen (von 1980–1984 um 40%) bei gleichzeitiger Senkung der Sozialleistungen, seinem entschiedenen Antikommunismus – in einer Rede nannte er die Sowjetunion ein „evil empire" – , fand Reagan relativ breite Zustimmung der Bevölkerung. Zum Höhepunkt der militärischen

**77** Nuklearstrategisches Kräfteverhältnis zwischen den USA und der UdSSR 1966–1987.
*Erläutern Sie, worin die Schwierigkeiten bestehen, aus diesen Angaben Rückschlüsse auf die militärische Schlagkraft der beiden Supermächte zu ziehen.*

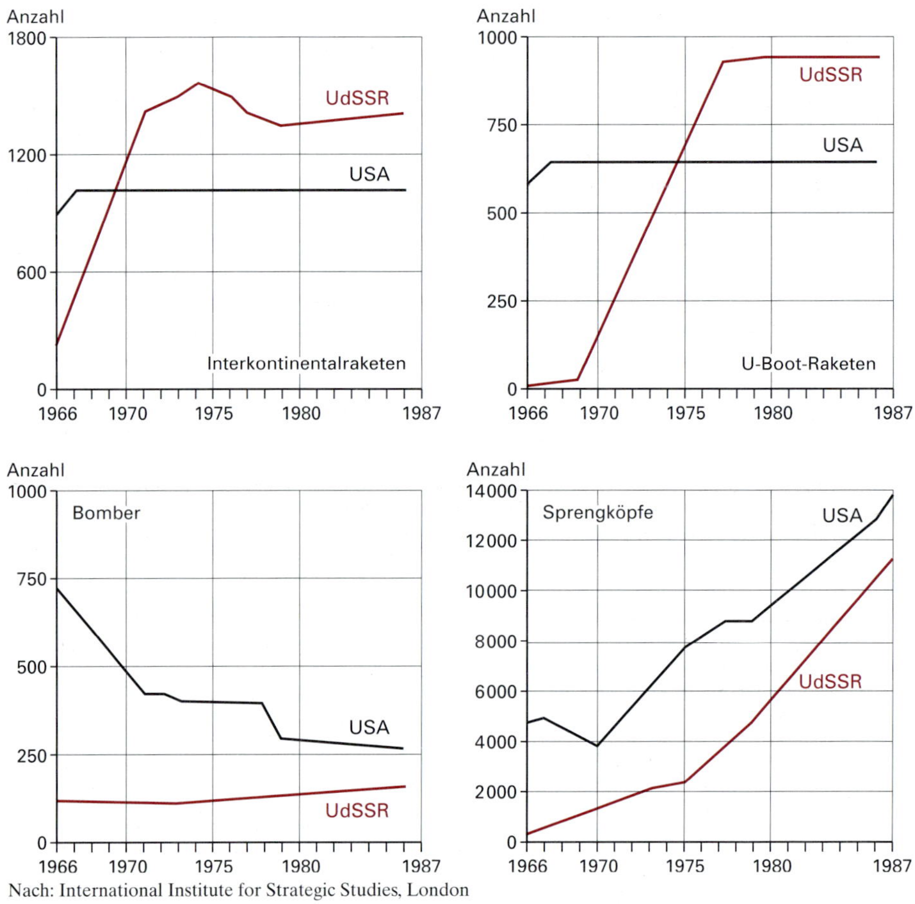


Nach: International Institute for Strategic Studies, London

Planungen wurde die „Strategic Defense Initiative" (SDI), die ein ganz Amerika schützendes Anti-Raketen-System schaffen sollte. Das Projekt wurde nicht durchgeführt, zeigt aber die neue Dimension der amerikanischen Rüstungsvorstellungen. Die insgesamt stärkste Aufrüstungsphase der amerikanischen Geschichte in Friedenszeiten wurde damit begründet, dass die USA in ihrer Verteidigungsfähigkeit hinter die Sowjetunion zurückgefallen seien.

**... globaler Antikommunismus ...**

Im Gegensatz zur Politik Nixons und Kissingers setzte sich in der Außenpolitik Reagans ein neuer „Globalismus" durch, der davon ausging, dass die Sicherheit der USA an jeder Stelle des Globus auf dem Spiele stehe. Daher sollten möglichst alle kommunistischen oder kommunistenfreundlichen Regierungen bekämpft und kommunistische Machtgewinne verhindert werden. Dazu unterstützte Reagan auch autoritäre Regime, wenn sie nur antikommunistisch eingestellt waren.

**... und Wende zur Kooperation und Ende des Kalten Krieges**

In seinem Wahlkampf zur zweiten Präsidentschaft kündigte Reagan unter dem Druck der demokratischen Mehrheit im Kongress eine Senkung der Rüstungsausgaben an: Die militärische Stärke der USA sei jetzt so weit wiederhergestellt, dass Verhandlungen mit der Sowjetunion nicht von einer Position der Schwäche aus geführt werden müssten.
Die eigentliche Wende im nun schon fast 50-jährigen Ost-West-Konflikt ging aber nicht von den USA, sondern von der Sowjetunion aus. Der neue Generalsekretär der KPdSU, Michail Gorbatschow, unterbreitete schon im Jahre seines Amtsantritts 1985 weit reichende Abrüstungsvorschläge, die in Ost und West überraschten. Der Politik der Offenheit und Umgestaltung (Glasnost und Perestroika) im Innern entsprach in der Außenpolitik der Wille zur Verständigung und Abrüstung. Die Verhandlungen Reagans mit Gorbatschow brachten daher ein Ergebnis, das jahrzehntelang undenkbar erschienen war: Abbau aller in Europa stationierten Mittel- und Kurzstreckenraketen, deutliche Reduzierung der Interkontinentalraketen und der Atomsprengköpfe, Verzicht auf chemische Kampfmittel und wirksame Kontrollmöglichkeiten dieser Maßnahmen.
Vor allem die Auflösung des Warschauer Pakts ermöglichte es den USA, die Militärausgaben stark zu kürzen, die Truppen zu reduzieren und militärische Einrichtungen zu schließen. Nach mehreren Konferenzen der beiden Großmächte wurde schließlich im Jahre 1990 das Ende des Kalten Krieges verkündet.

**Perestroika/Glasnost:** Mit diesen Begriffen wird die vom sowjetischen Parteichef Michail Gorbatschow eingeleitete Reformpolitik bezeichnet, die eine Umgestaltung der Gesellschaft auf der Basis größerer Freiheit und Offenheit zum Ziel hatte. Nach und nach wurden die Zensur abgeschafft und die Freiheit von Presse, Kunst und Kultur eingeführt; die Planwirtschaft sollte schrittweise einer marktwirtschaftlichen Ordnung weichen.

Perestroika (russ. Umbau, Umgestaltung): Als Schlagwort stand der Begriff in der Geschichte der KPdSU für organisatorische Veränderungen in der Parteistruktur. Seit dem Amtsantritt Gorbatschows verstand man unter Perestroika die innenpolitische Erneuerung des Landes. Um Staat und Wirtschaft lebensfähig zu halten, strebte die Parteiführung eine Modernisierung des ökonomischen, gesellschaftlichen und politischen Systems an. Ziel war es, den Sozialismus zu stärken. Die führende Rolle der KPdSU sollte nicht angetastet werden.

Glasnost (russ. Offenheit, Transparenz): Schlüsselbegriff der Reformpolitik seit 1985. Unter Glasnost verstand man die Forderung nach offener Diskussion von Problemen und Missständen, nach Transparenz der Entscheidungen in Wirtschaft und Politik. Ziel war es, eine kritisch-loyale Öffentlichkeit herzustellen, um den Demokratisierungsprozess in der Sowjetunion voranzubringen.

**78 Präsident Carters Botschaft einer neuen Außenpolitik 1977.** Aus einer Rede vom 22. Mai 1977:

Da wir vertrauensvoll in unsere eigene Zukunft blicken, sind wir jetzt frei von dieser übertriebenen Furcht vor dem Kommunismus, die uns einst dazu veranlasst hat, jeden Diktator zu umarmen, der diese Furcht mit uns teilte. Zu viele Jahre lang waren wir bereit, die brüchigen Prinzipien und Taktiken unserer Gegner anzunehmen und manchmal unsere Wertvorstellungen zugunsten der ihrigen aufzugeben. Wir haben Feuer mit Feuer bekämpft und niemals daran gedacht, dass Feuer besser mit Wasser bekämpft wird. Dieses Konzept schlug fehl; Vietnam ist das beste Beispiel für seine geistige und moralische Armut. Aber durch unser Scheitern haben wir den Weg zurück zu unseren eigenen Prinzipien und Wertvorstellungen gefunden und wir haben unser verloren gegangenes Vertrauen zurückgewonnen.

Gemessen an der Geschichte sind die 200 Jahre unseres Landes ein kurzer Zeitraum; und unser Aufstieg zur vorherrschenden Weltmacht ist noch kürzer. Er geht auf das Jahr 1945 zurück, als Europa und die alte internationale Ordnung in Trümmern lagen. Vorher stand Amerika weitgehend am Rande der weltpolitischen Ereignisse. Danach standen wir zwangsläufig im Mittelpunkt [...]. Wir können die traditionellen Fragen Krieg und Frieden nicht länger von den neuen weltweiten Problemen Gerechtigkeit, Gleichheit und Menschenrechte trennen.

Es ist eine neue Welt – aber Amerika sollte sich nicht fürchten. Es ist eine neue Welt – und wir sollten dazu beitragen, sie zu formen. Es ist eine neue Welt, die eine neue amerikanische Außenpolitik erfordert – eine Politik, die sich in ihren Werten auf eine Haltung des Anstands und in ihrem historischen Ausblick auf Optimismus gründet.

Wir können nicht länger eine Politik nur für die Industrieländer als Grundlage der globalen Stabilität verfolgen, sondern wir müssen auf die neue Realität einer politisch erwachenden Welt reagieren. Wir können nicht länger erwarten, dass die anderen 150 Staaten dem Diktat der Mächtigen folgen, aber wir müssen auch weiterhin vertrauensvoll unsere Bemühungen fortsetzen, Impulse zu geben, zu überzeugen und zu führen.

Wir können eine solche Politik nicht durch Manipulationen gestalten. Unsere Politik muss offen und freimütig sein; sie muss eine Politik des konstruktiven weltweiten Engagements sein, die auf folgenden fünf Grundvoraussetzungen ruht:

Erstens sollte unsere Politik die grundlegende Verpflichtung unseres Volkes widerspiegeln, die Sache der Menschenrechte zu fördern.

Dann sollte unsere Politik sich auf eine enge Zusammenarbeit zwischen den industriellen Demokratien der Welt gründen, weil wir dieselben Wertmaßstäbe haben und weil wir gemeinsam dazu beitragen können, ein besseres Leben für alle zu schaffen.

Auf der Grundlage einer starken Verteidigungskapazität muss unsere Politik auch versuchen, die Beziehungen zur Sowjetunion und zu China in einer Weise zu verbessern, die sowohl umfassender ist als auch auf größere Gegenseitigkeit beruht. Auch wenn wir keine ideologischen Gegensätze überwinden können, müssen wir doch Anpassungen erreichen, die das Risiko des Krieges vermindern.

Unsere Politik muss sich ferner auf die Entwicklungsländer erstrecken, um Leiden zu mildern und um die Lücke zwischen den Reichen und den Armen dieser Welt zu verringern.

Schließlich muss unsere Politik alle Länder dazu ermutigen, sich über enge nationale Interessen zu erheben und gemeinsam nach Lösungen für solche überaus schwierigen weltweiten Probleme wie die Gefahr eines Atomkriegs, den Rassenhass, Umweltschäden, Hunger und Krankheit zu suchen.

Engl. in: Henry Steele Commager-Milton Cantor, Documents of American History, Vol. II.10, (Doc. 720), 855 ff.; dt. aus: Stimmen der Weltkirche 19, Bischöfe zum Frieden, 1983, 43 ff.

**79** „Rüstungswettlauf“. Karikatur von H. Haitzinger 1981.
*Ordnen Sie der Aussage der Karikatur wesentliche Vorgänge der Rüstungsentwicklung in der Nachkriegszeit zu.*

*a) Legen Sie dar, welche Fehler bzw. Schwächen der amerikanischen Außenpolitik der vorangegangenen Jahre Carter anspricht.*
*b) Stellen Sie fest, welchen Wandel der Außenpolitik Carter herbeiführen möchte.*

## 80 Abkommen zur Rüstungsbegrenzung und Rüstungskontrolle.

*Abkommen zur Rüstungsbegrenzung zwischen mehreren Staaten (multilateral)*

| Abschluss | Abkommen | Inhalt |
|---|---|---|
| 1963 | Atomtest-Vertrag | verbietet Kernwaffenversuche in der Atmosphäre, im Weltraum und unter Wasser |
| 1967 | Weltraum-Vertrag | verbietet die Stationierung von Kernwaffen und anderen Massenvernichtungswaffen im Weltraum; stellt allgemeine Grundsätze für friedliche Forschung und Nutzung des Weltraums auf |
| 1968 | Atomwaffensperrvertrag (Non-Proliferation Treaty) | verpflichtet Kernwaffen-Staaten, Atomwaffen weder mittel- noch unmittelbar weiterzugeben; den Nicht-Kernwaffen-Staaten sind Herstellung und Annahme von Atomwaffen untersagt |
| 1971 | Meeresboden-Vertrag | verbietet die Stationierung von Kernwaffen und anderen Massenvernichtungswaffen im Meer, auf dem Meeresboden und im Meeresuntergrund |
| 1974 | Vertrag über unterirdische Kernwaffenexplosionen | jeweils auf 150 KT begrenzt |
| 1976 | Vertrag über unterirdische Atomversuche | auf friedliche Zwecke beschränkt |
| 1977 | Vertrag über Verbot von Umweltkriegen | |
| 1980 | Konvention über das Verbot besonders inhumaner Waffen | |

*Zweiseitige (bilaterale) Abkommen zur Rüstungskontrolle zwischen den USA und der UdSSR 1963 bis 1991*

| Abschluss | Abkommen | Inhalt |
|---|---|---|
| 1963 | Vereinbarung eines „heißen Drahtes“ | direkte Fernschreibverbindung zwischen Washington und Moskau, um Risiko eines Atomkrieges durch Fehlalarm und Kurzschlusshandlungen zu verringern |
| 1972 | SALT-I-Vertrag (Strategic Arms Limitation Talks) | begrenzt die Anzahl der Raketenabwehrsysteme auf zwei Standorte in jedem Land |
| 1972/1974 | SALT-I-Interimsvereinbarung | begrenzt die Gesamtzahl der Interkontinentalraketen und U-Boot-Raketen beider Vertragspartner |
| 1974/1976 | Atomteststoppverträge* | begrenzen unterirdische Atomtests zu militärischen und friedlichen Zwecken |
| 1979 | SALT-I Vertrag | begrenzt die Zahl der nuklearstrategischen Trägersysteme |
| 1979 | SALT-II-Protokoll* | begrenzt die Stationierung und/oder Erprobung von mobilen Interkontinentalraketen sowie bestimmter Marschflugkörper bis zum 31. Dezember 1981 |
| 1987 | INF-Reduktionsvertrag | Verschrottung amerikanischer und sowjetischer Atomraketen mit kürzerer (500–1 000 km) und mittlerer Reichweite (1 000–5 500 km) – Inspektion durch jeweils andere Seite an Ort und Stelle |
| 1991 | START (Strategic Arms Reduction Talks) | Verringerung strategischer Atomwaffen (Träger und Sprengköpfe) um 30% |

* Vom US-Senat nicht ratifiziert; beide Seiten hielten sich jedoch an die Vertragsbestimmungen.

*Diskutieren Sie, seit wann tatsächlich von einer Abrüstung bestehender Waffensysteme gesprochen werden kann.*

## 81 Rüstungspolitik – ein Weg zur Sicherheit?

**a)** R. Reagan anlässlich der 750-Jahr-Feier Berlins am 12. Juni 1987:

Jetzt wird den Sowjets wohl auch allmählich die Bedeutung der Freiheit klar. Aus Moskau ist viel von einer neuen Politik der Reform und Offenheit zu vernehmen. Einige politische Gefangene sind freigelassen worden. Bestimmte ausländische Nachrichtensendungen werden nicht länger gestört. Manche Wirtschaftsunternehmen können jetzt freier von staatlicher Kontrolle operieren. Sind dies die Anfänge tief greifender Veränderungen im Sowjetstaat? Oder sind es Scheingesten, die im Westen falsche Hoffnungen wecken oder das sowjetische System festigen sollen, ohne es zu verändern? Wir begrüßen Veränderungen und Offenheit. Wir sind nämlich der Ansicht, dass Freiheit und Sicherheit zusammengehen – dass das Vorrücken der Freiheit des Menschen die Sache des Friedens nur vorantreiben kann. Die Sowjets würden damit ein unmissverständliches Zeichen setzen, das die Sache von Freiheit und Frieden dramatisch voranbringen würde.

Generalsekretär Gorbatschow, wenn Sie nach Frieden streben – wenn Sie Wohlstand für die Sowjetunion und für Osteuropa wünschen – wenn Sie die Liberalisierung wollen, dann kommen Sie hierher zu diesem Tor. Herr Gorbatschow, öffnen Sie dieses Tor. Herr Gorbatschow, reißen Sie diese Mauer nieder [...]

Wir werden diese Rüstungsverminderungen fortsetzen, aber ich verbürge mich gleichzeitig für die Aufrechterhaltung unserer Fähigkeit zur Abschreckung einer möglichen sowjetischen Aggression, auf welchem Niveau sie auch stattfinden mag. Und in Zusammenarbeit mit vielen unserer Verbündeten betreiben die Vereinigten Staaten weiterhin die Initiative zur Strategischen Verteidigung – ein Forschungsprojekt, das Abschreckung nicht auf die Androhung einer offensiven Vergeltung stützt, sondern auf eine Verteidigung, die wahrhaft abwehrt; kurz gesagt, auf Systeme, die die Bevölkerung nicht zum Ziel machen, sondern sie schützen.

Auf diesem Weg versuchen wir die Sicherheit Europas und der ganzen Welt zu erhöhen. Aber eins dürfen wir nicht vergessen: Ost und West misstrauen sich nicht, weil wir bewaffnet sind. Wir sind vielmehr bewaffnet, weil wir einander misstrauen. Und unsere Differenzen beziehen sich nicht auf Waffen, sondern auf die Freiheit. Als Präsident Kennedy vor 24 Jahren seine Ansprache vor dem Rathaus hielt, war das freie Berlin bedroht und belagert. Trotzdem kann Berlin heute seiner Freiheit sicher sein, trotz all des Druckes, der auf dieser Stadt lastet. Und die Freiheit selbst verwandelt die Erde.

aus: Europa-Archiv, Folge 15, 1987, D 410 ff.

**82** Michail Gorbatschow begrüßt Präsident Reagan in Moskau, Mai 1988

**b)** Gorbatschow formuliert sein „Neues politisches Denken" 1987:

Sicherheit kann nicht mehr durch militärische Mittel hergestellt werden – weder durch nukleare Waffen und Abschreckung noch durch die unablässige Perfektionierung von „Schwert" und „Schild". Versuche, eine militärische Überlegenheit herstellen zu wollen, sind absolut unsinnig. Gegenwärtig werden solche Versuche im Weltraum unternommen. Dass dieser erstaunliche Anachronismus sich behaupten kann, ist eine Folge der aufgeblasenen Rolle der Militaristen in der Politik. Vom Standpunkt der Sicherheit aus ist das Wettrüsten zu einer Absurdität geworden, da es in logischer Konsequenz zur Destabilisierung der internationalen Beziehungen und schließlich zum nuklearen Konflikt führt. Da das Wettrüsten riesige Ressourcen von anderen, vordringlichen Projekten abzieht, wird dadurch der Grad der Sicherheit herabgesetzt und beeinträchtigt. Das Wettrüsten als solches ist ein Feind des Friedens. Der einzige Weg zur Sicherheit ist der der politischen Entscheidungen und der Abrüstung. Wirkliche und für alle gleiche Sicherheit kann in unserem Zeitalter nur durch die kontinuierliche Herabsetzung des Niveaus des strategischen Gleichgewichts garantiert werden, aus dem nukleare und andere Massenvernichtungswaffen völlig verbannt werden sollten.

M. Gorbatschow, Perestroika, München 1989, S. 180

**83** Der Kalte Krieg als Monster. Auf dem Gipfeltreffen von Helsinki im September 1990 übergibt Michail Gorbatschow George Bush eine Karikatur. Links im Boxring steht Gorbatschow, rechts Bush.
*Diskutieren Sie die Bedeutung des Bildes unter Einbeziehung der Karikatur.*

*a) Wie schätzt Reagan die Veränderungen im Ostblock ein.*
*b) Diskutieren Sie Reagans Absicht, auch weiterhin an der Entwicklung von Waffensystemen festzuhalten.*
*c) Legen Sie dar, wie Gorbatschow die „unablässige Perfektion von ‚Schwert' und ‚Schild'" beurteilt.*

♦

*a) Untersuchen Sie den Gegensatz zwischen den USA und der Sowjetunion und stellen Sie dabei die gegenseitigen Vorwürfe gegenüber.*
*b) Beschreiben Sie die Maßnahmen der Eindämmungspolitik und erörtern Sie deren politische Folgen.*
*c) Erläutern Sie die sowjetische Beurteilung der amerikanischen Eindämmungspolitik.*
*d) Stellen Sie Ursachen des Korea- und des Vietnamkrieges zusammen und setzen Sie sich vor diesem Hintergrund mit der Domino-Theorie als außenpolitischer Maxime auseinander.*
*e) Erläutern Sie, inwiefern die Kubakrise das gegenseitige Verhältnis beider Supermächte verändert hat.*
*f) Stellen Sie Phasen des Fortschritts und des Rückschritts in der Entspannungspolitik fest und erklären Sie jeweils die Gründe dafür.*
*g) Erörtern und diskutieren Sie Ursachen, die das Ende des Kalten Krieges möglich machten.*

# VII. Zwischen Konservativismus und Reformen – die Innenpolitik in der Zeit des Kalten Krieges

Nach 1945 bauten die USA ihre Position als führende Wirtschafts- und Industriemacht weiter aus. Über Jahrzehnte nahm die Produktion einen ebenso kontinuierlichen Aufschwung wie der Konsum. Doch vom wirtschaftlichen Wachstum konnte bei weitem nicht jeder Amerikaner profitieren, 1964 lebten beispielsweise etwa 35 Millionen am Existenzminimum. Die Rassenkonflikte ließen sich nicht beilegen, die Verwahrlosung der Innenstädte wuchs. Das reiche Land tat sich schwer, die gesellschaftlichen Probleme in den Griff zu bekommen.

| | |
|---|---|
| 1950 | Senator McCarthy startet eine Kampagne gegen angeblich prokommunistische Strömungen. |
| 1954 | Der Oberste Gerichtshof verbietet die Rassendiskriminierung an öffentlichen Schulen. Das Urteil wird v.a. von Südstaaten boykottiert. |
| 1960 | Präsident John F. Kennedy verkündet die „New Frontier“: einen Aufbruch zur Bewältigung neuer Aufgaben v. a. im Bereich der Bürgerrechtsgesetze, der sozialen Reformen, der Raumfahrt und der Entwicklungshilfe. |
| 1963 | Eine Massendemonstration mit Martin Luther King unterstützt das von Kennedy angekündigte Bürgerrechtsprogramm. |
| 1964 | Das Bürgerrechtsgesetz stellt farbige Minderheiten den Weißen gleich. |
| 1965 | Präsident Johnson verkündet das Reformprogramm der „Great Society“, das v. a. Verbesserungen im Sozial- und Gesundheitswesen vorsieht. |
| 1966/67 | Demonstrationen gegen den Vietnamkrieg und schwere Rassenunruhen in vielen Städten nehmen zu. |
| 1972 | Der Einbruch republikanischer Wahlhelfer in die Wahlkampfzentrale der Demokraten löst den „Watergate-Skandal“ aus. Präsident Nixon tritt 1974 zurück. |
| 1973 | Die weltweite Energiekrise erfasst auch die USA und führt zu einer Wirtschaftsrezession. |
| 1981 | Der neu gewählte Präsident Ronald Reagan verspricht die Rückkehr der USA zu alter Stärke. Er wird 1984 wiedergewählt. |
| 1989 | Sein Nachfolger Bush übernimmt ein hohes Haushaltsdefizit und eine nie dagewesene Staatsverschuldung. |

## 1. Ist die amerikanische Gesellschaft reformierbar?

Die ersten Präsidentschaftswahlen nach dem Zweiten Weltkrieg gewann Truman, denn in seiner Wahlkampagne formulierte er das, was die meisten Amerikaner in der Nachkriegszeit wollten: weitere staatliche Sozialmaßnahmen, aber die Beibehaltung der bisherigen Marktwirtschaft; die Verfolgung von Kommunisten im Inneren und eine weltweite Eindämmung des Kommunismus nach außen.
Gerade seine kompromisslose Haltung gegenüber dem Kommunismus brachte ihm viele Wähler ein, hatte doch bereits vor dem Zweiten Weltkrieg bei vielen Amerikanern eine Kommunistenfurcht eingesetzt. Schon seit 1938 existierte ein Ausschuss zur Untersuchung „unamerikanischer Umtriebe“, seit 1940 konnten kommunistische Ausländer abgeschoben werden und seit 1947 wurden drei Millionen Bundesangestellte überprüft und Tausende entlassen.

**Antikommunismus**

Seit 1950 klagte der republikanische Senator Joseph McCarthy als Vorsitzender eines Senatsausschusses Hunderte von Personen - Regierungsangestellte, Intellektuelle, Künstler, Filmschauspieler usw. - der kommunistischen Verschwörung an und begann inquisitorische Untersuchungsverfahren gegen sie. Obwohl die Kommunistische Partei politisch bedeutungslos war, konnte McCarthy seine Arbeit jahrelang fortsetzen. Auch Trumans Nachfolger Eisenhower griff dagegen nicht ein. Als McCarthy seine Kampagne mit Verleumdungen und unbewiesenen Anschuldigungen auf die Spitze trieb, brach sie in sich zusammen. Für kurze Zeit hatte McCarthy die weit verbreitete antikommunistische Stimmung vor allem der „echten" Amerikaner gegen die „Intellektuellen" und Künstler verkörpert und dabei auch alte Ressentiments wie Fremdenhass und Antisemitismus mobilisiert.

**Wirtschaftliche Machtkonzentration**

In ihrer antikommunistischen Haltung und im Glauben an die Marktwirtschaft sahen sich die meisten Amerikaner u. a. auch durch den Wirtschaftsaufschwung in den Jahrzehnten nach dem Zweiten Weltkrieg bestätigt. Der Anstieg des Durchschnittseinkommens zwischen 1947 und 1970 um 80% ermöglichte den meisten von ihnen einen Lebensstandard und einen privaten Konsum, der auch die „goldenen Zeiten" der 1920er Jahre übertraf. Für viele schien sich endlich der Traum von der Wohlstandsgesellschaft zu erfüllen.
Mit dem Aufschwung Hand in Hand ging eine Konzentration der wirtschaftlichen Macht auf wenige Unternehmen: 1960 fiel auf nur 5% der Betriebe über die Hälfte aller Unternehmergewinne, der Automobilmarkt wurde von nur drei Herstellern beherrscht. Auch in der Landwirtschaft entstanden mechanisierte, industriell organisierte Großbetriebe, denen die kleinen, kapitalarmen Farmer nichts entgegenzusetzen hatten. Die USA entwickelten sich zum Modell einer modernen Industriegesellschaft, das von einem neuen Typus des expansionsorientierten Managements und nicht von Kleinbetrieben im Familienbesitz geprägt wurde. Der Einfluss der Wirtschaft auf die Politik nahm zu, so dass Eisenhower selbst 1961 vor der Macht eines „militärisch-industriellen Komplexes" warnte.

**„white-collar workers"**

Die weitere Technisierung und Rationalisierung der Industriebetriebe brachte nach dem Zweiten Weltkrieg einen Rückgang des Anteils der Industriearbeiter mit sich, denen bereits um 1970 die doppelte Anzahl von Beschäftigten im Dienstleistungsbereich gegenüberstand. Diese soziale Mobilität führte dazu, dass Mitte der 70er Jahre die „white-collar workers" fast die Hälfte aller Berufstätigen stellten. Die Bildung einer breiten Mittelschicht wird vielfach als ein Hauptmerkmal des Wandels der amerikanischen Gesellschaft nach dem Zweiten Weltkrieg bezeichnet.
An der Einkommensverteilung änderte sich bis in die 70er Jahre jedoch so viel wie nichts. Die reichsten 20% der Bevölkerung verdienten 40% des Gesamteinkom-

**Wohlstandsgesellschaft:** Mit dem Begriff wird eine Gesellschaft bezeichnet, in der Hunger und Armut als Massenerscheinungen überwunden sind und das durchschnittliche Pro-Kopf-Einkommen deutlich über dem Existenzminimum liegt. Als Voraussetzungen für die Wohlstandsgesellschaft gelten in unserer Zeit die Kaufkraft und Konsummöglichkeiten aufgrund von Vollbeschäftigung und sozialer Sicherheit.

**Mobilität:** Gewöhnlich wird unterschieden zwischen horizontaler oder räumlicher Mobilität und sozialer oder vertikaler Mobilität. Die horizontale Mobilität bezeichnet die räumlichen Wanderungsbewegungen der Bevölkerung, ihre Häufigkeit und ihre Richtung. Unter vertikaler Mobilität wird der Auf- oder Abstieg zwischen sozialen Schichten verstanden. Auf- oder Abstieg kann dabei von einzelnen Menschen oder von ganzen Berufsgruppen vollzogen werden. Sozialer Abstieg größerer Bevölkerungsschichten infolge Wirtschaftskrisen, Inflation oder Arbeitslosigkeit führt zur Gefährdung der Stabilität einer Gesellschaft.

**84** Einkommensverhältnisse 1947–1992. Durchschnittliches Familieneinkommen der farbigen Amerikaner im Verhältnis zu den durchschnittlichen Familieneinkommen der weißen Amerikaner.

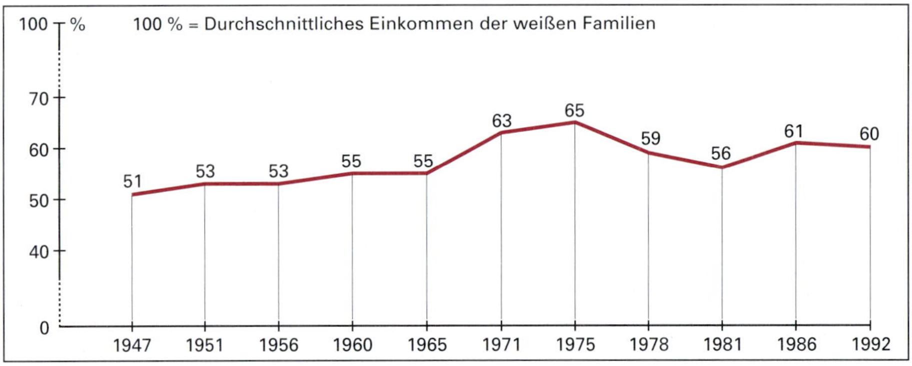


Bureau of the Census, Current Populations Reports, Series P-60, No. 85, für 1986, Series P-23, No. 151

mens, die ärmsten 20% dagegen nur 5%. Obwohl hier also in 25 Jahren nach dem Krieg keine Veränderung eintrat, träumten doch viele Amerikaner den Traum vom sozialen Aufstieg.

**Slums in den Innenstädten**

Ihre Wohnorte suchte die neue Mittelschicht vor allem in den Vororten der Großstädte, während sich die Innenstädte immer mehr zum Wohngebiet der Armen und hier besonders der Schwarzen entwickelten. Die Grundstückspreise sanken, das städtische Steuereinkommen nahm ab, die kommunalen Aufwendungen für Schulen, Verkehrsanlagen, Polizei usw. gingen drastisch zurück, Kriminalität und Rassenkonflikte dagegen stiegen deutlich an. Die sich verschlechternden Wohn- und Lebensbedingungen der Schwarzen trugen wesentlich dazu bei, dass auch nach dem Zweiten Weltkrieg deren Lage das größte soziale Problem der amerikanischen Gesellschaft blieb.

**Trumans „Fair Deal"**

Der Rassenkonflikt und die Verwahrlosung der Innenstädte waren nur zwei von vielen sozialen Problemen, die die Reformbedürftigkeit der amerikanischen Gesellschaft bewiesen. Anfang 1949 hatte Truman sein Programm einer liberalen Gesellschaftsordnung „Fair Deal" verkündet: Jede Bevölkerungsschicht und jedes Individuum sollte das ihm Zustehende erwarten und erreichen können. Zu vielen der genannten Probleme wurden Gesetze eingebracht, die aber größtenteils im Interessenkonflikt des „Eisernen Dreiecks" (Exekutive, Legislative und Lobbyisten) scheiterten.

**Kennedys „New Frontier"**

Nach Jahren reformerischen Stillstands versuchte der demokratische Kandidat John F. Kennedy im Wahlkampf 1960 mit seinem „New Frontier"-Programm einen neuen Anfang. Wiederum verhinderte der Interessenkonflikt des „Eisernen Dreiecks" in der kurzen Amtszeit Kennedys weiter gehende Reformen.

**Johnsons „Great Society"**

Kennedys Nachfolger Lyndon B. Johnson trat noch entschiedener als sein Vorgänger für eine Lösung der Rassenfrage und der sozialen Probleme ein. Bürgerrechtsgesetze gegen die Rassendiskriminierung, gegen die Behinderung von Schwarzen bei Wahlen wurden 1964 und 1965 durch den Kongress gebracht, Berufsbildungsprogramme eingeführt, staatliche Hilfen für die Altersversorgung, für öffentliche Schulen und für Arme durchgesetzt, mit Stadtsanierungen und dem Ausbau von Nahverkehrsnetzen begonnen. Immerhin fielen unter die Armutsgrenze 1970 „nur" mehr 12,6% der Amerikaner, 1960 waren es noch 22,4%.

**85** Die großen Reformprogramme, Karikatur, 1981.
*Ermitteln Sie die Aussageabsichten der Zeichnung.*

**Die Reformen scheitern**

Doch blieb Johnson ein durchschlagender Erfolg versagt. Vielen seiner Gegner gingen die Gesetze viel zu weit, anderen nicht weit genug. Und vor allem wurden die Sozialprogramme immer mehr von den politischen und finanziellen Auswirkungen des eskalierenden Vietnamkrieges überschattet.
Inflation und Haushaltsdefizite stiegen. Demonstrationen gegen den Vietnamkrieg nahmen ab 1965 an Heftigkeit zu und beherrschten bald die gesamte politische Öffentlichkeit.

**Der Konsens zerbricht**

Zumindest bis zur Mitte der 60er Jahre hatte die Angehörigen der weißen Mittelklasse ein Konsens über die Grundwerte der Gesellschaft, die politische und soziale Ordnung, die Zielsetzung der Außenpolitik, den innenpolitischen Weg zu Fortschritt und Wohlstand verbunden. Diese grundsätzliche Übereinstimmung überstand sogar die schwere Zeit der Depression und des wirtschaftlichen Elends in den 30er Jahren weitgehend. Doch Mitte der 60er Jahre zerbrach dieser Konsens: zum einen an der ungelösten Rassenfrage und zum anderen am Vietnamkrieg. Vor allem die Jugend, die Frauen und die Bürgerrechtler formierten sich zu breiten Protestbewegungen.

**Protestbewegungen: studentische Jugend …**

Zum Zentrum des Jugendprotests wurden die Universitäten, die die gewaltig steigenden Studentenzahlen nicht mehr bewältigen konnten: Gab es 1960 in den USA noch 3,8 Millionen Studenten, so waren es 1970 bereits 8,5 Millionen. Studentische Organisationen rebellierten durch Sit-ins, Teach-ins, Vorlesungsstreiks und Protestmärsche gegen überalterte Universitätsstrukturen ebenso wie gegen den Vietnamkrieg, die Rassendiskriminierung oder die profitorientierte Rüstungsindustrie.
Radikale Studenten griffen zu Mitteln der Gewalt und des Terrors. Aber auch der Staat zeigte Härte und Überreaktionen: 1970 wurden bei einer Demonstration gegen den Vietnamkrieg an der Kent State University (Ohio) vier Studenten von der Nationalgarde erschossen.

**... Blumenkinder ...**

Andere studentische Gruppierungen zeigten sich betont friedlich: „Make love, not war" oder „flower power" waren Slogans der „Hippies", der „Blumenkinder", die mit unkonventionellen Formen des Zusammenlebens und der Kleidung ihrem Protest Ausdruck verliehen.
Als Ausdruck der „Gegenkultur" dienten auch Musikfestivals wie das legendäre, mehrere Tage dauernde Woodstock-Happening (New York) im Jahre 1969, zu dem 400 000 Menschen zusammenkamen.

**... und Frauenbewegung**

Während sich der Studentenprotest auf aktuelle politische, gesellschaftliche oder rein universitäre Missstände bezog, griff die Frauenbewegung Probleme auf, die historisch sehr viel weiter zurückreichten (s. S. 52 f.). Noch immer galt das traditionelle Leitbild der Frau als Ehefrau, Mutter und Hausfrau. Dennoch nahm die Zahl der Berufstätigen ständig zu. Aber bei den Gehältern und Löhnen oder bei den Führungspositionen lagen die weiblichen Beschäftigten zumeist deutlich hinter den Männern zurück. Seit 1966 forderte die „National Organization for Women" (NOW) gleiche Berufschancen, politisch gleichen Einfluss und Gleichberechtigung in der Ehe. 1972 stimmte zwar der Kongress für die Aufnahme eines 27. Verfassungszusatzes, der die Gleichstellung der Frauen vorschrieb (Equal Rights Amendment), drei Jahre später scheitere aber das Inkrafttreten an der Ablehnung weniger Einzelstaaten.

**Bürgerrechtsbewegung: Gerichtsurteile ...**

Seit dem Bürgerkrieg teilte die Auseinandersetzung um die Rassentrennung die amerikanische Gesellschaft und die Härte des Konflikts nahm nach dem Zweiten Weltkrieg zu. Seit den 50er Jahren fanden sich Bürgerrechtsbewegungen zusammen, die zunächst auf drei Ebenen gegen die Rassendiskriminierung vorgingen:

- Vor dem Obersten Gerichtshof konnte 1954 das „separate but equal"-Urteil von 1896 erfolgreich angefochten werden. Die Umsetzung des Urteils wurde aber vor allem in den Südstaaten lange verzögert; nun erklärten die obersten Richter die Rassentrennung an Schulen für verfassungswidrig. Auch 10 Jahre nach dem Erlass des neuen Gesetzes gingen in den Südstaaten erst 2% der schwarzen Schulkinder auf Gemeinschaftsschulen.

**... Boykottmaßnahmen ...**

- Martin Luther King, der charismatische Führer der Bürgerrechtsbewegung, predigte die strikte Gewaltlosigkeit und organisierte Boykottmaßnahmen. 1955 boykottierten alle Schwarzen die Buslinien von Montgomery (Alabama) und erzwangen schließlich die Abschaffung der Rassentrennung. Durch „Sit-ins" wurden Kaufhäuser, Imbisshallen oder öffentliche Plätze besetzt, um diese auch für Schwarze zugänglich zu machen. Die Bürgerrechtsbewegung erreichte damit einige Erfolge, andererseits gab es erbitterten Widerstand, der auch vor Mord nicht zurückschreckte. Martin Luther King wurde insgesamt zwanzigmal zu Gefängnisstrafen verurteilt und fiel 1968 einem Mordanschlag zum Opfer.

**... und politischer Druck**

- Besonders dringlich war es, dass von dem seit 1870 in der Verfassung garantierten Wahlrecht auch Gebrauch gemacht werden konnte. Vor allem im Süden durften nach wie vor viele Schwarze nicht wählen, da ihre Beteiligung durch Wahlsteuern, Eignungstests und sogar Psychoterror verhindert wurde. Die Bürgerrechtsorganisationen erstritten vor Gericht die Abschaffung solcher Diskriminierungen und boten den schwarzen Wahlberechtigten Schutz und Hilfe.

**Widerstand gegen Reformen: Terror und Obstruktion**

In den meisten Südstaaten, vor allem in Alabama, Virginia, Georgia und Mississippi, stießen alle gesetzgeberischen Reformen auf massiven Widerstand. So ging dort die Polizei grundsätzlich mit äußerster Brutalität gegen schwarze Demonstranten vor (1965 wurden z. B. bei Selma in Alabama mehrere Demonstranten erschossen oder totgeschlagen), der Ku-Klux-Klan verbrannte 1963 vier schwarze

Schulkinder in einer Kirche in Birmingham (Alabama). Die vom Kongress verabschiedeten Reformgesetze wurden ignoriert. Immer wieder mussten Regierungstruppen eingesetzt werden, um die Durchführung der Gesetze zu erzwingen.

**Zunehmende Radikalisierung**

Angesichts der weitgehenden Wirkungslosigkeit vieler Gesetze und der zunehmenden Brutalität des weißen Widerstandes verlor Martin Luther Kings Prinzip der absoluten Gewaltlosigkeit immer mehr an Überzeugungskraft. Radikale Bewegungen wie die „Black Power" oder die „Black Muslims" riefen zur Gewalt auf: 1965 versank Los Angeles tagelang in blutigem Chaos, 1966 folgten Chicago und Cleveland und 1967 herrschten Mord, Plünderung und Zerstörung in 65 Städten. Nach dem 1968 von einem Weißen verübten Attentat auf Martin Luther King tobten in 172 Städten Straßenschlachten zwischen aufgebrachten Schwarzen und der Polizei bzw. den Nationalgarden.

**Was veränderte die Bürgerrechtsbewegung?**

Dennoch brachte die Bürgerrechtsbewegung der 50er und 60er Jahre der schwarzen Minderheit auch Verbesserungen. Das Durchschnittseinkommen stieg deutlich an, immer mehr Schwarze erreichten den High-School-Abschluss und den Aufstieg in die Mittelklasse der Gesellschaft. Viele Schwarze verließen die Innenstädte und zogen wie die Weißen in die Vorstädte. Die Zahl der Schwarzen, die auch im Süden ihr Wahlrecht ausüben konnten, nahm zu; verschiedene Großstädte hatten einen schwarzen Bürgermeister und auch im Kongress stellten die Schwarzen ihre Abgeordneten. Andererseits gab es auch Rückschritt: Der Anteil der Schwarzen an den ärmsten 20% der Bevölkerung stieg und erreichte Anfang der 70er Jahre das Dreifache ihres Anteils an der Gesamtbevölkerung. Unter den Arbeitslosen war der Prozentsatz der Schwarzen doppelt so hoch wie der der Weißen, bei den Jugendlichen erreichte er sogar das Vier- bis Fünffache.

**86 Vor dem McCarthy-Untersuchungsausschuss.** Unter der Befehlsgewalt des angesehenen Generals Ralph W. Zwicker hatte ein des Kommunismus beschuldigter, aber nicht überführter Militärzahnarzt den ehrenvollen Abschied aus der Armee erhalten. General Zwicker muss sich 1954 dafür verantworten:

[…] McCarthy: Wir wollen annehmen, dass ein gewisser John Jones Major der amerikanischen Armee ist. Wir wollen annehmen, dass eine eidesstattliche Aussage darüber besteht, dass dieser Jones ein Glied der kommunistischen Verschwörung ist und kommunistische Führerschulen besucht hat. Wir wollen annehmen, dass dieser Major Jones vor einem Komitee unter Eid aussagt: „Ich kann Ihnen die Wahrheit über diese Anschuldigungen nicht sagen, weil ich, wenn ich es täte, damit mich selbst zu beschuldigen fürchte."[1] Wir wollen weiter annehmen, dass ein General Schmidt dafür verantwortlich war, dass dieser Mann in Ehren entlassen wurde, obwohl er diese Tatsache wusste. Sind Sie der Meinung, dass dieser General Schmidt aus der Armee ausgestoßen werden sollte, oder sind Sie der Meinung, dass er weiter belassen werden sollte? – Zwicker: Er sollte auf jeden Fall weiter belassen werden, wenn er aufgrund kompetenter Befehle handelte, diesen Mann zu entlassen. – McCarthy: Nehmen wir an, dass es der Mann ist, der diese Befehle unterzeichnete, und dass der General Schmidt diesen Befehl veranlasste. – Zwicker: Den Befehl zu seiner Entlassung veranlasste? – McCarthy: den Befehl zu seiner ehrenvollen Entlassung. – Zwicker: Das ist eine recht hypothetische Angelegenheit. Das ist keine Frage, über die ich zu entscheiden habe. – McCarthy: Sie sind gehalten, diese Frage zu beantworten, General. Sie sind ein Angestellter des Volkes, Sie haben eine sehr bedeutende Stellung. Ich wünsche zu wissen, wie Sie darüber denken, sich Kommunisten zu entledigen. – Zwicker: Meinen Sie, wie ich in Bezug auf Kommunisten denke? – McCarthy: Ich meine genau das, was ich Sie fragte, General, nichts anderes. Jeder mit dem Gehirn eines fünf Jahre alten Kindes kann diese Frage verstehen. Der Gerichtsschreiber wird Ihnen die Frage so oft vorlesen, als dies notwendig ist, bis Sie sie beantworten. [Die Frage wird vom Gerichtsschreiber nochmals aus dem Protokoll vorgelesen.] – Zwicker: Ich glaube nicht, dass der betreffende Mann aus der Armee ausgestoßen werden sollte. – McCarthy: Dann, General, sollten Sie jedes Kommandos entkleidet werden. Jedwede Person, die die Ehre erfahren hat, zum General befördert zu werden, und die sagt: „Ich will einen anderen General schützen, der die Kommunisten schützt", ist nicht geeignet, diese Uniform zu tragen. Ich glaube, es ist eine schreckliche Schande für die Armee, dass diese Art von Dingen in die Öffentlichkeit gelangen. Ich beabsichtige, dies zu tun, es ist meine Pflicht. Ich beabsichtige, der Presse genau zu wiederholen, was Sie sagten.

Keesing's Archiv der Gegenwart, XXIV. Jg. 1954, S. 4 397

---

1 Da sich viele von McCarthy Vorgeladene – z. T. aus prinzipiellen Erwägungen – auf das im 5. Verfassungszusatz ausgesprochene Recht der Aussageverweigerung beriefen, liebte es McCarthy, die Betreffenden als „Fifth-Amendment-Communists" zu diskreditieren.

**87** Senator McCarthy extinguishes the torch of liberty, Karikatur von L. Hirschfeld, o. J.

*a) Erläutern Sie die Art und Weise der Verhandlungsführung McCarthys.*
*b) Diskutieren Sie seine Schlussfolgerung, Zwicker müsse sein Kommando verlieren.*

## 88 Die „neue" Frauenbewegung

**a)** Aus dem Bestseller der Publizistin Betty Friedan, „The Feminine Mystique" („Der Weiblichkeitswahn"), dem der neue Feminismus viele Anstöße verdankt (1963):

Wir müssen endlich damit aufhören, Frauen zu raten, „femininer" zu werden, wenn dies zu Passivität und Abhängigkeit führt, die das Geschlechtsleben entpersönlichen und ihren Ehemännern eine unzumutbare Bürde auferlegen. Wenn die Gesellschaft von den Frauen so wenig verlangt, dann muss jede Frau auf ihre eigene Stimme hören, um ihre Identität in dieser sich wandelnden Welt zu finden. Sie muss, gemäß ihren eigenen Bedürfnissen und Fähigkeiten, einen neuen Lebensplan aufstellen, in dem sich die Liebe und die Kinder und der Haushalt, die die Weiblichkeit in der Vergangenheit ausmachten, mit der Tätigkeit für einen größeren Zweck verbinden, der die Zukunft formt. […]

Die Frau muss die Ehe so sehen, wie sie wirklich ist, und den verklärenden Schleier wegschieben, den der Weiblichkeitwahn geschaffen hat. Viele Frauen, mit denen ich sprach, fühlten sich von ihren Männern entfremdet, von ihren Kindern verunsichert, wenn sie Ehe und Mutterschaft als die letztendliche Erfüllung ihres Lebens betrachteten. Aber wenn sie ihre mannigfaltigen Fähigkeiten zur Verwirklichung eigener Absichten einsetzten, sprachen sie nicht nur von einem neuen Gefühl der „Lebendigkeit" und „Ganzheitlichkeit" in sich, sondern auch von einer neuen, schwer zu beschreibenden Art ihrer Gefühle für ihre Ehemänner und Kinder.

**b)** Die Schriftstellerin Gloria Steinem in einer Senatsanhörung zum „Equal Rights Amendment" (1970):

Die Wahrheit ist, dass alle unsere Probleme von den gleichen geschlechtsbezogenen Mythen herrühren. […] Lassen Sie mich einige auflisten.

Dass Frauen Männern biologisch unterlegen sind. Tatsächlich kann man mit guten Gründen das Gegenteil dartun. Frauen leben länger, selbst wenn die Männer nicht dem beruflichen Stress ausgesetzt sind. […]

Ein anderer Mythos besagt, Frauen würden in dieser Gesellschaft bereits gleichberechtigt behandelt. Ich bin sicher, es gibt unendlich viele Belege, die zeigen, dass gleicher Lohn für gleiche Arbeit, gleiche Aufstiegschancen, gleiche Aus- und Weiterbildung in

allen Bereichen empörend selten sind [...]
Noch ein Mythos heißt, Kinder müssten Vollzeit-Mütter haben. Amerikanische Mütter verbringen mehr Zeit in ihren Haushalten und mit ihren Kindern als diejenigen in allen anderen Gesellschaften, die wir kennen. [...] Wahr ist, dass die meisten amerikanischen Kinder unter zu viel Mutter und zu wenig Vater zu leiden scheinen. [...]
Gunnar Myrdal bemerkte vor 30 Jahren die Parallele zwischen Frauen und Schwarzen in diesem Land. Beide litten unter solchen einengenden sozialen Mythen wie: kleinere Gehirne, passivere Wesensart, mangelnde Selbstbeherrschung, Kindlichkeit und dergleichen und dergleichen. Will man allgemeine Urteile über Frauen bewerten, mag es hilfreich sein, „Frauen“ durch „Schwarze“ zu ersetzen – nur um die Wirksamkeit des Vorurteils zu testen.

a) und b): D. J. and S. M Rothman (ed.) Sources of the American Social Tradition, Vol. II, New York 1975, S. 268 f., 271 ff., dt. Übersetzung: J. Rohlfes

**89** „Mutter, wann bleibst du wieder zu Hause?“, fragt das Kind in dieser Produktwerbung der 50er Jahre.
*Diskutieren Sie Gründe dafür, dass die Häuslichkeit der Frau wieder verstärkt propagiert wurde.*

*Diskutieren Sie die Thesen Friedans und Steinems.*

## 90 Für eine neue Zukunft – „New Frontier“

Aus einer Rede Kennedys am 15. Juli 1960:
Einst gaben die Pioniere ihre Sicherheit, ihre Bequemlichkeit und manchmal sogar ihr Leben hin, um hier im Westen eine neue Welt zu errichten. [...]. Ihr Motto lautete nicht „jedermann für sich selbst“, sondern „alle für die gemeinsame Sache“. Sie waren entschlossen, diese neue Welt stark und frei zu machen, Gefahren und Mühseligkeiten zu überwinden und mit allen äußeren wie inneren Feinden fertig zu werden. Einige würden heute sagen, dass diese Kämpfe vorüber sind, dass alle Horizonte erforscht und alle Schlachten gewonnen sind, dass es eine amerikanische Frontier nicht mehr gibt. Ich bin gewiss, dass niemand in dieser großen Versammlung dieser Einschätzung zustimmen wird, denn es sind nicht alle Probleme gelöst, es sind nicht alle Schlachten gewonnen. Wir stehen heute vor einer neuen Frontier, der Frontier der sechziger Jahre: einer Frontier voller unbekannter Möglichkeiten und Gefahren, einer Frontier unerfüllter Hoffnungen und Bedrohungen [...].
Jenseits dieser Frontier liegen die unerforschten Bereiche von Wissenschaft und All, ungelöste Probleme von Krieg und Frieden, unbewältigte Probleme von Unwissenheit und Vorurteil, unbeantwortete Fragen von Armut und Überfluss. [...].
Ich glaube, unsere Zeit erfordert heute Erfindungsgeist, Innovationsbereitschaft, Imagination und Entschlusskraft. Ich fordere jeden Einzelnen von Ihnen auf, ein Pionier an dieser neuen Frontier zu sein.

K. Schoenthal (Hg.), Der neue Kurs. Amerikas Außenpolitik unter Kennedy 1961–63, München 1964

*Erklären Sie, durch welche Vergleiche Kennedy den Mut für die Bewältigung zukünftiger Probleme wecken will.*

## 91 Aufbruch der Jugend

**a)** Das Lied „What did you learn in school today?", 1962 geschrieben von Tom Paxton (geb. 1937), gehört bald zum Standardrepertoire der entstehenden Folk-Bewegung.

What did you learn in school today, dear little boy of mine?
What did you learn in school today, dear little boy of mine? -
I learned that Washington never told a lie,
I learned that soldiers seldom die,
I learned that everybody's free,
And that's what the teachers said to me,
And that's what I learned in school today,
That's what I learned in school.

What did you learn […]
I learned that policemen are my friends,
I learned that justice never ends,
I learned that murderers die for their crimes,
Even if we make a mistake sometimes,
And that's what […]
What did you learn […]
I learned our government must be strong,
it's always right and never wrong,
Our leaders are the finest men,
And we elect 'em again and again,
And that's what […]

What did you learn […]
I learned that war is not so bad,
I learned about the great ones we have had,
We fought in Germany and in France
And someday I might get my chance,
And that's what […]



**b)** Bob Dylan, geb. 1941, ein Songwriter, der 1962 mit dem Protestsong „Blowin´ in the wind" weltberühmt wurde, schrieb 1963 das Lied:

With God on Our Side

Oh, my name it is nothin',
My age it means less,
The country I come from
Is called the Midwest.
I's taught and brought up there,
The laws to abide,
And that land that I live in
Has God on its side.

Oh, the history books tell it,
They tell it so well,
The cavalries charged,
The Indians fell.
The cavalries charged,
The Indians died,
Oh, the country was young
With God on its side.

Oh, the Spanish American War had its day,
And the Civil War too was soon laid away,
And the names of the heroes
I's made to memorize,
With guns in their hands
And God on their side.

Oh, the first world war boys,
It came and it went,
The reason for fighting
I never did get
But I learned to accept it,
Accept it with pride,
For you don't count the dead
When God's on your side.

When the second world war
Came to an end,
We forgave the Germans
And we were friends,
Though they murdered six million
In the ovens they fried,
The Germans now too
Have God on their side.

I've learned to hate Russians
All through my whole life,
If another war starts
It's them we must fight.
To hate them and fear them,
To run and to hide,
And accept it all bravely
With God on my side.

But now we got weapons
Of the chemical dust,
If fire them we're forced to
Then fire them we must.
One push of the button
And a shot the world wide,
And you never ask questions
When God's on your side.

In a many dark hour
I've been thinkin' all this,
That Jesus Christ
Was betrayed by a kiss.
But I can't think for you
You'll have to decide,
Whether Judas Iscariot
Had God on his side.

So now as I'm leavin'
I'm weary as Hell,
The confusion I'm feelin'
Ain't no time can tell.
The words fill my head
And fall to the floor,
If God's on our side
He'll stop the next war.

Words and music by Bob Dylan

**c)** Woodstock, Mitte August 1969. Mehr als 400 000 Jugendliche aus allen Teilen der USA besuchten das dreitägige Festival der Popmusik. „Ich habe", erklärte ein Polizeisprecher, „noch nie so viele Menschen gesehen, die sich auf so engem Raum so friedlich verhielten." Hippie-Führer Abbi Hoffmann sprach von der „Woodstock Nation".

**d)** Aus dem Buch „Do it!" von Jerry Rubin, einem führenden Kopf einer Gruppe radikaler Studenten, 1970:

„Traue keinem über dreißig".

Also sprach Jack Weinberg[1] und zweitausend Leute bei einer Kundgebung des Free Speech Movement[2] in Berkeley sprangen auf die Füße. Der Generationenkonflikt war geboren. [...]

Es dauerte nicht lange, da wurde der stolze, radikale Slogan „Traue keinem über dreißig" von den Konservativen vereinnahmt. „Wartet, bis ihr selber dreißig seid", sagten die Leute, die über dreißig waren, „dann werdet ihr genauso sein wie wir." Sie betrachteten die Bewegung als Ausdruck einer jugendlichen Entwicklungsphase, die jeder auf seinem Weg ins Establishment durchmache.

Einige von uns wurden inzwischen dreißig. Aber nicht erwachsen. Wir sagten: „Traue keinem über *vierzig!*" Wir sind permanente Jugendliche. [...] Unsere Kultur, die Hippie-Langhaar-Kultur, ist ohne Alter. [...] Alter – was ist Alter? – wir haben nicht einmal eine Uhr. Niemand fragt jemals einen Bruder Langhaar, wie alt er ist. Das ist eine konterrevolutionäre Frage. Lange Haare und Bärte lassen alle gleich aussehen. [...] Wir kennen uns nur mit *Vor*namen. Wir leben *jetzt*. [...] Wir wurden zweimal geboren. Die zweite – die *revolutionäre* – Geburt ist die wichtige. Ich wurde im Jahre 1964 im Free Speech Movement zu Berkely geboren. Das heißt, ich bin jetzt fünf Jahre alt. [...]

Nie in der Geschichte war die Kluft zwischen den Generationen tiefer als heute. Die Generation, die vor den 50er Jahren aufwuchs, hat der, die nach den fünfziger Jahren aufwuchs, nichts zu sagen. [...] Die Generation, die vor 1950 aufwuchs, gerät mehr und mehr in Verzweiflung. Wir Träumer stören den traumlosen Schlaf des normalen Amerika.

Jerry Rubin, Do it!, Scenarios für eine Revolution, (dt. Ausgabe) München 1977, S. 89 f.

[1] gehört zum Freundeskreis von J. R.
[2] studentische Vereinigung, gegründet 1964

*Diskutieren Sie anhand der Materialien, inwiefern neue Vorstellungen und Lebensweisen der jungen Generation eine Herausforderung der älteren bedeuten konnten.*

## 92 Die Rassenfrage – gleiche Rechte für die Schwarzen?

**a)** Ein Gerichtsurteil: Das Oberste Gericht beschäftigt sich 1954 mit dem „separate-but-equal"-Urteil von 1896:

Wir kommen nun zu der uns gestellten Frage: Werden durch die Trennung der Kinder in den öffentlichen Schulen allein aufgrund ihrer Zugehörigkeit zu einer bestimmten Rasse und obwohl die physischen Fähigkeiten und andere „handgreifliche" Faktoren gleich sind, den Kindern der Minorität die gleichen Erziehungsmöglichkeiten genommen? Wir glauben, dass dies zutrifft […]

Solche Erwägungen treffen in zunehmendem Maße für die Kinder in Grund- und Oberschulen zu. Sie von anderen Kindern gleichen Alters und gleicher Befähigung nur wegen ihrer Rassenzugehörigkeit zu trennen, züchtet in ihnen ein Minderwertigkeitsgefühl hinsichtlich ihres Platzes in der menschlichen Gemeinschaft heran, das ihre Herzen und ihr Gemüt in einer nicht wiedergutzumachenden Weise belastet […]

Daher ist die „Trennungs- und Gleichheitstheorie" auf dem Gebiet der öffentlichen Erziehung fehl am Platze. Rassenmäßig getrennte Bildungsmöglichkeiten sind ihrem Wesen nach ungleich. Wir sind daher der Ansicht, dass die Kläger und alle ihnen Gleichgestellten, im Namen derer uns diese Fälle vorgelegt wurden, aufgrund der Rassentrennung, über die sie Klage führen, der Gleichheit aller vor dem Gesetz, wie es gemäß dem 14. Zusatzartikel garantiert wird, beraubt sind.

aus: Ernst Fraenkel, Das amerikanische Regierungssystem, Quellenbuch, Köln und Opladen 1960, 58 ff.

**b)** Aus Kennedys Fernsehansprache vom 11. Juni 1963 über die Rassenfrage:

[…] Gesetze allein können den Menschen nicht zur richtigen Einsicht bringen. Wir stehen hier in erster Linie vor einer moralischen Frage. Sie ist so alt wie die Heilige Schrift und so klar wie die amerikanische Verfassung. Der Kern der Frage ist, ob alle Amerikaner wirklich gleiche Rechte und gleiche Chancen erhalten sollen, ob wir unsere amerikanischen Mitbürger so behandeln, wie wir behandelt werden wollen. Wenn ein Amerikaner, nur weil seine Haut dunkel ist, nicht in einem Restaurant essen kann, das der Öffentlichkeit zugänglich ist, wenn er seine Kinder nicht auf die beste vorhandene öffentliche Schule schicken kann, wenn er nicht die öffentlichen Bediensteten wählen kann, die ihn vertreten, wenn er, kurz gesagt, sich nicht des vollen und freien Lebens erfreuen kann, das wir uns alle wünschen, wer wäre dann bereit, die Farbe seiner Haut ändern zu lassen und an seine Stelle zu treten? Wer wäre dann bereit, sich mit den Ratschlägen für Geduld und Zuwarten zufrieden zu geben? Seit Präsident Lincoln die Sklaven befreite, sind 100 Jahre vergangen und doch sind ihre Erben, ihre Enkel noch nicht ganz frei. Sie sind noch nicht von den Fesseln der Ungerechtigkeit befreit. Sie sind noch nicht frei von sozialer und wirtschaftlicher Unterdrückung und unsere Nation wird bei all ihren Hoffnungen und all ihrem Stolz nicht ganz frei sein, solange nicht alle ihre Bürger frei sind. Wir predigen in der ganzen Welt die Freiheit und wir meinen es ehrlich und wir halten unsere Freiheit hier im eigenen Lande hoch. Aber wollen wir der Welt, und was noch wichtiger ist, uns untereinander vielleicht sagen, dass unser Land ein Land der Freien – die Neger ausgenommen – ist; dass wir keine Bürger zweiter Klasse haben außer den Negern, dass wir keine Klassen- oder Kastensysteme, keine Ghettos und keine Herrenrassen haben, die Neger ausgenommen? Für unsere Nation ist jetzt die Zeit gekommen, ihre Versprechen zu erfüllen.

[…] Es genügt nicht, die Schuld anderen zuzuschieben, zu sagen, dies sei ein Problem dieses oder jenes Teiles unseres Landes, oder sein Bedauern zum Ausdruck zu bringen. Die Tatsache, dass wir vor einer großen Veränderung stehen, liegt auf der Hand, und unsere Aufgabe, unsere Verpflichtung ist es, diese Revolution, diese Veränderung friedlich und konstruktiv für alle zu gestalten.

Keesing's Archiv der Gegenwart, XXXIII. Jg., 1963, S. 10 685

**c)** „Ich habe einen Traum" – Rede Martin Luther Kings am 28. August 1963:

Ich sage euch heute, meine Freunde: Obwohl wir den Schwierigkeiten von heute und von morgen gegenüberstehen, habe ich immer noch einen Traum. Dieser Traum wurzelt tief im Amerikanischen Traum. Ich habe einen Traum, dass eines Tages diese Nation aufstehen und nach dem echten Sinn ihres Glaubensbekenntnisses leben wird: „Wir halten es für selbstverständliche Wahrheit, dass alle Menschen gleich geschaffen sind."

Ich habe einen Traum, dass eines Tages auf den roten Bergen Georgias die Söhne früherer Sklaven und die Söhne früherer Sklavenhalter sich werden zusammen an den Tisch der Brüderlichkeit setzen können.

Ich habe einen Traum, dass eines Tages sogar der Staat Mississippi, ein Staat, der unter der Glut der

Ungerechtigkeit schmachtet, in eine Oase der Freiheit und der Gerechtigkeit verwandelt wird. Ich habe einen Traum, dass meine vier kleinen Kinder eines Tages inmitten einer Nation leben werden, in der man sie nicht nach ihrer Hautfarbe, sondern nach ihrem Charakter beurteilt. Ich habe heute einen Traum.

Ich habe einen Traum, dass eines Tages unten in Alabama mit seinen bösartigen Rassisten, mit seinem Gouverneur, von dessen Lippen die Worte Einschreiten und Ungültigmachen triefen – dass eines Tages dort in Alabama kleine schwarze Jungen und Mädchen kleinen weißen Jungen und Mädchen als Brüder und Schwestern die Hände reichen können. Ich habe heute einen Traum.

Engl. in: Martin Luther King, A testament of hope, the essential writings of Martin Luther King Jr., ed. by James Melvin Washington, San Francisco 1986; dt. aus: Eberhard Brüning (Hg.), Anspruch und Wirklichkeit. Zweihundert Jahre Kampf um Demokratie in den USA. Dokumente und Aussagen, Berlin 1976, 629 ff.

### d) Das Bürgerrechtsgesetz von 1964

Jedermann soll Anspruch haben auf den vollen und gleichen Genuss der Güter, Dienstleistungen, Einrichtungen, wie sie in diesem Abschnitt definiert sind, ohne Diskriminierung oder Trennung aufgrund von Rasse, Hautfarbe, Religion oder nationaler Herkunft.

Jede der folgenden Einrichtungen, die der Öffentlichkeit dient, ist eine Öffentliche Einrichtung im Sinne dieses Abschnitts, wenn ihr Betrieb kommerzieller Art ist oder wenn die von ihr vorgenommene Diskriminierung oder Segregation durch staatliche Maßnahmen unterstützt wird:

(1) Jedes Gasthaus, Motel oder jede andere Einrichtung, die durchreisenden Gästen Unterkunft gewährt, mit Ausnahme solcher Einrichtungen, die nicht mehr als fünf vermietbare Räume haben und in deren Gebäude der Eigentümer seine Wohnung hat;

(2) jedes Restaurant, jede Cafeteria, jeder Imbissstand, jede Getränkehalle oder jedes andere Lokal, das grundsätzlich dazu dient, Nahrungsmittel zum Verbrauch an Ort und Stelle zu verkaufen;

(3) jedes Kino, Theater, Konzertgebäude, Stadion, jeder Sportplatz oder sonstige Platz für Ausstellungen oder Unterhaltungszwecke [...]

Wenn immer der Justizminister hinreichenden Grund zu der Annahme hat, dass ein Einzelner oder eine Gruppe bestrebt ist, die volle Nutzung der Rechte, die in diesem Abschnitt verbürgt sind, zu verhindern, so kann er ein Zivilverfahren vor dem zuständigen Bezirksgericht der Vereinigten Staaten in Gang bringen und vorsorgliche Hilfsmaßnahmen beantragen, [...] um die volle Wahrnehmung der hier beschriebenen Rechte zu gewährleisten.

Engl. in: Henry Steele Commager-Milton Cantor, Documents of American History, Vol. II.10, New Jersey 1988 (Doc. 649), 687 f.; dt. aus: Diethelm Düsterloh, Joachim Rohlfes, Politische Weltkunde II, Die Vereinigten Staaten von Amerika, Stuttgart 1980, 151 f.

### e) „Wir wollen ..." – Die Forderungen der Black Panther Party 1966:

1. Wir wollen Freiheit. Wir wollen die Vollmacht

**93** Bürgerrechtsdemonstration 1963. Zusammen mit Martin Luther King demonstrieren in Washington D.C. ca. 200 000 Menschen.
*Stellen Sie die Forderungen der Demonstranten zusammen.*

haben, das Schicksal unseres schwarzen Volkes zu bestimmen. Wir glauben, dass wir Schwarzen nicht eher frei sein werden, als bis wir über unser Schicksal selbst bestimmen können.

2. Wir wollen Vollbeschäftigung für unser Volk. Wir glauben, dass die Regierung der Vereinigten Staaten dafür verantwortlich und dazu verpflichtet ist, jedem Menschen Arbeit oder ein gesichertes Einkommen zu verschaffen. Wir glauben, wenn die weißen amerikanischen Geschäftsleute uns keine Vollbeschäftigung gewähren, dann sollten die Produktionsmittel den Geschäftsleuten genommen und dem Volk übergeben werden, damit alle Angehörigen des Volkes organisiert und beschäftigt werden können und einen hohen Lebensstandard erreichen.

3. Wir wollen, dass unser schwarzes Volk nicht länger durch den weißen Mann ausgeraubt wird.

4. Wir wollen anständige, menschenwürdige Wohnungen. Wir glauben, wenn die weißen Hausbesitzer unserem schwarzen Volk keine anständigen Wohnungen geben, dann sollten Häuser und Land in genossenschaftliches Eigentum verwandelt werden, damit unser Volk mit Hilfe der Regierung für seine Leute bauen und ihnen anständige Wohnungen schaffen kann.

5. Wir wollen für unser Volk eine Ausbildung, die das wahre Wesen der dekadenten amerikanischen Gesellschaft aufdeckt. Wir wollen eine Ausbildung, die uns unsere wahre Geschichte und unsere Stellung in der heutigen Gesellschaft verstehen lehrt. [...]

6. Wir wollen, dass alle schwarzen Männer vom Militärdienst befreit werden. Wir glauben, dass wir Schwarzen nicht gezwungen werden sollten, im Militärdienst zur Verteidigung einer rassistischen Regierung zu kämpfen, die uns nicht beschützt. Wir wollen nicht Angehörige anderer farbiger Völker in der Welt bekämpfen und töten, die wie wir Schwarzen von der weißen rassistischen Regierung Amerikas betrogen werden. [...]

7. Wir wollen die sofortige Beendigung der Polizei-Brutalität und der Morde an schwarzen Menschen. Wir glauben, dass wir der Polizei-Brutalität in unseren schwarzen Wohngemeinschaften ein Ende setzen können, indem wir Gruppen von Schwarzen zur Selbstverteidigung organisieren, die sich der Aufgabe widmen, unsere schwarzen Gemeinden gegen rassistische Unterdrückung und Brutalität der Polizei zu verteidigen. Der Zweite Zusatz zur Verfassung der Vereinigten Staaten gewährt das Recht, Waffen zu tragen. Darum glauben wir, dass sich alle Schwarzen zur Selbstverteidigung bewaffnen sollten.

8. Wir wollen die Freilassung aller Schwarzen, die in Bundes-, Staats-, Kreis- und Stadtgefängnissen oder -zuchthäusern inhaftiert sind. [...]

9. Wir wollen, dass alle Schwarzen bei Gerichtsverhandlungen von solchen Geschworenen beurteilt werden, die ihresgleichen sind oder aus ihren schwarzen Wohngemeinden stammen, wie es die Verfassung der Vereinigten Staaten vorsieht. [...]

10. Wir wollen Land, Brot, Wohnungen, Bildung, Kleidung, Gerechtigkeit und Frieden; und als wichtigstes politisches Ziel eine von den Vereinigten Nationen durchgeführte Volksabstimmung in der gesamten schwarzen Kolonie, an der nur schwarze Staatsangehörige aus der Kolonie teilnehmen dürfen; diese Abstimmung soll über den Willen des schwarzen Volkes hinsichtlich seines nationalen Schicksals entscheiden.

B. Seale, Wir fordern Freiheit. Der Kampf der Black Panther, Frankfurt 1971, S. 66 ff.

**f)** Bleibt dennoch eine „Farbgrenze"?
Der Autor L. L. Matthias meint dazu 1964:

Es ist jederzeit möglich, die so genannte „Integration" zu erreichen, zum Beispiel die weiße Bevölkerung zu zwingen, ihre Schulen und Hochschulen auch für die Neger zu öffnen, aber damit hat man nicht erreicht, worauf es ankommt: Der Neger bleibt nach wie vor ein Tschandala der weißen Bevölkerung und wird von keiner Gemeinschaft als Gleichberechtigter aufgenommen, es sei denn, bei sportlichen Spielen. Er lebt nach wie vor in einem Getto und kann die „Farbgrenze" nur überschreiten, wenn gewisse, aber ungewöhnliche Voraussetzungen gegeben sind. Er kann noch nicht einmal in den gleichen Stadtvierteln wie die Weißen wohnen. Der Hauseigentümer schließt mit ihm keinen Mietkontrakt. Sein Haus würde durch die Anwesenheit eines Negers entwertet werden. Kein Weißer würde in Zukunft bereit sein, in diesem Haus zu wohnen. Und in solchen Fällen erweist sich auch das Gesetz als wirkungslos. Wie will man einen Hauseigentümer zwingen, Geld zu verlieren, wenn er es vermeiden kann? Die Integration hat Grenzen. Und dies „New frontier" wird von den Amerikanern nicht erobert werden. Es ist das einer der Gründe, warum Amerikaner sorgenvoll in die Zukunft blicken sollten. Alle großen Nationen oder solche, die die berechtigte Hoffnung haben dürfen, eine zu werden – die Russen, die Chinesen, die Araber, die Lateinamerikaner –, kennen die Rassengrenze nicht. Die Vereinigten Staaten sind unter den großen Nationen die einzige, die diese Grenze nicht überschreiten kann.

L. L. Matthias, Die Kehrseite der USA, Reinbek 1964, S. 220 f.

**94** Billie Holiday (1915–1951), die „schwarze Lady des Blues", singt um 1940:

Seltsame Früchte

Im Süden tragen die Bäume seltsame Früchte
Blätter und Wurzeln rot von Blut
Schwarze Körper schaukeln im Südwind.
Seltsame Früchte hängen von den Pappeln.
Hirtenszenen des galanten Südens
Mit hervorquellenden Augen und verzerrtem Mund
Der Duft der Magnolien, süß und frisch
Dann plötzlich der Geruch von verbranntem Fleisch
Hier sind Früchte, die die Krähen pflücken
Die der Regen sammelt, die die Winde erdrücken
Die Sonne dörrt sie aus, die Bäume lassen sie fallen
Die Ernte ist seltsam, schmeckt bitter nach Galle.

*Beschreiben und deuten Sie die dargestellte Szenerie.*

**95** **Die Forderungen der Bürgerrechtsbewegung: zu schnell oder zu langsam?** Eine Umfrageserie von 1964 bis 1980 zum Vorgehen der Bürgerrechtsbewegung hatte u. a. folgende Frage gestellt: Manche sagen, die Bürgerrechtsbewegung habe zu übereilt ihre Forderungen geltend gemacht. Andere glauben, es sei nicht schnell genug gegangen. Wie stehen Sie dazu?

| Angaben in % | 1964 | 1966 | 1968 | 1970 | 1972 | 1974 | 1976 | 1980 |
|---|---|---|---|---|---|---|---|---|
| Weiße: „zu schnell" | 73 | 79 | 71 | 61 | 54 | 45 | 74 | 40 |
| Weiße: „zu langsam" | 3 | 3 | 4 | 6 | 5 | 5 | 5 | 9 |
| Schwarze: „zu schnell" | 9 | 22 | 8 | 6 | 11 | 7 | 6 | 6 |
| Schwarze: „zu langsam" | 27 | 22 | 29 | 38 | 31 | 33 | 39 | 45 |

Quelle: Lawrence Bobo, Attitudes towards Black Political Movement: Trends: Meaning and Effects on Racial Policy Preferences, in: Social Psychological Quartely, 51 (1988) 4, S. 287–302. Diese Daten basieren auf Umfragen der National Election Studies (NES) des Institute for Social Research der University of Michigan, Ann Arbor.

*a) Stellen Sie fest, welche Argumente gegen das „separate but equal"-Gesetz vorgebracht werden. Erläutern Sie dabei besonders, welcher Zusammenhang zwischen Bildungschancen und Rassentrennung hergestellt wird.*
*b) Diskutieren Sie, warum trotz dieser Gerichtsentscheidung die unmittelbar praktischen Auswirkungen gering waren.*
*c) Legen Sie dar, welche Motive und Argumente Kennedy für die Aufhebung der rassischen Diskriminierung anführt.*
*d) Stellen Sie fest, mit welchen Mitteln das Bürgergesetz die Durchsetzung der Bestimmungen zu erreichen versucht.*
*e) Analysieren Sie die sprachlichen Mittel der Rede M. L. Kings und versuchen Sie davon ausgehend die Wirkung der Rede Kings auf die Zuhörer zu erklären.*
*f) Erläutern Sie, welche Auswirkungen die Realisierung des Programms der Black Panther auf die amerikanische Gesellschaft haben würde.*
*g) Stellen Sie fest, welche Ursachen für die Radikalisierung der Bürgerrechtsbewegungen ausschlaggebend waren.*
*h) Erläutern Sie die Bedenken, die L. L. Matthias hinsichtlich der Rassenfrage hat. Wie schätzen Sie die Situation heute ein?*
*i) Interpretieren Sie den in der Tabelle (M 95) erkennbaren Wandel und suchen Sie Gründe dafür.*

## 2. Krisen des amerikanischen Selbstbewusstseins

**Die Grenzen nationaler Macht – Vietnam und Iran**

Das Scheitern der USA im Vietnam-Krieg schuf bei den Amerikanern ein Trauma mit Langzeitwirkung. Die Bilanz des Krieges war katastrophal: Etwa 4 Millionen Menschen waren getötet worden, Vietnam verwüstet und die amerikanische Wirtschaft aufgrund der Kriegskosten schwer angeschlagen. Die Handelsbilanz geriet erstmals seit 1894 ins Negative, die Inflation stieg und der Dollar verlor 1973 seine Position als alleinige Weltleitwährung. Auch das Vertrauen der Amerikaner in ihre politische Führung war erschüttert, da sich amtliche Verlautbarungen über Dauer und Ausgang des Krieges während der zehnjährigen Intervention in Vietnam immer wieder als falsch erwiesen hatten.

Als Demütigung erlebten viele Amerikaner 1979 auch die monatelange Blockade der US-Botschaft in Teheran durch Anhänger des 1979 an die Macht gelangten islamisch-fundamentalistischen Religionsführers Chomeni (s. S. 104). Als ein unzulänglich vorbereiteter Befreiungsversuch eines US-Kommandos scheiterte, sank das Ansehen der Regierung Carter vollends auf einen Tiefpunkt.

**Missbrauch der politischen Macht – Watergate**

Zeitgleich mit dem sich abzeichnenden Misserfolg in Vietnam gerieten die USA durch den Watergate-Skandal in ihre bisher schwerste verfassungspolitische Krise. Am 17. Juni 1972 nahm die Polizei Einbrecher fest, die im Auftrag eines Komitees zur Wiederwahl Nixons in der Wahlkampfzentrale der Demokratischen Partei, dem Watergate-Hotel, Abhörgeräte installieren wollten. Zwei Reportern der Washington Post gelang es, Verbindungen zum Wahlkomitee Nixons aufzuzeigen. Ein Untersuchungsausschuss beschäftigte sich mit der Rolle des Präsidenten und forderte die Herausgabe von Tonbändern, die sämtliche Gespräche Nixons festgehalten hatten. Nixon verweigerte dies, doch der Oberste Gerichtshof erzwang die Übergabe. Die Tonbänder ließen keinerlei Zweifel an Nixons Mitwisserschaft und dessen hartnäckigem Versuch aufkommen, die Aufdeckung zu vertuschen. Daraufhin wurde im Repräsentantenhaus der Antrag auf Einleitung der Amtsenthebung Nixons eingebracht. Dem Verfahren kam der Präsident durch seinen Rücktritt am 9. August 1974 zuvor.

Der Versuch Nixons, sein Verhalten als ein „Vorrecht der Exekutive" gegenüber Legislative und Judikative zu rechtfertigen („imperial presidency"), stellte die Funktionsfähigkeit der Gewaltenteilung insgesamt in Frage. Als es galt, den Machthunger des Weißen Hauses zu bremsen, hatte auch der Kongress versagt. Nicht die Kontrollorgane der Verfassung, sondern die hartnäckigen Nachforschungen der Presse hatten entscheidenden Anteil an der Aufdeckung des Skandals.

**Grenzen des Wohlstandes …**

In eine Krise geriet in den 70er Jahren auch der American Dream von der Grenzenlosigkeit des wirtschaftlichen Fortschritts. Als die arabischen OPEC-Mitglieder 1973 beschlossen, mit einer Beschränkung der Erdölexporte den Kampf gegen Israel zu unterstützen, hatte dies einen rasanten Anstieg der Ölpreise und eine weltweite Rezession zur Folge. Die Amerikaner, 6% der Weltbevölkerung, verbrauchten bis dahin etwa ein Drittel der Energierohstoffe der Welt. Billiger Energieimport war eine Lebensgrundlage der amerikanischen Wirtschaft, denn etwa ein Drittel des Verbrauchs wurde durch Importöl gedeckt.

**Imperial presidency:** Präsident Nixons Versuch, die Befugnisse des Präsidenten gegenüber dem Kongress und dem Obersten Gerichtshof auszuweiten und damit das Machtgleichgewicht des „Eisernen Dreiecks" zu verschieben, entsprach einer Tendenz, die schon in der Präsidentschaft F. D. Roosevelts eingesetzt hatte. Nach der Watergate-Affäre hob der Kongress etliche dem Weißen Haus überlassene Sondervollmachten (besonders hinsichtlich militärischer Aktionen im Ausland) auf und nahm seine Kontrollbefugnisse energischer wahr.

**... und Umweltprobleme**

Grenzen der ständigen Ausweitung der industriellen Produktion zeigten sich auch in einer zunehmenden Zerstörung der Umwelt. Ganze Landstriche waren jahrzehntelang völlig unkontrolliert ausgebeutet worden, heute sind sie weitgehend verwüstet; Bodenerosion hat riesige landwirtschaftliche Flächen unbrauchbar gemacht; der Waldbestand ist seit 1900 auf ca. ein Drittel zurückgegangen; der Smog des Massenverkehrs und der Schwerindustrie gehört zum Alltag der Großstädte; das Absinken des Grundwasserspiegels durch ungehemmten Verbrauch gefährdete die Wasserversorgung vieler Gebiete.

## 96 Die USA in der Krise

**a)** Aus William Fulbrights Senatsrede vom 8. August 1967:

Gegenwärtig ist ein großer Teil der Welt abgestoßen von Amerika und dem, wofür Amerika in der Welt zu stehen scheint. Sowohl in unseren auswärtigen Angelegenheiten wie in unserem Leben daheim vermitteln wir ein Bild der Gewalttätigkeit. Es kommt mir nicht viel auf Bilder an, die sich von den Dingen, die sie widerspiegeln, unterscheiden, aber dies Bild wurzelt in der Wirklichkeit. In der Ferne sind wir in einen barbarischen und erfolglosen Krieg gegen arme Leute einer kleinen und rückständigen Nation verwickelt. Zu Hause – weitgehend aus Nachlässigkeit infolge von 25 Jahren vorwaltender Beschäftigung mit fremden Angelegenheiten – bersten unsere Städte in gewaltsamem Protest gegen Generationen sozialen Unrechts. Amerika, das noch vor ein paar Jahren der Welt ein Muster an Demokratie und sozialer Gerechtigkeit schien, ist ein Symbol für Gewaltsamkeit und disziplinlose Macht geworden [...]

Mit unserer undisziplinierten Anwendung physischer Gewalt haben wir uns selbst einer stärkeren Macht entkleidet: der Macht des Vorbildes [...]

Während der Tribut an Toten in Vietnam steigt, steigt er auch im Krieg zu Hause. In einer einzigen Woche des Juli 1967 wurden in Vietnam 164 Amerikaner getötet und 1442 verwundet, während bei Unruhen in Städten der Vereinigten Staaten 65 Amerikaner getötet und 2100 verwundet wurden. Wir führen wahrhaftig einen Zweifrontenkrieg und führen ihn an beiden schlecht. Jeder der beiden Kriege zehrt vom anderen und obwohl uns der Präsident versichert, wir hätten die Mittel, beide zu gewinnen, gewinnen wir faktisch keinen von beiden.

Gemeinsam haben die beiden Kriege einen Entartungsprozess in der amerikanischen Gesellschaft in Gang gesetzt und fraglos wird jede der beiden Krisen durch die Einwirkung der anderen gesteigert.

**97** Die moralische Krise
links: Demonstration gegen den Vietnamkrieg vor dem UNO-Gebäude in New York, 1967
oben: Der von den USA unterstützte Polizeichef von Saigon erschießt am 1. Februar 1968 auf offener Straße einen mutmaßlichen Vietcong.
*Diskutieren Sie, warum gerade Fotos dieser Art die Weltöffentlichkeit erschütterten.*

Nicht allein leitet der Vietnamkrieg menschliche und materielle Hilfe von unseren schwärenden Städten ab; nicht allein zieht er bei den Negern in den Slums die Überzeugung groß, dass ihr Land sich nicht um ihr Elend kümmert. Der Krieg nährt dazu noch die Vorstellung von Gewalt als einem Weg der Lösung von Problemen.

Aus: America in the Cold War. Twenty Years of Revolution and Response, 1947–1967, ed. by Walter La Feber, New York 1969, S. 11–15

**b)** Nixons Begründung seines Rücktritts am 8. August 1974:

Ich würde es vorgezogen haben, die Verteidigung durch alle persönliche Agonie hindurch – die damit verbunden gewesen wäre – fortzusetzen, und meine Familie drängte mich einmütig dazu. Aber das Interesse der Nation rangiert immer vor jeglicher persönlichen Erwägung. Aus den Unterhaltungen, die ich mit den Führern des Kongresses und anderen führte, habe ich geschlossen, dass ich wegen der Watergate-Angelegenheit nicht mehr die Unterstützung des Kongresses besitze, die ich als notwendig betrachtete, um die sehr schwierigen Entscheidungen zu unterstützen und um die Pflichten des Amtes zu erfüllen, und zwar in einer Weise, wie sie das Interesse der Nation erfordert.
Ich war nie einer, der aufgibt. Es geht gegen jede Faser meines Empfindens, das Amt vor Beendigung der Amtszeit zu verlassen. Aber als Präsident muss ich das Interesse Amerikas zuallererst berücksichtigen. Amerika braucht einen Präsidenten und einen Kongress, die ihre gesamte Zeit dafür einsetzen können, vor allem jetzt angesichts der Probleme, denen wir zu Hause und draußen entgegensehen. Die Fortsetzung des Kampfes in den kommenden Monaten zum Zweck meiner persönlichen Rechtfertigung würde die Zeit und Aufmerksamkeit sowohl des Präsidenten als auch des Kongresses fast vollständig in Anspruch nehmen, und das in einer Periode, in der unsere gesamte Aufmerksamkeit auf die großen Probleme des Friedens draußen und des Wohlstandes ohne Inflation zu Hause gerichtet sein sollte.
Daher werde ich diese Präsidentschaft mit Wirkung von morgen Mittag (Freitag 17 Uhr MEZ) niederlegen. Vizepräsident Ford wird zur gleichen Zeit in diesem Büro als Präsident vereidigt werden [...]
Ich hoffe, dass meine Handlungsweise den Beginn dieses Heilungsprozesses, der so verzweifelt notwendig in Amerika ist, beschleunigt. Ich bedaure tief jede Ungerechtigkeit, die auf dem Wege, der zu dieser Entscheidung führte, geschehen sein mag. Ich möchte nur noch sagen, dass, falls einige meiner Urteile falsch waren – und einige waren falsch – dass sie zu ihrer Zeit so getroffen wurden, wie ich die besten Interessen der Nation verstand [...]
Manchmal war ich erfolgreich und manchmal nicht. Aber immer wieder hat mich das Wort von Theodore Roosevelt ermutigt, der einen Mann in der Arena beschrieb, dessen Gesicht von Staub und Schweiß und Blut gezeichnet ist, der aber tapfer weiterkämpft, der Irreführungen erliegt und immer und immer wieder unterliegt, einfach, weil es keine Anstrengungen ohne Irrtümer gibt, aber der nicht aufgibt, um seinen Auftrag zu erfüllen. Dieser Mann in der Arena weiß um die große Begeisterung, die große Hingabe, er gibt sich selbst ganz hin an das noble Ziel; im besten Falle erklärt er schließlich am Ende den Triumph des großen Erfolges und im schlimmsten Falle versagt er. Aber er versagt, während er die Größe sucht.

Engl. in: Henry Steele Commager-Milton Cantor, Documents of American History, Vol. II.10, New Jersey 1988 (Doc. 700), 813 f.; dt. aus: Frankfurter Allgemeine Zeitung, 10. August 1974

**98** Präsident Nixons Rücktritt und Abschied.
*Deuten Sie die Pose, mit der Nixon zum letzten Mal den Präsidentenhubschrauber besteigt und vergleichen Sie dies mit den Aussagen seiner Rücktrittsrede.*

**c)** Global 2000, eine Kommission zur Bestandsaufnahme der Umweltsituation, berichtet 1980 dem Präsidenten der USA:

Die Anstrengungen, die wir [...] unternahmen, um Prognosen über gegenwärtige Entwicklungstrends zu erstellen und eine Planungsgrundlage zu liefern, sind jetzt abgeschlossen und wir freuen uns, Ihnen unseren Bericht heute vorlegen zu können. Er enthält Prognosen der US-Regierungsbehörden darüber, was mit der Weltbevölkerung, den Ressourcen und der Umwelt geschehen wird, wenn sich an den Grundlagen der heutigen Politik nichts ändert.

Die Schlussfolgerungen, zu denen wir gelangt sind und die auf den folgenden Seiten zusammengefasst werden, sind beunruhigend. Sie deuten für die Zeit bis zum Jahre 2000 auf ein Potential globaler Probleme von alarmierendem Ausmaß. Der Druck auf Umwelt und Ressourcen sowie der Bevölkerungsdruck verstärken sich und werden die Qualität menschlichen Lebens auf diesem Planeten zunehmend beeinflussen. Die Belastungen sind schon heute so stark, dass ihretwegen vielen Millionen Menschen die Befriedigung ihrer Grundbedürfnisse nach Nahrungsmitteln, Wohnraum, Gesundheit und Arbeit und jede Hoffnung auf eine Besserung versagt sind. Gleichzeitig nimmt die Belastbarkeit der Erde – die Fähigkeit biologischer Systeme, Ressourcen für die Bedürfnisse der Menschen zur Verfügung zu stellen – immer mehr ab. Die sich in der vorliegenden Studie widerspiegelnden Trends deuten nachdrücklich auf einen zunehmenden Abbau und eine Verarmung der natürlichen Ressourcenbasis auf der Erde hin [...]

Wenn die Trends verändert werden und Probleme verringert werden sollen, werden weltweit mutige und entschlossene Initiativen erforderlich sein, um die Bedürfnisse der Menschen zu befriedigen, und gleichzeitig muss die Fähigkeit der Erde, Leben zu ermöglichen, geschützt und wiederhergestellt werden. Grundlegende natürliche Ressourcen – Agrarland, Fischgründe, Wälder, mineralische Rohstoffe, Energie, Luft und Wasser – müssen erhalten und der Umgang mit ihnen verbessert werden. Eine weltweite Veränderung der Politik ist erforderlich, bevor sich die Probleme weiter verschlimmern und die Möglichkeiten für wirkungsvolles Handeln immer stärker eingeschränkt werden.

An zahlreichen Punkten hat man begonnen, sich mit den Ressourcen-, Umwelt- und Bevölkerungproblemen auseinander zu setzen [...].

Angesichts der Dringlichkeit, Reichweite und Komplexität der vor uns liegenden Herausforderungen bleiben die jetzt auf der ganzen Welt in Gang gekommenen Anstrengungen allerdings weit hinter dem zurück, was erforderlich ist. Es muss eine neue Ära der globalen Zusammenarbeit und der gegenseitigen Verpflichtung beginnen, wie sie in der Geschichte ohne Beispiel ist.

Die notwendigen Veränderungen übersteigen die Möglichkeiten jeder einzelnen Nation. Unsere Nation kann jedoch wichtige und exemplarische Schritte tun. Wegen unserer Vorrangstellung als größter Produzent und Verbraucher von Nahrungsmitteln und Energie sind unsere Bemühungen um die Erhaltung von Böden, Ackerland und Energieressourcen von globaler wie von nationaler Bedeutung. Wir können die Verschmutzung der eigenen Umwelt vermeiden und müssen Sorge tragen, die Umwelt global nicht zu beeinträchtigen.

Über unsere Grenzen hinweg können wir unsere Zusammenarbeit sowohl mit entwickelten als auch mit Entwicklungsländern im Geiste der Großzügigkeit und Gerechtigkeit ausbauen. Hunderte von Millionen Menschen auf der Erde leben heute unter Verhältnissen äußerster Armut. Menschen, die am Rande des Existenzminimums stehen, müssen sich Ackerland, Weidegründe und Brennstoffe nehmen, wo sie sie finden. Eine erträgliche Wirtschaftsentwicklung in Verbindung mit Umweltschutz, Ressourcenerhaltung und Familienplanung ist heute von entscheidender Bedeutung. Ebenso wichtig ist ein besseres Verständnis und ein wirkungsvolles Handeln angesichts globaler Probleme wie etwa der Anreicherung der Atmosphäre mit Kohlendioxid oder des drohenden Verlusts an Tier- und Pflanzenarten in großem Maßstab.

Engl. in: Council on Environmental Quality and U.S. Department of State, Gerald O. Barney, Study Director, Washington, U.S. Government Printing Office, 1980; dt. aus: Global 2000, Frankfurt am Main 1980, 19 ff.

**d)** Präsident Carters Rückblick in die 70er Jahre (1979):

[...] Ich möchte zu Ihnen über eine grundsätzliche Bedrohung der amerikanischen Demokratie sprechen. Diese Bedrohung ist von außen her beinahe unsichtbar. Es handelt sich um eine Krise des Selbstvertrauens, eine Krise, die uns im Innersten unseres nationalen Willens trifft. Wir erkennen diese Krise in den wachsenden Zweifeln am Sinn unseres Lebens und dem Verlust einer sinnstiftenden Zielsetzung für unsere Nation. Der zunehmende Verlust unseres Vertrauens in die Zukunft droht das soziale und politische Gefüge Amerikas zu zerstören. [...]

Selbstvertrauen war immer eines unserer bestimmenden Merkmale [...] Wir haben immer an den Fortschritt geglaubt, wir haben immer den Glauben gehabt, dass es unseren Kindern besser gehen würde als uns selbst. Unsere Bevölkerung ist dabei, diesen Glauben zu verlieren – nicht nur an die Regierung, sondern an ihre Fähigkeit, als Bürger letztendliche Entscheidungsinstanz und Gestalter unserer Demokratie zu sein. […]

Wir waren immer sicher, dass unser Land eine Nation der Wahlurne und nicht des Gewehrlaufs sei – bis zu den Morden an John F. Kennedy, Robert Kennedy und Martin Luther King jr.

Uns wurde beigebracht, unsere Armeen seien unbesiegbar, unsere Sache sei immer eine gerechte – dann erlitten wir die Agonie des Vietnamkriegs.

Wir respektieren das Präsidentenamt als Hort der Ehre – bis zum Schock von Watergate.

Wir erinnern uns an die Zeit, als der Ausdruck „So stark und gesund wie ein Dollar" für absolute Verlässlichkeit stand – bis zehn Inflationsjahre den Dollar und unsere Ersparnisse dahinschwinden ließen.

Vor 1973 glaubten wir, die Ressourcen unserer Nation seien unbegrenzt – bis wir unsere wachsende Abhängigkeit von ausländischem Öl erkennen mussten.

Diese Wunden sind noch sehr tief; bis heute sind sie nicht verheilt. […] Oft begegnen uns Lähmung, Stagnation und Sich-treiben-Lassen. Sie mögen diese Situation nicht – ich auch nicht. Was können wir tun?

in: R. Hofstädter, a. a. O., S. 521 ff.

*a) Wie begründet Fulbright seine Einschätzung, dass Amerika ein „Symbol für Gewaltsamkeit und disziplinlose Macht" geworden sei?*

*b) „Wir führen wahrhaftig einen Zweifrontenkrieg und führen ihn beide schlecht." Erläutern Sie diese Aussage Fulbrights.*

*c) Stellen Sie fest, welche Gründe Nixon für seinen Rücktritt angibt und welche er verschweigt.*

*d) Stellen Sie die Ergebnisse der Bestandsaufnahme von „Global 2000" zusammen und diskutieren Sie die sich daraus ergebenden Konsequenzen.*

*e) Erörtern Sie die Möglichkeiten und Schwierigkeiten globaler Zusammenarbeit zur Erreichung der im Umweltbericht genannten Ziele.*

*f) Vergleichen Sie Carters Analyse der Situation Amerikas in den 70er Jahren mit den Aussagen Fulbrights zu den 60er Jahren. Worin sieht Fulbright, worin Carter einen Schwerpunkt der Krise? Welche Gemeinsamkeiten und Unterschiede enthalten beide Darstellungen des Zustandes Amerikas?*

## 3. Die „Reaganomics" – eine Wirtschaftsblüte auf Pump?

**„Der große Kommunikator"**

Die Wahl Reagans 1980 und seine überlegene Wiederwahl 1984 entsprachen dem wachsenden Trend der Amerikaner zu einem neuen Konservativismus, der schon zu Zeiten Carters eingesetzt hatte. In der Öffentlichkeit und in den Medien fand Reagan viel Zustimmung bei denjenigen Landsleuten, die es nicht für eine vordringliche Aufgabe des Staates hielten, soziale Missstände zu beseitigen. Er gewann auch die Amerikaner, deren konservative Ziele sich vor allem auf Moral und Kultur bezogen und die gegen die Abschaffung des Schulgebetes genauso vehement eintraten wie gegen gesetzliche Abtreibungsmöglichkeiten.

**Die „Reaganomics": Zielsetzungen …**

Ziel der – bald vielfach als „Reaganomics" bezeichneten – wirtschafts- und innenpolitischen Maßnahmen war es die Höhe der Inflation, der Zinssätze und der Arbeitslosigkeit zu reduzieren. Eine massive Steuersenkung sollte die Unternehmer zu neuen Investitionen anregen und zusammen mit einer „angebotsorientierten" Wirtschaft die Verbraucher zu erhöhtem Konsum befähigen. Die niedrigeren Steuereinnahmen sollten durch Mehreinnahmen aus der aufblühen-

**99** Die "Reaganomics". Karikatur (Frank Evans, 1981): Reagan und die Wirtschaft.
*Erläutern Sie, welches Verhältnis Reagans zur Wirtschaft die Karikatur darstellen will.*

den Wirtschaft und durch Einsparungen im Sozial- und Bildungsbereich ausgeglichen werden. Armut sollte nicht vor allem durch staatliche Almosen bekämpft werden, sondern sie sollte für jeden ein persönliches Stimulans sein, sich aus der Not herauszuarbeiten. Zahlreiche, die Wirtschaft hemmende Faktoren wie Umwelt- und Arbeitsschutzbestimmungen oder Wettbewerbsbeschränkungen sollten abgebaut („dereguliert") werden, damit neue Arbeitsplätze entstehen konnten.

**... Erfolge ...**

Erfolge stellten sich allerdings nur langsam ein. Erst die Jahre 1983/84 brachten eine Wende. Sinkende Zinsen, steigende Nachfrage, niedrigere Ölpreise führten zu dem lange erwarteten Aufschwung, die wirtschaftliche Produktion steigerte sich von Jahr zu Jahr. Die Inflation sank bis 1986 auf unter 2%, die Zahl der Arbeitslosen ging zurück. Der Dollar erhöhte von 1980 bis 1984 seinen Kurswert im Ausland erheblich, weil er als Anlagekapital einer florierenden Wirtschaft international wieder stark gefragt war.
Von der Wirtschaftsblüte profitierten vor allem die Reichen und die Mittelklasse. Eine neue Gesellschaftsgruppe entwickelte sich, die „Yuppies" (young urban professionals). Diese karriere- und konsumbewussten Aufsteiger in den Städten verdienten gutes Geld als Hightech-Unternehmer, als Wirtschaftsberater und Börsenmakler.

**100** Werbung: Anzeige der Wirtschaftszeitung „Fortune" 1983.
*Stellen Sie fest, an welche Charaktereigenschaften des Amerikaners die Anzeige erinnern will. Erläutern Sie, inwiefern Aussage und Absicht der Anzeige den Zielsetzungen der „Reaganomics" entsprechen.*

**… und ihre Kehrseite**

Viele Amerikaner aber spürten wenig von einem Wirtschaftsaufschwung. Zwar wurden von der Streichung bzw. Kürzung der Sozialmaßnahmen die Altersfürsorge, Alterskrankenpflege und die Versorgung der Kriegsteilnehmer einigermaßen verschont, die staatlichen Einsparungen trafen aber besonders die sozial schwächste Schicht: Die Ausgaben für Lebensmittel- und Ausbildungshilfen, soziale Unterstützung für allein stehende Mütter, sogar verbilligtes Essen für bedürftige Kinder in den Schulen erfuhren drastische Kürzungen. Die Zahl der Armen wuchs: 33 Millionen Amerikaner lebten nun unter der Armutsgrenze von 11 000 Dollar Jahreseinkommen für eine vierköpfige Familie.
Besonders drastisch wuchs das Haushaltsdefizit, das von 78,8 Milliarden im Jahre 1980 auf die neue Rekordhöhe von 221 Milliarden im Jahre 1986 stieg. Maßgeblich dafür waren in erster Linie die ungeheuren Steigerungen der Rüstungsausgaben und die Steuersenkungen.

## 101 Zahlen zur Wirtschaftsentwicklung

**a)** Anteil der USA an der Weltwirtschaft

| | |
|---|---|
| 1950 | ca. 50 % |
| 1960 | ca. 39% |
| 1982 | ca. 29% |
| 1990 | ca. 26% |

**b)** Bruttosozialprodukt – in konstanten Preisen von 1987 (in Milliarden)

| 1950 | 1960 | 1970 | 1980 | 1990 |
|---|---|---|---|---|
| 1 435,8 | 1 970,8 | 2 873,9 | 3 776,3 | 4 884,9 |

**c)** Bruttosozialprodukt (BSP) und verfügbares Einkommen (VE) pro Kopf (in konstanten Preisen von 1987; in Tausend)

| | 1950 | 1960 | 1970 | 1980 | 1990 |
|---|---|---|---|---|---|
| BSP: | 8 149 | 10 982 | 14 109 | 16 790 | 19 579 |
| VE: | 5 391 | 7 264 | 9 875 | 12 005 | 14 154 |

**d)** Arbeitslosigkeit nach Geschlecht und ethnischer Herkunft (in %)

| | 1970 | 1975 | 1979 | 1980 | 1981 | 1983 | 1984 | 1985 | 1986 | 1990 | 1992 |
|---|---|---|---|---|---|---|---|---|---|---|---|
| Männer | 3,7 | 9,0 | 5,8 | 6,8 | 8,1 | 11,9 | 8,6 | 7,8 | 7,8 | 5,6 | 7,5 |
| Frauen | 4,9 | 9,5 | 6,6 | 6,7 | 7,6 | 9,7 | 7,7 | 7,4 | 7,2 | 5,4 | 6,9 |
| Weiße | 3,9 | 8,9 | 5,4 | 6,0 | 7,0 | 9,7 | 7,2 | 6,6 | 6,6 | 4,7 | 6,5 |
| Schwarze | 6,7 | 14,7 | 12,5 | 13,4 | 15,9 | 21,0 | 17,1 | 15,6 | 15,0 | 11,3 | 14,1 |
| Hispanics | – | 12,8 | 8,7 | 9,2 | 11,2 | 16,3 | 11,7 | 11,3 | 10,6 | 8,0 | 11,4 |

*Beschreiben Sie die Entwicklung der Wirtschaft und versuchen Sie, einen Zusammenhang mit der politischen Entwicklung herzustellen.*

## 102 „Eine Ära der nationalen Erneuerung."

Aus Präsident Reagens Antrittsrede 1980:

Es ist an der Zeit, dass wir erkennen, dass wir ein zu großes Volk sind, um uns auf zu kleine Träume zu beschränken. Wir sind nicht, wie manche uns glauben machen möchten, zum unausweichlichen Niedergang verurteilt. Ich glaube nicht an ein Geschick, dem wir ausgeliefert sind, gleichgültig, was wir tun. Ich glaube an ein Geschick, dem wir ausgeliefert sein werden, wenn wir nichts tun. Lassen Sie uns also mit all der schöpferischen Energie, die uns zur Verfügung steht, eine Ära der nationalen Erneuerung einleiten. Lassen Sie uns unsere Entschlossenheit, unseren Mut und unsere Stärke neu bekräftigen.

Und lassen Sie uns unseren Glauben und unsere Hoffnung neu bekräftigen. Wir haben jedes Recht, heroische Träume zu träumen.
Jene, die behaupten, wir lebten in einer Zeit, in der es keine Helden gäbe, wissen nur nicht, wo sie zu finden sind. Sie können jeden Tag Helden aus Fabriktoren herauskommen und hineingehen sehen. Andere, zahlenmäßig nur eine Handvoll, erzeugen genug Nahrungsmittel, um uns alle und sogar die Welt draußen zu ernähren. Man begegnet Helden an der Ladentheke – und sie stehen auf beiden Seiten dieser Ladentheke. Sie sind Unternehmer, die an sich selbst und an eine Idee glauben, die neue Arbeitsplätze, neuen Wohlstand und neue Chancen schafft. Sie sind Einzelpersonen und Familien, deren Steuern die Regierung tragen und deren freiwillige Spenden Kirchen, Wohlfahrtsverbände, Kultur, Kunst und Bildung tragen. Ihr Patriotismus ist unauffällig, aber tief verwurzelt. Ihre Werte tragen unser nationales Leben [...]

Engl. in: Public Papers of the Presidents of the United States, Ronald Reagan, 1981, Jan. 20 to Dec. 31, 1981, Washington 1982, 1 ff.; dt. aus: Amerika-Dienst, USICA, Bonn, Information und Dokumentation, Nr. 3, 21. 1. 1981

*Erläutern Sie, wie Reagan seine Zuhörer von einer „Ära der nationalen Erneuerung" zu überzeugen versucht.*

## Zur Diskussion

# Watergate – ein Debakel der amerikanischen Demokratie?

Neben dem Vietnam-Krieg war die Watergate-Affäre ein zweiter großer Schock für das amerikanische Selbstbewusstsein. Fassungslos musste die Nation erleben, dass ihr kurz zuvor mit eindrucksvoller Mehrheit gewählter Präsident kriminelle Machenschaften unterstützt hatte und dies hernach mit allen Mitteln zu vertuschen suchte. Signalisierten diese Vorgänge die Verderbtheit der politischen Moral und das Versagen der demokratischen Institutionen oder ließ sich Zuversicht daraus schöpfen, dass derartige Verfehlungen nicht ungesühnt blieben?

**a)** Der amerikanische Historiker Arthur M. Schlesinger (1974):
Man hat den Amerikanern gesagt, die Aufregung über Watergate sei unangebracht und verletze das nationale Ansehen im Ausland. Mein Eindruck ist, dass die Menschen im Ausland mit wachsendem Respekt und Neid auf die Fähigkeit des amerikanischen Volkes blicken, sich gegen den Missbrauch der Regierungsmacht zur Wehr zu setzen. Bemerkenswerterweise berichteten die beiden ausgeprägtesten Diktaturen der heutigen Welt – Russland und China – ihren Bürgern so wenig wie möglich über Watergate. Der Grund liegt auf der Hand. Sie möchten nicht dem subversiven Gedanken Vorschub leisten, die Menschen hätten das Recht, ihre Herrscher zu kontrollieren. Wie der französische Journalist Jean-François Revel schrieb: „Trotz der weltweit grassierenden anti-amerikanischen Stimmung fühlen die meisten Menschen, selbst die Franzosen, offene oder heimliche Bewunderung für ein politisches System, das die Untersuchung illegaler Handlungen gestattet, die dem Präsidenten und seinen Mitarbeitern zur Last gelegt werden. Ohne Zweifel würde die Amtsenthebung des Präsidenten Nixon überall als eine eindrucksvolle Demonstration und geradezu als letztgültiger Beweis für die Stärke des demokratischen Systems in den Vereinigten Staaten empfunden werden und nicht etwa umgekehrt.

A. M. Schlesinger, The Imperial Presidency, New York 1974, S. 467, dt. Übersetzung: J. Rohlfes

**b)** Der amerikanische Politikwissenschaftler John D. Lees (1975):
Die Ermittlungen des Senats-Untersuchungsausschusses und der Gerichte enthüllten nach und nach die erstaunliche Verbreitung der Korruption unter Nixons politischen und amtlichen Mitarbeitern. Ihre verfehlten Verschwörungstheorien und ihre Ergebenheit gegenüber der gemeinsamen Sache führten dazu, dass viele von ihnen für Delikte verurteilt oder angeklagt wurden, die Meineid, Einbruch, Anzapfen

von Telefonleitungen, Rechtsvereitelung, Betrug, Erpressung, Eintreibung illegaler Wahlkampfbeiträge, Verletzung von Gesetzen zur Wahlkampffinanzierung und unterschiedliche Formen der Verabredung illegaler Handlungen umfassten. Ungeachtet der heftigen Bemühungen des Präsidenten zu bestreiten, dass er in irgendeiner Weise an der Planung des Watergate-Einbruchs oder anderer ungesetzlicher Handlungen beteiligt gewesen sei, ließ sein Sträuben, sich von seinen wichtigsten früheren Helfern zu trennen, und sein anfängliche Weigerung, den Gerichten, dem Untersuchungsausschuss oder dem Sonderankläger die Tonbänder von Besprechungen und Telefonaten im Weißen Haus auszuhändigen, berechtigte Zweifel an seiner vollständigen Unschuld aufkommen. [...] Während viele Amerikaner immer schon der nationalen Regierung skeptisch gegenüberstanden und deren Korruption für möglich hielten, riefen die Verfehlungen eines Präsidenten, der sein Amt durch Appelle an die Moral und die puritanische Gesinnung erlangt hatte, eine tief greifende öffentliche Abneigung gegen Politik und Politiker überhaupt hervor. Einige Beobachter sahen in den Vorgängen eine Bestätigung ihrer Ansicht, dass den Charaktereigenschaften des Präsidenten größte Bedeutung zukomme: Die Krise sei die vorhersehbare Konsequenz der Anhäufung exekutiver Macht. Andere waren darüber erleichtert, dass sich das Verfassungssystem letztlich bewährt habe, auch wenn sie sich in diesem akuten Fall eingestehen mussten, dass die Krise gezeigt hatte, mit welcher relativen Leichtigkeit schwache Parteien und eine zerstrittene politische Klasse von Gruppen manipuliert werden konnten, die die anerkannten Normen und Regeln der politischen Auseinandersetzung missachteten.

J. D. Lees, The Political System oft the United States, London 1975, S. 329 ff., dt. Übersetzung: J. Rohlfes

**c)** Der schweizerische Historiker Hans R. Guggisberg (1975):

Nicht nur die Autorität eines Präsidenten, sondern diejenige der Verfassung selbst ist – wenigstens vorübergehend – ins Wanken geraten. Die Machtfülle des Staats- und Regierungsoberhauptes hat ein Ausmaß angenommen, das von den ‚Founding Fathers‘ keineswegs beabsichtigt war. Dass diese Entwicklung ihre Vorgeschichte besitzt, die über John F. Kennedy bis zu Franklin D. Roosevelt zurückreicht, ist freilich nicht zu übersehen. Zudem schien nun aber in der Administration Nixons auch das Gleichgewichtssystem der ‚checks and balances‘ nicht mehr zu funktionieren. Die Exekutive war übermächtig geworden und hatte in der Ausübung ihrer Macht allmählich jegliche Skrupel abgelegt. Bei den um den Präsidenten gescharten Diener- und Wächterfiguren hatte die totale Loyalität gegenüber dem ‚chief executive‘ das eigene politische und moralische Gewissen völlig ausgeschaltet und der Präsident selber war in seiner Isolierung zum Sünder wider den Geist der Verfassung und zum Gesetzesbrecher geworden.

H. R. Guggisberg, Geschichte der USA, Stuttgart 1975, S. 297

*a) Stellen Sie die Bedingungen zusammen, die nach der Auffassung der Autoren Watergate ermöglichten. Unterscheiden Sie dabei zwischen aktivem Handeln und passivem Gewährenlassen.*
*b) Inwiefern war Watergate nicht nur die Krise Nixons, sondern auch die des amerikanischen Verfassungssystems?*
*c) Setzen Sie sich mit der These Guggisbergs auseinander, die Vorgeschichte von Watergate gehe über Kennedy bis zu Franklin D. Roosevelt zurück.*

♦

*a) Vergleichen Sie die Ziele und die Methoden der Reformversuche Trumans, Kennedys und Johnsons und diskutieren Sie die Ursachen und Gründe ihres weitgehenden Scheiterns.*
*b) Beschreiben Sie die Erscheinungsformen der Protestbewegungen Mitte der 60er Jahre und erklären Sie deren Ursachen.*
*c) Das Problem der Gleichberechtigung der Schwarzen durchzieht die gesamte Geschichte der USA. Stellen Sie Gründe dafür zusammen, die eine Lösung bis heute erschwert haben.*
*d) Erläutern Sie Mittel und Methoden der Bürgerrechtsbewegungen und diskutieren Sie die Möglichkeiten und Grenzen ihrer politischen Wirkung.*
*e) Stellen Sie Ursachen für den Wandel des amerikanischen Selbstbewusstseins in den 70er Jahren zusammen und erläutern Sie die Auswirkungen.*
*f) Fassen Sie zusammen, welche wirtschaftlichen und gesellschaftlichen Probleme Reagan seinen Nachfolgern hinterließ.*

# VIII. Die USA – heute

Für die USA eröffneten sich nach dem Ende des Ost-West-Konflikts zu Beginn der 90er Jahre neue politische Wege. Außenpolitisch schien nach der lähmenden Konfrontation mit der Sowjetunion eine Politik möglich, die zum Abbau der Hochrüstung und zu friedlicher Konfliktlösung in gefährdeten Regionen führt. Innenpolitisch könnte ein neuer Anfang bei der Bewältigung überfälliger sozialer und wirtschaftlicher Probleme gemacht werden. Für den American Dream schienen sich neue Chancen zu eröffnen.

| | |
|---|---|
| 1989 | Unter Präsident George Bush wachsen Haushaltsdefizit und Staatsschulden weiter an. |
| 1991 | Zusammen mit anderen UNO-Truppen befreien die USA das vom irakischen Diktator Saddam Hussein besetzte Kuweit. |
| 1992 | Der demokratische Präsident Bill Clinton will eine „Erneuerung" der USA vor allem durch innenpolitische Reformen (Gesundheitsreform, soziale Verbesserungen, Verbrechensbekämpfung) herbeiführen |
| 1994 | Nachdem wichtige Gesetzesvorhaben gescheitert waren, sinkt Präsident Clintons Popularitätskurve deutlich. Bei den Wahlen zum Kongress müssen die Demokraten eine deutliche Niederlage hinnehmen. |
| 1995 | Präsident Clinton vermittelt im Vertrag von Dayton einen Waffenstillstand in Bosnien. |
| 1996 | Angesichts der neuen republikanischen Mehrheit im Kongress muss Clinton die Sozialhilfe stark einschränken. Dem Präsidenten kommen allerdings der wirtschaftliche Aufschwung und die sinkenden Arbeitslosenzahlen zugute und er erreicht mit großem Stimmenvorsprung seine Wiederwahl. |

## 1. Politische Neuorientierung nach dem Kalten Krieg

### 1.1 Die Innenpolitik – Reformansätze und Gegenkräfte

Bei den Präsidentschaftswahlen 1988 setzte sich Reagans Vizepräsident George Bush durch. Nach einer anfänglichen stabilen Entwicklung geriet die Wirtschaft bald in eine neue Rezession. Viele Amerikaner verloren erneut ihren Arbeitsplatz, Gegenmaßnahmen der Regierung blieben ohne Erfolg. Darum unterlag Bush im Präsidentschaftswahlkampf 1992 seinem demokratischen Herausforderer Bill Clinton.

Der neue Präsident wollte durch Einsparungen, Steuererhöhungen für Spitzenverdiener und Veränderungen der Haushaltsschwerpunkte zukunftsorientierte Investitionen u. a. in moderne Bildung, Technik oder Verkehrswesen möglich machen. Zu seinem innenpolitischen Reformvorhaben gehörten auch die Gesundheitsreform, die Neuregelung des Fürsorgesystems und eine verbesserte Verbrechensbekämpfung. Seine Bestrebungen gingen – ähnlich wie die der Progressivisten um die Jahrhundertwende (s. S. 26) – dahin, den Amerikanern mehr Freiräume zur Selbstverwirklichung zu geben. Dabei sollte der Staat unterstützend eingreifen, ohne dass Clinton von einer Rückkehr zum Wohlfahrtsstaat sprach.

**Die „republikanische Rückwende"**

Zwar gelang es dem Präsidenten, eine Reihe von Gesetzen durch den Kongress zu bringen. Andere Gesetze aber scheiterten: So blieb u. a. das große Gesetzesvorhaben der Gesundheitsreform, das eine allgemeine Krankenversicherung für alle Amerikaner vorsah, auf der Strecke – noch immer haben fast 40 Millionen von ihnen keine Krankenversicherung. Aber auch die Pläne, den Einfluss der Lobbyisten einzuschränken, die Giftmülldeponien zu sanieren oder die Sozialfürsorge neu zu regeln – Wohlfahrtsempfänger sollten zu Umschulungen und Arbeitsleistungen verpflichtet werden können – wurden nicht verwirklicht.
Bei den Zwischenwahlen zum Kongress 1994 erlitt Clintons Demokratische Partei eine „historische" Niederlage: Zum ersten Mal seit 40 Jahren gewannen die Republikaner im Senat und im Repräsentantenhaus eine deutliche Mehrheit. Im Süden wie auch im Norden hatte ihre Forderung nach „weniger Staat, mehr Eigenverantwortung und Rückkehr zu traditionellen Werten" Erfolg.

**„Geteilte Regierung"**

Die republikanische Mehrheit im Kongress setzte schon bald einschneidende Kürzungen der staatlichen Fürsorge für bedürftige Mütter, für schwangere Mädchen oder Fürsorgeempfängerinnen durch. 1996 musste Clinton ein Gesetz unterzeichnen, das das 60 Jahre alte Sozialhilfesystem stark veränderte und fast 40 Millionen Sozialhilfeempfänger schlechter stellte: Sozialhilfe wird nicht mehr länger als fünf Jahre bezahlt, Eltern erhalten für ihre Kinder keine Barauszahlungen mehr – fast ein Viertel aller Kinder unter 18 Jahren in den USA sind davon betroffen; auch illegale und legale Einwanderer haben keinen Anspruch auf Sozialhilfe.
Als erfolgreich erwies sich Clintons Politik in der Wirtschaft. Die Konjunktur zog an, die Umsätze stiegen, die Inflationsrate sank, zahlreiche neue Arbeitsplätze entstanden. Die Börsenkurse und das Bruttosozialprodukt erreichten neue Rekordmarken. Aber die Zuwächse kamen nur den Besserverdienenden zugute; das Realeinkommen der Bevölkerungsmehrheit stagnierte oder ging sogar zurück.

## 1.2 Außenpolitik zwischen Kontinuität und Neubestimmung

**Der zweite Golfkrieg**

Außenpolitisch standen die USA nach dem Ende des Ost-West-Konflikts vor einer grundsätzlichen Neuorientierung. Mit der Auflösung der Sowjetunion war der traditionelle Gegner verschwunden. Dennoch waren die USA weiterhin gewillt, ihre weltpolitische Führungsrolle zu behaupten.
Nicht erst seit der Ölkrise 1973/74 zählte die Golfregion zu den „vitalen" Interessensgebieten der USA. Jahrelang hatten daher die USA und der Westen den Irak mit modernem Kriegsgerät, Finanzmitteln und Informationen gegen das dem Westen feindlich gegenüberstehende Regime in Teheran unterstützt.
1991 ließ der irakische Diktator Saddam Hussein das benachbarte erdölreiche Scheichtum Kuweit in einem Handstreich von seinen Truppen besetzen. Präsident Bush brachte im Rahmen der UNO eine Koalition zusammen, die unter der Führung der USA die irakischen Streitkräfte binnen weniger Tage besiegte und Kuweit befreite. Die Golfregion blieb aber ein Krisenherd.

**Clintons neue Ziele**

Obwohl der neue Präsident Clinton im Wahlkampf versprochen hatte, sich wie ein „Laserstrahl" auf die wirtschaftlichen und sozialen Probleme des Landes zu konzentrieren, sah auch er sich rasch mit einer ganzen Reihe außenpolitischer Probleme konfrontiert:
- Die blutigen Bürgerkriege in Afrika (Somalia, Ruanda, Zaire) ließen sich trotz westlichen Eingreifens nur schwer beilegen.
- Der Friedensprozess im Nahen Osten erlitt immer wieder Rückschläge.

- Der Krieg in Bosnien konnte zwar durch den Vertrag von Dayton (1995) beendet werden, ein friedliches Zusammenleben der Bevölkerung zeichnet sich aber noch nicht ab.
- Das Verhältnis zu Russland und den anderen Nachfolgestaaten der Sowjetunion gestaltet sich zwar bisher ohne größere Konflikte, die wirtschaftlichen und politischen Probleme dieser Staaten stellten aber auch Ende der 90er Jahre einen Unsicherheitsfaktor dar.

**Außenwirtschaft als Leitmotiv**

Die außenpolitischen Veränderungen der 90er Jahre veranlassten Präsident Clinton, das amerikanische Engagement in der Welt neu zu bestimmen. Wirtschaftliches Wachstum und damit Arbeitsplätze sowie Einkommensteigerungen waren in den USA seit längerer Zeit zunehmend vom Export abhängig. Die Außenpolitik sollte daher der Außenwirtschaft Wettbewerbsvorteile auf wichtigen internationalen Märkten sichern, wirtschaftliche Expansion wurde nun stärker denn je als Voraussetzung nationaler Sicherheit angesehen. Das schloss sogar Strafmaßnahmen gegen ausländische Firmen ein, die amerikanische Boykottbestimmungen (etwa gegen Kuba oder den Iran) ignorierten.

**Kontinuität und Neuorientierung gegenüber Europa ...**

Das Ende des Kalten Krieges bedeutete für die USA auch eine Neubestimmung ihres Verhältnisses zu ihren alten Partnern. In Europa konnte die Strategie der Vorwärtsverteidigung angesichts der Auflösung des Warschauer Pakts aufgegeben, die Truppenstärke reduziert werden. Neue flexible Einheiten blieben allerdings in der Stärke von insgesamt 100 000 Soldaten stationiert.

**... Asien ...**

Sorgen bereitete das große amerikanische Handelsdefizit gegenüber asiatischen Staaten. Besonders aus Japan und den teilweise kometenhaft aufsteigenden neuen Industriestaaten Taiwan, Singapur, Südkorea und Hongkong nahmen die Einfuhren in die USA deutlich zu. Insgesamt übt der asiatisch-pazifische Raum mit seiner modernen und flexiblen Wirtschaftsweise sowie seiner Entwicklungsdynamik auf die amerikanische Wirtschaft große Anziehungskraft aus. Nach wie vor gilt besonders China als der entscheidende Bezugspunkt der amerikanischen Asien-Politik.

**... Russland ...**

Russland wandelte sich nach der Auflösung der UdSSR von einem erbitterten Gegner zu einem politischen und wirtschaftlichen Partner, dessen Entwicklung kritisch verfolgt, aber auch unterstützt wurde. Das besondere Augenmerk der USA für Russland hat mehrere Gründe: Das nukleare Potential macht Russland nach wie vor zu einem der mächtigsten Militärstaaten der Welt. Auch bei der Lösung internationaler Konflikte spielt es eine wichtige Rolle, was sich vor allem in der Bosnienfrage zeigte.

**... Lateinamerika und der Dritten Welt**

Das Ende des Ost-West-Konflikts brachte auch in Lateinamerika und verschiedenen Ländern der Dritten Welt eine deutliche Kursänderung der amerikanischen Außenpolitik. Nachdem die Furcht vor kommunistischer Infiltration gegenstandslos geworden war, hielten die USA es nicht mehr für so dringend erforderlich, selbst einzugreifen. Sie ließen verschiedenen Ländern mehr Handlungsfreiheit bei der Lösung ihrer Probleme: Beispiele dafür sind Namibias Entwicklung zur Unabhängigkeit, die Beendigung der Bürgerkriege in Äthiopien, in Guatemala und El Salvador oder die Abhaltung freier Wahlen in Nicaragua. Für Lateinamerika sind aber die USA nach wie vor der stärkste Handelspartner und Gläubiger, der auch am meisten investiert. Insgesamt gesehen hat der Demokratisierungsprozess in den meisten lateinamerikanischen Ländern das Verhältnis zu den USA sehr verbessert.

## 103 Die Wirtschaft – Zahlen und Entwicklungen

**a)** Bill Clintons Wirtschaftsbilanz. *Erläutern Sie die wirtschaftliche Entwicklung.*

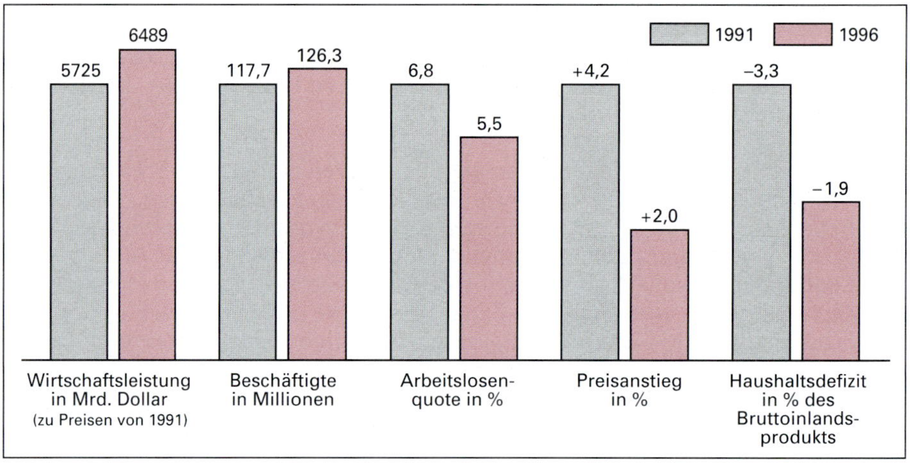


Nach: Globus, OECD

**b)** Wirtschaftliche Stellung. *Beschreiben Sie die Position der USA in den verschiedenen Bereichen und bilden Sie sich ein Urteil über die wirtschaftliche Bedeutung der USA heute.*

| | Prozentanteile am Gesamtexport 1985 | 1993 | Zunahme 1985/93 in Prozent |
|---|---|---|---|
| Agrarprodukte, Nahrungs- und Genussmittel | 11,4 | 8,9 | 64,8 |
| Industrierohstoffe, Vorprodukte | 28,3 | 24,5 | 83,2 |
| – Chemische Erzeugnisse | 7,9 | 6,8 | 80,6 |
| – Eisen, Stahl, NE-Metalle | 5,2 | 6,0 | 141,3 |
| Maschinen, Ausrüstungen | 29,5 | 32,6 | 134,1 |
| – Maschinenbau | 16,1 | 17,0 | 122,8 |
| – Mess- und Kontrollinstrumente | 1,9 | 1,5 | 66,1 |
| – Computer | 6,8 | 6,4 | 99,4 |
| – Telekommunikation | 1,9 | 3,0 | 231,7 |
| – Halbleiter | 2,0 | 4,2 | 333,3 |
| Zivile Luftfahrzeuge | 6,3 | 7,2 | 142,2 |
| Kraftfahrzeuge | 11,6 | 11,3 | 107,2 |
| Verbrauchsgüter | 6,8 | 11,7 | 266,6 |
| Alle Waren | 100 | 100 | 113,0 |

Ursprungsdaten: US-Department of Commerce, Survey of Current Business
Institut der deutschen Wirtschaft, Köln 14. 7. 1994

**c)** Der US-Anteil auf dem Gebiet der Erfindungen (1991/92):

| | USA | Japan | Deutschland | Rest |
|---|---|---|---|---|
| Basistechnik: 50 495 Erfindungen | 33% | 29% | 17% | 21% |
| Verkehrstechnik: 16 409 Erfindungen | 22% | 23% | 27% | 28% |
| Umwelttechnik: 36 228 Erfindungen | 26% | 19% | 25% | 30% |
| Multimedia: 34 442 Erfindungen | 34% | 37% | 8% | 21% |
| Gesundheit: 17 409 Erfindungen | 46% | 13% | 10% | 31% |

nach: FOCUS, H 24, 12. 6. 1995

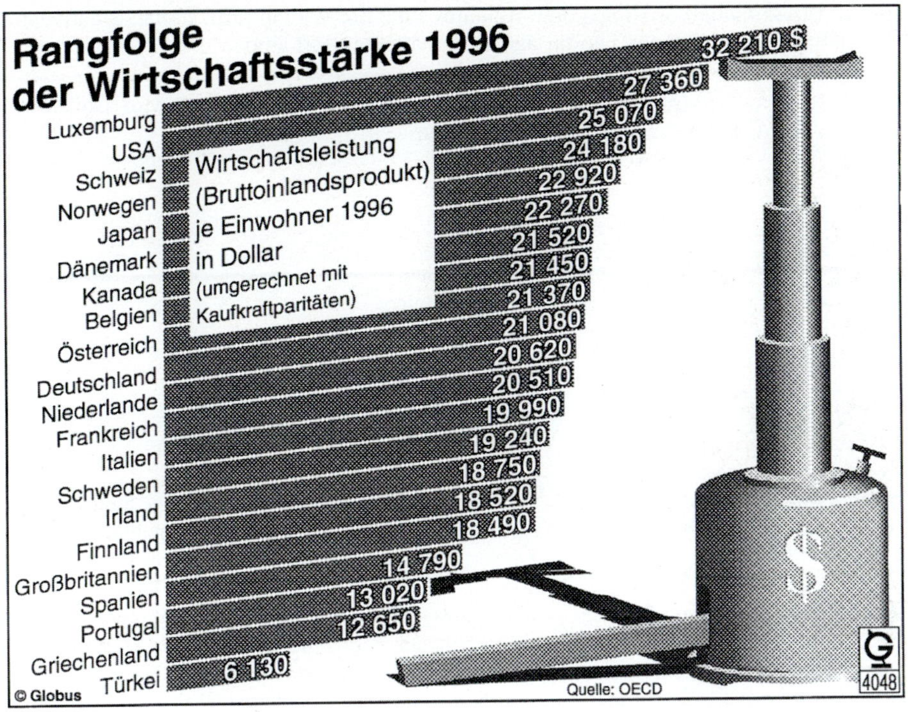


**d)** Rangfolge der Wirtschaftsstärke 1996

**e)** Die USA im internationalen Vergleich

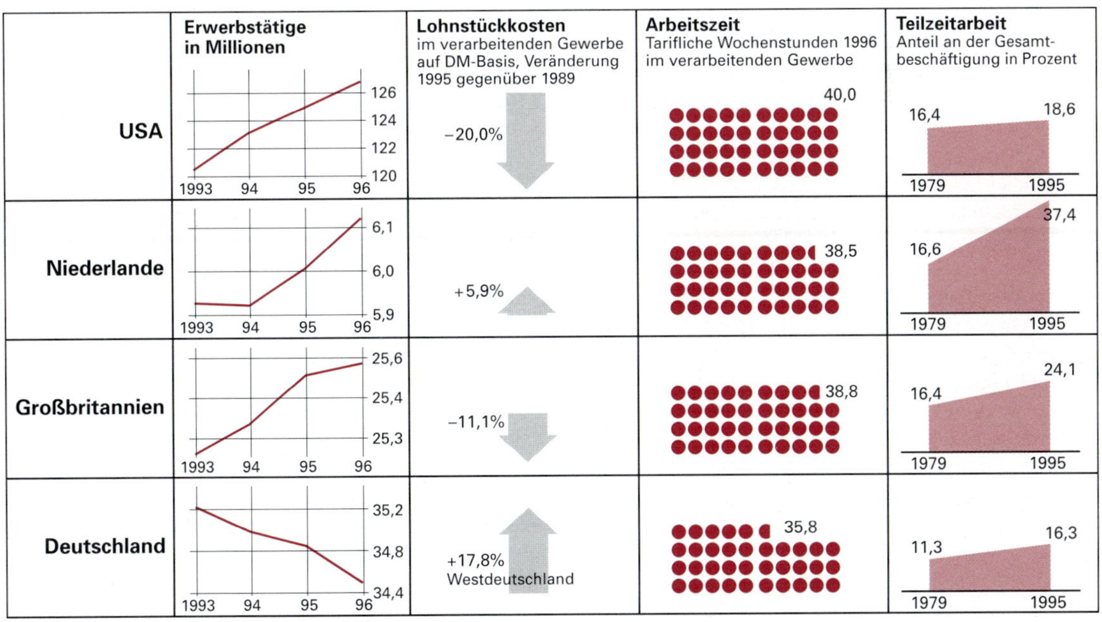


Der Spiegel 17/1997

**c)** Wirtschaftsstandort: Direktinvestitionen aus dem Ausland 1988 bis 1992 in Mrd. Dollar. Die Investitionen zeigen, wie begehrt die angeführten Länder als Wirtschaftsstandort sind.

| | | | |
|---|---|---|---|
| USA: | 205 Mrd. Dollar | China: | 26 Mrd. Dollar |
| Großbritannien: | 119 | Singapur: | 22 |
| Frankreich: | 69 | Italien: | 21 |
| Spanien: | 48 | Mexico: | 18 |
| Belgien/Luxemburg: | 41 | Malaysia: | 13 |
| Niederlande: | 36 | Schweiz: | 12 |
| Deutschland: | 35 | Schweden: | 11 |
| Australien: | 32 | Argentinien: | 11 |
| Kanada: | 28 | Portugal: | 10 |

(nach Globus 2148)

## 104 „Amerika, du hast es (doch) besser"?

**a)** Aus einem Kommentar Josef Joffes in der Süddeutschen Zeitung, der unter dieser Überschrift am 14. Dezember 1996 erschien:

Ein Rundum-Blick auf die westlichen Wirtschaften zeigt scheinbar anheimelnden Gleichklang: sanftes Wachstum, niedrige Zinsen, fast keine Inflation. Doch schon beim nächsten Blick sticht eine ärgerliche Kluft zwischen Anglo-Amerika und Kontinental-Europa ins Auge: fünf Prozent Arbeitslosigkeit in den USA, über zehn, Tendenz steigend, auf dem Kontinent – und die Briten dazwischen mit mehr als sechs Prozent. Was wissen die Amerikaner, was wir nicht wissen?

Vorweg: Der deutsche Mensch weiß immer sehr viel über Amerika. Zumindest glaubt er es und hat dementsprechend feste Meinungen über dieses vertraut-rätselhafte Land. Rasch konzedieren die Europäer, dass Amerika seit den frühen 80er Jahren eine veritable Job-Maschine geworden sei, die immer mehr Arbeitsplätze produziert, derweil sie bei uns immer schneller dahinschmelzen. Doch dann kommt das „Aber", mit dem sich Deutsche und Europäer sofort ausgiebigen Trost spenden: Das seien doch bloß „McJobs": schlecht bezahlte Beschäftigungen für Leute mit zweistelligem IQ und Null-Ausbildung.

Der europäische Amerika-Experte weiß auch, dass amerikanische Manager immer nur dem Kurzfrist-Profit hinterherjagen, derweil die unsrigen stets in strategischen Zeiträumen denken. Er gibt zwar zu, dass Amerika (seit 1992) in der längsten Wachstumsphase seiner Geschichte steckt, verweist dann aber auf den hohen sozialen Preis, nämlich die sinkenden Real-Löhne und die wachsende Ungleichheit der Einkommen.

Das sind allzu bequeme Mythen, meldet die Länderstudie United States 1996, welche die OECD, der Club der Industriestaaten, gerade veröffentlicht hat. „Reagan-Land" bekommt da eine Eins-minus für eine geradezu vorbildliche Wirtschaftspolitik – eine Zensur, von der Deutsche nicht einmal träumen können. Mythos Nr. 1: die „McJobs". Wiewohl die Arbeitslosigkeit die niedrigste seit 25 Jahren und die „Mehrheit der neuen Jobs in der OECD" in den USA entstanden sei, „sind die meisten dieser Jobs in den höher bezahlten Lohnkategorien geschaffen worden". Im Gegensatz zu populären Falsch-Annahmen" hat das „schnellste Beschäftigungswachstum in den Sparten stattgefunden, die überdurchschnittlich hohe Löhne zahlen".

Mythos Nr. 2: kurzatmiges Profitstreben über alles. Dieses Klischee sei nicht „überzeugend", notiert lapidar die OECD, hätten doch US-Firmen überall „kompetitiven Boden gewonnen" und eine „höhere Kapitalrendite" erzielt als deutsche und japanische Firmen. Sie beherrschen „viele Exportmärkte", führten in „Forschung und Entwicklung" und seien „außerordentlich gut" beim „profitträchtigen Management von Investitionen".

Mythos Nr. 3: „O.k.", würde jetzt so mancher Deutsche einwerfen, „aber zu welchem sozialen Preis?" Tatsächlich entpuppt sich die Kunde von den sinkenden Real-Löhnen seit 1973 als Mythos Nr. 3. Schon rein intuitiv konnte sie angesichts eines stetig steigenden Lebensstandards in den USA nicht überzeugen. Jetzt aber ist es offiziell. Nach zweijähriger Arbeit hat eine Kommission unter dem Stanford-Ökonomen Michael Boskin eine schlichte, aber sensationelle Tatsache herausgefunden: Die Methode, mit der Amerika seine Inflation misst, wird dem rapiden Wandel von Produkten und Konsumgewohnheiten nicht mehr gerecht; ergo sei die Inflationsrate übertrieben worden; ergo seien die realen Durchschnittslöhne in den letzten 20 Jahren nicht gefallen, sondern um 35 Prozent gestiegen.

Was das mit uns zu tun hat? Derlei Ein- und Neu-Sichten machen es dem europäischen Betrachter viel schwerer, „Modell Amerika“ als irrelevant, gar irreführend beiseite zu schieben. Wir haben den Amerikanern zwar immer hohes Beschäftigungswachstum konzediert, aber einen falschen Gegensatz zwischen hoher Dynamik und niedrigen Löhnen, zwischen blindem Profitstreben und einer weiseren „sozialen Marktwirtschaft“ konstruiert. Tatsache ist, dass das „deutsche Modell“ nicht mehr funktioniert, wenn es um die Schicksalsfrage 2000 geht: Wie von der zweistelligen Arbeitslosigkeit herunterkommen, die in Deutschland bei zehn, in Frankreich bei 13 und in Spanien gar bei 22 Prozent liegt? Tatsache ist, dass das „amerikanische Modell“ Vollbeschäftigung ohne all die schrecklichen Verwerfungen produziert, die ihm in Europa so gerne nachgesagt werden.

Süddeutsche Zeitung, 14./15. Dezember 1996

**b)** Der deutsche Politologe Martin Thunert über die gescheiterte Gesundheitsreform (1995):

Mit der Gesundheitsreform scheiterte durch die Vertagung des Kongresses am 26. September 1994 das Herzstück der innenpolitischen Reforminitiativen des Präsidenten. Der unter Vorsitz Hillary Rodham Clintons erarbeitete Plan sah die Einführung einer allgemeinen Krankenversicherung für alle in den USA ansässigen Menschen vor. Die Hauptkosten sollten zu etwa 80% die Arbeitgeber übernehmen. Gleichzeitig war geplant, den Verbrauchern mehr Mitsprache einzuräumen und die Kostenexplosion im Gesundheitswesen zu dämpfen. Unter dem jetzigen System besitzt ein einkommensschwacher Teil von ca. 15% der Bevölkerung – das sind knapp 36 Millionen Menschen – keine Krankenversicherung. Im Krankheitsfall müssen sie oft wählen zwischen finanziellem Ruin oder einer unzureichenden Behandlung. […]

Das zweite Problem besteht in einer enormen Kostenexplosion. Keine Nation der Welt verwendet einen höheren Anteil ihres Bruttoinlandsprodukts für das Gesundheitswesen als die USA: 1991 betrug der Anteil 14%. […] Zum Vergleich: In europäischen Staaten wie Deutschland, Frankreich oder Großbritannien betrug der Anteil im Vergleichsjahr 1991 zwischen 8 und 9 Prozent. Angetrieben durch eine mächtige Allianz aus Ärzteverbänden, Pharmaindustrie und Versicherungswirtschaft kam es im Kongress zu heftigem Widerstand einer überparteilichen Koalition gegen Clintons Reformplan. […] Dabei unterschätzten die Reformkräfte nicht nur den politischen Druck der opponierenden Interessenverbände, sondern verkannten ebenso klar den reformskeptischen Trend in der öffentlichen Meinung.

M. Thunert, Die Innenpolitik der USA unter Präsident Clinton. In: Aus Politik und Zeitgeschichte B 17/95, S. 8 f.

**c)** Ein deutscher Politologe beschreibt die „Zukunftsangst trotz Wirtschaftsboom“ (1996):

Die Realeinkommen vieler amerikanischer Familien sind seit 1973 nicht oder nur wenig gestiegen. […] Bis 1973 hatten alle Einkommensgruppen in etwa gleichem Maße an den damals kräftigen Zuwächsen partizipiert, nach 1973 hingegen profitierten nur mehr die beiden oberen Fünftel. Die Einkommen des mittleren Fünftels stiegen nur leicht an, die der beiden unteren Fünftel gingen sogar zurück. Das erste Mal seit Beginn der Datenerhebung im Jahr 1929 erlebt Amerika ein Sinken der Realeinkommen für große Teile der Erwerbstätigen bei gleichzeitigem Wachstum des Bruttoinlandsprodukts pro Kopf. […] Die unterschiedliche Einkommensentwicklung führte zu einer wachsenden Ungleichheit. 1973 lag das Einkommen des obersten Fünftels 7,5-mal über dem des untersten. 1996 war es 11-mal höher. […] Im gleichen Zeitraum nahm der Anteil der Familien mit weniger als 20 000 US$ Jahreseinkommen zu, und zwar von 20,3 auf 24,5%. Der Hauptgrund für diese stärkere Einkommensspreizung liegt darin, dass die Anforderungen in der heutigen Wirtschaft durch den technologischen Wandel gestiegen sind.

S. Bierling, Die amerikanische Wirtschaft unter Clinton. In: Aus Politik und Zeitgeschichte, B 43/96, S. 40 ff.

*a) Legen Sie dar, was zur Entstehung der „bequemen Mythen“ (M 104 a) beigetragen haben könnte, die der Kommentator nennt. Diskutieren Sie die Überschrift: „Amerika, du hast es (doch) besser?“*

*b) Diskutieren Sie anhand von M 104 d, welche Ursachen der Erfolg des „amerikanischen Modells“ haben könnte.*

*c) Suchen Sie nach möglichen Ursachen für den „reformskeptischen Trend“ (M 104 b) der amerikanischen Öffentlichkeit.*

*d) Erörtern Sie die möglichen Folgen der wachsenden Einkommens-Ungleichheit.*

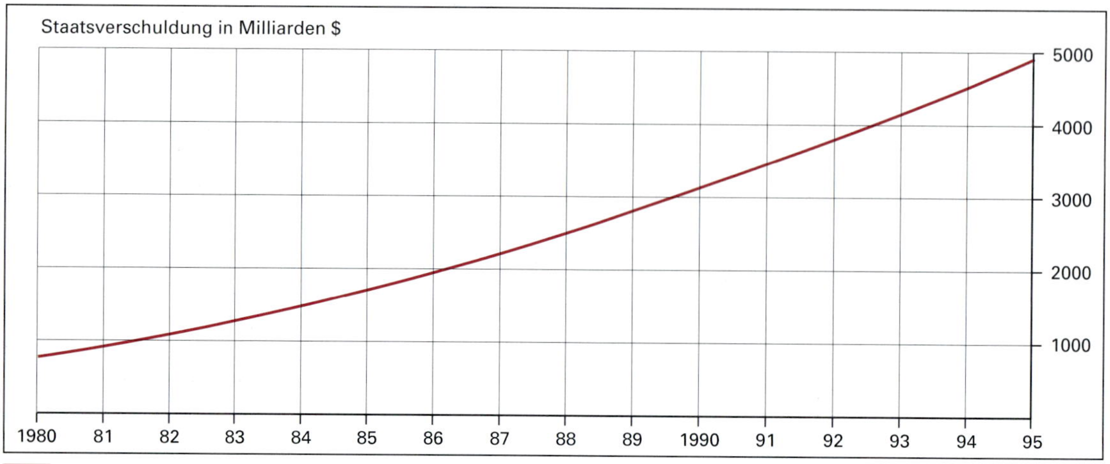


**105** Die Staatsverschuldung (nach: Economic Indicators 10/95).

*Nennen Sie Ursachen für die wachsende Verschuldung der USA seit den 80er Jahren.*

## 106 Stimmen zur Außenpolitik nach dem Kalten Krieg

**a)** Präsident George Bush nach dem Golfkrieg (6. März 1991) über die „Neue Weltordnung":

Ich bin heute Abend in dieses Haus gekommen, um über die Welt zu sprechen – die Welt nach dem Krieg [...]

Erstens müssen wir zusammenarbeiten, um gemeinsame Sicherheitsarrangements in der Region hervorzubringen. Unsere Freunde und Verbündeten im Nahen Osten erkennen, dass sie den Hauptteil der Verantwortung für die regionale Sicherheit tragen werden. Wir möchten ihnen jedoch versichern, dass die Vereinigten Staaten – ebenso wie sie ihnen zur Abwehr der Aggression beigestanden haben – nun bereit sind, mit ihnen bei der Sicherung des Friedens zusammenzuarbeiten.

Zweitens müssen wir handeln, um die Weiterverbreitung von Massenvernichtungswaffen und der zu ihrem Abschuss eingesetzten Raketen zu kontrollieren. Es wäre tragisch, wenn die Länder im Nahen Osten und am Persischen Golf jetzt nach dem Krieg einen neuen Rüstungswettlauf aufnehmen würden. Dem Irak gebührt besondere Aufmerksamkeit. Bis der Irak die Welt von seinen friedlichen Absichten überzeugt – dass seine Führer nicht erneut Mittel einsetzen, um seine bedrohliche Kriegsmaschinerie neu auszurüsten und wiederaufzubauen –, darf der Irak keinen Zugang zu Instrumenten der Kriegsführung bekommen.

Drittens müssen wir an der Schaffung neuer Möglichkeiten für Frieden und Stabilität im Nahen Osten arbeiten. In der Nacht, als ich die Operation Wüstensturm ankündigte, habe ich auch meine Hoffnung bekundet, dass sich aus den Schrecken des Krieges neue Impulse für den Frieden ergeben. Wir haben in der heutigen Zeit gelernt, dass die geographische Lage keine Sicherheit garantiert und Sicherheit nicht allein aus militärischer Stärke resultiert.

Viertens müssen wir zugunsten von Frieden und Fortschritt die wirtschaftliche Entwicklung ankurbeln. Der Persische Golf und der Nahe Osten gehören zu einer Region, die reich an Bodenschätzen ist und wo Menschen leben, die über große, ungenutzte Potentiale verfügen.

Engl. in: U.S. Policy Information and Texts, USIS, Bonn, No. 39, 8. 3. 1991; dt. aus: Amerika-Dienst, Nr. 10, 13. 3. 1991, 1 ff.

**b)** Zur amerikanischen Irak-Politik bemerkt der deutsche Politikwissenschaftler Manfred Knapp (1992):

Ein großer Fehler der USA war, dass sie zu lange mit dem Potentaten in Bagdad in der irrigen Hoffnung zusammengearbeitet hatten, ihn als leicht steuerbares Gegengewicht gegen den revolutionären Iran und im Bedarfsfall auch gegen Syrien ins Feld bringen zu können. [...] Schwere Versäumnisse der USA und anderer im Nahen Osten engagierter Mächte entstanden auch insofern, als sie insgesamt zu wenig zur Regelung des israelisch-arabischen Dauerkonflikts und zum Abbau der in dieser Krisenregion nach wie vor fortbestehenden ungerechten Macht- und Gesellschaftsstrukturen beigetragen haben. Erst dadurch war es möglich, dass sich Saddam Hussein zeitweilig als selbst ernannter Schirmherr und Verfechter der Rechte der islamisch-arabischen Welt in Szene setzen konnte. Zweifel an der bushschen Politik gegenüber dem Iran stellen sich auch dann ein, wenn man die kaum verhüllten Aufforderungen an die aufstandsbereiten Kurden und Schiiten zum Sturz des irakischen Diktators bedenkt, die die beiden Volksgruppen in eine noch verzweifeltere Lage brachten.

M. Knapp, Die Außenpolitik der USA unter George Bush. In: Aus Politik und Zeitgeschehen, B 44/92, S. 50

**c)** Präsident Clinton im Jahre 1994:

Die beste Strategie, unsere Sicherheit zu gewährleisten und einen dauerhaften Frieden zu bewahren, ist die Förderung der Demokratie überall. Demokratien greifen sich nicht gegenseitig an. Sie sind bessere Handelspartner und kommen diplomatisch besser miteinander aus. Das ist der Grund, warum wir – Sie und ich – die demokratischen Reformer in Russland und anderen Staaten des ehemaligen Ostblocks unterstützt haben […]

Wir werden fortfahren, Russland und die anderen Staaten zu drängen, ihre wirtschaftlichen Reformen voranzutreiben, und wir werden uns weiterhin um Kooperation in der Lösung regionaler Probleme bemühen. Gleichzeitig bestehen wir darauf, dass russische Truppen in ihren Nachbarstaaten nur dann aktiv werden, wenn diese Staaten es wünschen – und wenn dies in strikter Übereinstimmung mit internationalen Regeln erfolgt. Aber wir dürfen nicht vergessen, dass in dem Maße, wie diese Nationen ihre eigene Zukunft gestalten – und sie müssen ihre eigene Zukunft gestalten –, unser eigenes Volk sicherer und wohlhabender sein wird: falls demokratische und wirtschaftliche Reformen im gesamten ehemaligen Ostblock erfolgreich sein werden. […]

Es gibt einige in unserem Lande, die argumentieren, nun, nach dem Ende des Kalten Krieges, solle Amerika dem Rest der Welt seinen Rücken zuwenden. Viele in der ganzen Welt befürchteten, wir würden genau dies tun. Aber ich habe dieses Amt mit dem Versprechen übernommen, die Sicherheit unseres Landes zu erhalten durch unser Engagement in der Welt.

US Policy & Texts, 26. 1. 1994

*a) Diskutieren Sie, inwieweit die von Bush genannten Vorstellungen einer neuen Weltordnung Wirklichkeit geworden sind.*
*b) Erläutern Sie, durch welche Außenpolitik Clinton Sicherheit und Frieden zu erreichen versucht.*
*c) Erörtern Sie mögliche Gründe für die behaupteten Versäumnisse der USA im Nahen Osten.*

**107** Demonstration gegen den Golfkrieg, Frankfurt/Main 12. Januar 1991.
*Nennen Sie Gründe und Motive der Demonstranten und diskutieren Sie die Berechtigung ihrer Forderungen.*

**108** Außenpolitische Neuorientierung. Karikatur von Walter Hanel, 1991.
*Diskutieren Sie, welche Chancen oder Gefahren sich durch die Auflösung des Ostblocks für die Außenpolitik der USA ergeben.*

## 2. Gesellschaft als „Schmelztiegel" – das Ende einer Legende?

Gegensätze haben die Geschichte Amerikas schon immer geprägt – der zwischen Nord und Süd führte zum Sezessionskrieg, der zwischen Schwarz und Weiß schuf das Rassenproblem als Dauerkonflikt, der zwischen Armut und Reichtum ist wohl kaum in einem anderen demokratischen Staat so extrem. Selbst die Gewissheit einer gemeinsamen Identität der Amerikaner scheint in Frage gestellt.

### 2.1 Amerika, hast du es besser? Die Stellung der Frau

**Stillstand in der Gleichstellungsfrage**

Zu den ungelösten Problemen der Vergangenheit zählt auch die Gleichstellung der Frau. Das „Equal Rights Amendment" scheiterte 1982, weil die erfoderliche Drei-Viertel-Mehrheit der Einzelstaaten nicht rechtskräftig zustande kam (s. S. 114).
Auch im Berufsleben änderte sich nichts Entscheidendes. Seit 1963 sieht zwar ein Gesetz die gleiche Bezahlung für gleiche Tätigkeiten von Frauen und Männern vor, die Lohnunterschiede zwischen Männern und Frauen wurden daraufhin in verschiedenen Arbeitsbereichen geringer, gleicher Lohn für gleiche Arbeit ist aber immer noch nicht selbstverständlich. Nach wie vor arbeiten die meisten Frauen in so genannten typischen Frauenberufen und stellen für Bürodienste, Krankenpflege und Telefondienst die überwiegende Zahl der Beschäftigten.
In Teilbereichen, so bei der Zulassung von Frauen für das Priesteramt der Episcopalkirche 1976, gelang es allerdings, alte Schranken zu öffnen: 1981 wurde die erste Frau als Richterin in den Obersten Gerichtshof ernannt, zeitweise bekleideten Frauen das Gouverneursamt verschiedener Bundesstaaten. 1995 waren 10,3% der Kongressabgeordneten weiblich – 40 Weiße und 15 Schwarze. Andererseits haben einige Einzelstaaten aber noch nie eine Frau als Abgeordnete in den Kongress gewählt.

**Konservativismus gegen Feminismus**

Zu den Erfolgen der Frauenbewegung gehören das heiß umkämpfte Recht auf Abtreibung und die Verwendung öffentlicher Gelder dafür. Aber dagegen formierte sich ein militanter konservativer Widerstand, der nicht einmal vor Sprengstoffanschlägen gegen Abtreibungskliniken zurückschreckte. Auch in vielen anderen Bereichen sind die feministischen Forderungen auf eine gut organisierte Gegnerschaft der Konservativen gestoßen, die mit christlichen Fundamentalisten genauso zusammenarbeiten wie mit der Republikanischen Partei. Die Frauenbewegung sieht sich daher mehr und mehr in die Defensive gedrängt. Sie beklagt dabei vor allem, dass viele Frauen zwar die erkämpften Verbesserungen in Anspruch nehmen, sich selbst aber politisch kaum aktivieren lassen und auch dem Feminismus distanziert gegenüberstehen.

**„Women's voting bloc" – Änderung im Wahlverhalten**

Andererseits haben Wahlforscher festgestellt, dass sich das Wahlverhalten mit Beginn der 80er Jahre so veränderte, wie es die Frauenbewegung immer gefordert hatte: Frauen richten ihr Wahlverhalten mehr und mehr nach Themen aus, die sie berühren, und sprechen bzw. wählen hier zunehmend „mit einer Stimme". Während früher eine vorsichtige Distanz von Politikerinnen zu ausgesprochenen Frauenthemen festzustellen war, setzen sie sich nun entschieden dafür ein. Es gibt nun Frauenorganisationen, die Kandidatinnen für die finanziell sehr aufwendigen Wahlkämpfe unterstützen, wenn diese sich für spezielle Frauenfragen engagieren.

**Feminismus:** Dieser Begriff bezeichnet eine Richtung der Frauenbewegung, die die Veränderung der geschlechterspezifischen Rollen anstrebt mit dem Ziel, die Frau Diskriminierungen in Politik und Wirtschaft und Gesellschaft zu befreien und die Dominanz der Männer (Patriarchat) zu überwinden.

## 2.2 Die Amerikaner – eine gespaltene Nation?

**Reichtum und Armut**

In den letzten zwei Jahrzehnten ist die Kluft zwischen Arm und Reich noch tiefer geworden: Während das Einkommen des oberen Viertels der gut verdienenden Haushalte in den 80er und 90er Jahren erneut anstieg, sank das des unteren Viertels immer weiter ab. Zur Zeit leben rund 40 Millionen von 260 Millionen Amerikanern unter der Armutsgrenze, ein Drittel der Schwarzen und ein Zehntel der Weißen. Diese Armut findet sich nicht nur in den Elendsvierteln der Großstädte, wo sie mit Kriminalität und Drogenabhängigkeit einhergeht, sondern auch in ländlichen Gebieten z. B. von Louisiana, Tennessee oder Mississippi.

**Religion und Kirchen**

Viele Amerikaner finden Zugang zu Religionen, Kirchen und Sekten, um dort Hilfe bei der Lösung ihrer Probleme zu finden. Dazu zählen neben großen Gemeinschaften wie der Baptistenkirche auch viele jüngere interkonfessionelle Kirchen, die sich in den letzten Jahrzehnten gegründet haben.

Der Religiosität kommt bei den Amerikanern bis heute große Bedeutung zu. Über 90% der Amerikaner glauben in den verschiedensten Religionsgemeinschaften an die Existenz Gottes, jeder Zweite findet täglich Zeit zum Gebet. Vielen ist die moralische Erneuerung der Gesellschaft wichtiger als das Wirtschaftswachstum. Sie begnügen sich daher nicht mit der reinen Glaubensausübung, sondern drängen in die Politik und versuchen die Parteien zu beeinflussen. So hat sich z. B. eine Sammlungsbewegung konservativer Christen mit 1,5 Millionen Mitgliedern gebildet, die ‚Christian Coalition‘, die mit Großveranstaltungen gegen den Verfall christlicher Werte demonstriert. In vielen US-Staaten übt die Bewegung erheblichen Einfluss auf die Kandidatenaufstellung und das Wahlprogramm der Republikanischen Partei aus.

**Neuer Konservativismus**

Diese christlichen Fundamentalisten führen in der Politik und in der Öffentlichkeit einen entschiedenen Kampf gegen Abtreibung und Feminismus, gegen öffentliche Sanktionierung der Homosexualität und Erleichterungen der Ehescheidung. Damit sind sie Teil der konservativen Bewegung, die in der Gesellschaft zunehmend an Kraft gewonnen hat und politisch bei den Kongresswahlen 1994 mit dem Sieg der Republikaner ihre Stärke bewies. Die Konservativen führen ihren politischen Kampf vor allem auch als einen Kulturkampf. Die Vergangenheit wird idealisiert, die Gegenwart als Zeit moralischer Verderbtheit und des Kulturverfalls kritisiert.

**Identitätskrise – Spaltung der Nation?**

Konservative Bewegungen der Rückwärtsorientierung auf die Werte des „alten“ Amerika hat es in der amerikanischen Geschichte immer wieder einmal gegeben. Besonders ausgeprägt zeigte sich dies in den Roaring Twenties, als sich das „alte“ und das „neue“ Amerika mit ihren unterschiedlichen Werten, Normen und Lebensformen gegenüberstanden (s. S. 52 ff.). Einig war sich die Bevölkerung aber damals noch weitgehend in ihrer amerikanischen Identität, in der Gewissheit eine gemeinsame Geschichte, gemeinsame Ideale der Freiheit und Demokratie zu haben. Nun scheint auch dieses Selbstverständnis Amerikas in Frage gestellt zu sein: Die Konservativen schwärmen von den Idealen Jeffersons, fordern die Einordnung aller ethnischen Gruppen unter das Leitbild des traditionellen American Way of Life und haben Angst, dass sich ihr American Dream in dieser Form nicht realisieren könnte. Das liberale Amerika dagegen hat Abschied genommen von der Legende des Schmelztiegels der Rassen und Völker, viele fordern ein multikulturelles Zusammenleben gleichberechtigter, mit ihren eigenen Werten und Kulturen lebenden ethnischen Gruppen: Sie sehen die amerikanische Gesellschaft als ein Mosaik verschiedener Identitäten, Normen und Lebensformen.

**„One country, two nations" – das Ende der Rassenintegration?**

Längst träumen verschiedene Führer der Schwarzen nicht mehr wie einst Martin Luther King vom Ende der Rassentrennung. Sie fordern nicht mehr Integration, sondern Segregation: eigene Wohngebiete mit Geschäften, Banken, Kirchen und Schulen, die nur von Schwarzen geführt werden. „Separate but equal", jahrzehntelang als Diskriminierung bekämpft, ist nun das Ziel vieler schwarzer Politiker, die vor allem die ärmeren Schichten der Schwarzen vertreten. Nicht mehr in integrierten Schulen sollen die schwarzen Kinder unterrichtet werden, sondern in eigenen Schulen mit schwarzen Lehrern und modernen Unterrichtsmitteln. Von den meisten Schwarzen, die in die Mittelschicht aufgestiegen sind, wird dieser neue Radikalismus der selbst gewollten Rassentrennung allerdings strikt abgelehnt. Sie sehen hier einen Rückfall in den alten Rassenhass.

**Selbstbestimmung für die Indianer? Rechtliche Stellung ...**

Die Situation der Indianer ist rechtlich nach wie vor unsicher. 1953 hatte ihnen ein Gesetz zwar alle Rechte als amerikanische Staatsbürger zugestanden, ihnen gleichzeitig aber alle staatlichen Zuschüsse gestrichen. Letzteres hatte schwerwiegende wirtschaftliche und soziale Folgen. In den 70er Jahren wurde diese Politik wieder aufgegeben. Seit einem Gesetz von 1975 haben sie weitgehende Autonomie in ihren Reservaten, erhalten auch wieder staatliche Subventionen, über deren Verwendung ein eigenes Indianerbüro verfügt. Die Rechtsstreitigkeiten gingen aber weiter. Besonders umstritten sind die Wassernutzungsrechte der Indianer, von denen die Existenz vieler Reservate abhängig ist. Seit die Bundesregierung den Indianern das Recht zugesprochen hat, in ihren traditionellen Gebieten wieder Fischfang zu betreiben und das Jagdrecht auszuüben, kommt es immer wieder zu Protesten der nichtindianischen Bevölkerung. Sie sieht in dieser Sonderregelung eine ungerechte Bevorzugung der Indianer.

**... und Lebensumstände**

Nach einer Volkszählung von 1990 leben heute annähernd 2 Millionen Indianer in den USA, das sind knapp 2% der Gesamtbevölkerung. Die indianische Bevölkerung hat sich damit in den letzten 20 Jahren mehr als verdoppelt. Nur etwa jeder fünfte Indianer lebt heute in den Reservaten (v.a. in Arizona, New Mexico und Utah), die übrigen vorwiegend in den großen Städten wie Los Angeles, Denver oder Chicago. Die Reservate umfassen ein Gebiet in der Größenordnung der alten Bundesrepublik Deutschland und sind der Gerichtsbarkeit der US-Regierung unterstellt. Gegenwärtig gibt es etwa 500 Indianerstämme (allein über 200 in Alaska) und etwa 250 verschiedene Sprachen. Da die Reservate oft unfruchtbare Böden haben und weit von den Industriezentren entfernt sind, beträgt hier die Arbeitslosigkeit um 40%. Trotz staatlicher Förderung von Unternehmen und Industrieansiedlungen und z.T. reicher Bodenschätze hält daher die Abwanderung aus den Reservaten weiter an.

Insgesamt nehmen seit den 70er Jahren die Indianer das Recht der Selbstbestimmung durch ihre Stammesorganisationen verstärkt wahr und versuchen, Lebensformen zu gestalten, die ihrer Rasse und Kultur entsprechen, sie von allen anderen Amerikanern aber unterscheiden.

**Multikulturalismus ...**

Die Bevölkerungsentwicklung der USA ist bis heute durch große Veränderungen gekennzeichnet. Lange Zeit waren die Ursachen dafür Flüchtlingsströme aus Kuba, Vietnam, Laos oder Kambodscha, heute ist es die „stille Invasion" illegaler Einwanderer vor allem aus Mexiko.

Wie sollen diese Bevölkerungsgruppen zusammenleben?

Liberale Amerikaner setzen sich für die multikulturelle Gesellschaft ein, fordern die Anerkennung und Wertschätzung bislang diskriminierter ethnischer Minderheiten, ihrer kulturellen Eigenständigkeit und ihrer unterschiedlichen Lebensformen. „Politische Korrektheit (political correctness)" in Sprache und Verhaltensformen ist dabei eine wesentliche Voraussetzung für Toleranz und sensiblen

Umgang mit den Minderheiten. Verletzende Bezeichnungen („Neger") sollen so z. B. durch wertfreiere Begriffe ersetzt werden („Schwarzamerikaner"). Die bisher v.a. von angelsächsischen Werten und Normen geprägte Gesellschaft soll sich dabei einer ethnischen und kulturellen Vielfalt öffnen.

**... oder American Way of Life**

Die Gegner des Multikulturalismus kommen aus dem konservativen Lager. Der „Politischen Korrektheit" stellen die Konservativen die „Patriotische Korrektheit" entgegen. Sie halten fest an den Traditionen des American Way of Life und wollen auch künftig Einwanderer auf die bisherigen Wertmaßstäbe verpflichten. Nur so sei eine Integration möglich, nur so würden aus Einwanderern aus aller Welt „Amerikaner" werden. Fehle die „Einschmelzung" der verschiedenen Rassen und Kulturen, komme es zu einer „Balkanisierung" Amerikas und zur Gefahr ethnisch-rassistischer Bürgerkriege. Befürchtet wird ein Wertneutralismus, eine „Kultur der Gleichmacherei", die alle Kulturen und Lebensformen unterschiedslos auf eine gleiche Stufe stellt.

**109** Illegale Einwanderer
Foto oben: Am Highway CA. IAS, Interstate
rechts: Illegale Einwanderer protestieren gegen die Initiative 187, die ihnen wichtige staatliche Leistungen verweigern will.

## 110 Bevölkerung und Einwanderung

**a)** Die Bevölkerungsentwicklung in Gegenwart und Zukunft

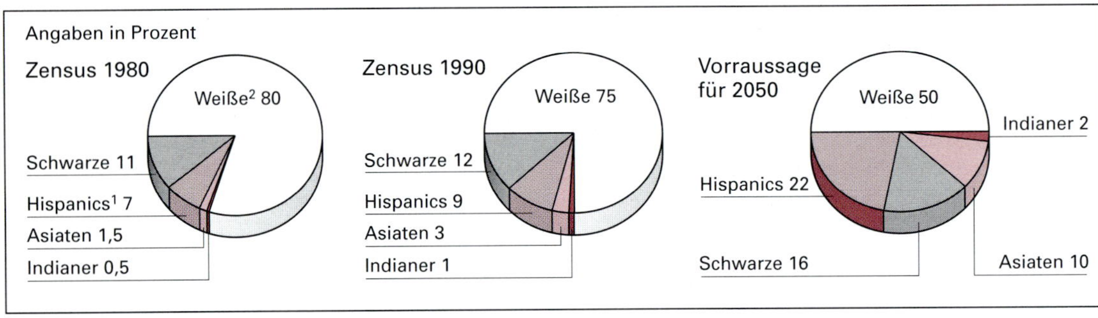


Frankfurter Allgemeine Zeitung/Thomas Heumann, 5.3.1994, S. 9

**b)** Die illegalen Einwanderer: Herkunftsländer und Aufenthaltsgebiete

Herkunftsländer der 3 bis 5 Millionen illegalen Einwanderer:

| | |
|---|---|
| Mexiko: | 55% |
| Karibik und Lateinamerika: | 22% |
| Europa, Kanada, Australien und Pazifische Inseln: | 13% |
| Asien: | 10% |

Aufenthaltsgebiete

| | |
|---|---|
| Kalifornien: | 50% |
| New York: | 11% |
| Texas: | 9% |
| Illinois: | 7% |
| Florida: | 4% |
| übrige Staaten: | 19% |

**c)** Die Herkunftsländer der legalen Einwanderer 1981–1990

| | |
|---|---|
| Mexiko: | 1 655 843 |
| Philippinen: | 584 764 |
| China: | 346 747 |
| Südkorea: | 333 746 |
| Vietnam: | 290 782 |
| Dominikanische Republik: | 252 035 |
| Indien: | 250 786 |
| El Salvador: | 213 539 |
| Großbritannien: | 159 173 |

nach: FOCUS Heft 1, 2. 1. 1995

*a) Diskutieren Sie, welche Folgen sich aus der absehbaren Bevölkerungsentwicklung (M 110 a) ergeben können.*

*b) Erläutern Sie, welche Ursachen für die legale und illegale Einwanderung maßgeblich sind.*

## 111 „Der amerikanische Traum unter Schutt und Asche?"

Über Ausschreitungen nach einem Gerichtsurteil in Los Angeles 1992 berichtet „Die Zeit":

Bis zum 29. April 1992, dem Mittwoch der vergangenen Woche, galt Los Angeles als Modell einer multikulturellen Stadt, als Milchstraße des American Dream, eine einzigartige Mischung aus Traum und Wirklichkeit: 15 Millionen Menschen aus Europa und Afrika, Asien und Lateinamerika, neue und alte Amerikaner aus 146 Nationen leben in einer bunten Metropolis, sprechen 96 verschiedene Sprachen und verstehen sich doch (fast) alle auf Englisch. [...] Am Nachmittag des 29. April wird in Simi Valley, einer kleinen, hauptsächlich konservativen Vorstadt, das Urteil im Prozess gegen die vier weißen Polizisten verkündet, die den Arbeitslosen schwarzen Bauarbeiter Rodney King am 3. März 1991 wegen überhöhter Geschwindigkeit nach einer Verfolgungsjagd gestellt und dann halb tot geprügelt hatten. [...] Das Urteil der Geschworenen lautet: „nicht schuldig."

Einige Stunden lang scheint die Stadt wie gelähmt. Dem Schock folgt eine Explosion der Gewalt. In der Nacht zum 30. April brennt die Stadt der Engel. In South Central Los Angeles, im schwarzen Ghetto, im Herzen der Stadt, beginnt eine Rebellion, die den amerikanischen Traum unter Schutt und Asche begräbt. „Keine Gerechtigkeit, kein Friede", rufen Demonstranten. Einkaufszentren werden geplündert, dann in Brand gesteckt. Latinos, Weiße und Schwarze, Männer, Frauen und Kinder schleppen Autoreifen, Videorecorder, Babynahrung, Computer, Sofas oder Kleidung ab. Ein weißer Autofahrer wird von einer Gruppe Farbiger aus dem Auto gezerrt, verprügelt und lebensgefährlich verletzt. [...] Erst am Montag, fünf Tage nach Beginn der Unruhen, wird das nächtliche Ausgehverbot wieder aufgehoben. Es werden 58 Tote gemeldet, 2116 Verletzte (davon 211 lebensgefährlich), über 5000 Feuermeldungen, 7495 Verhaftungen, 5000 zerstörte Häuser und ein Schaden in Höhe von mehr als einer halben Milliarde Dollar. Die Armee bleibt aus Angst vor neuer Gewalt in der Stadt.

Die Zeit, 8. 5. 1992

## 112 Schwarze und Weiße

„So entsteht Hass" – Aus einem Interview der Zeitschrift „Spiegel Spezial" mit Louis Farrakhan, einem Führer der Schwarzen, Februar 1996:

*special:* Mister Farrakhan, können Sie sich ein Amerika vorstellen, in dem die Hautfarbe seiner Einwohner keine Rolle spielt?

*Farrakhan:* Das schon. Aber leider hat die Idee von der weißen Überlegenheit das Gefüge aus Politik, Wirtschaft und Bildungswesen zerstört. Deshalb wurden die Schwarzen zu Opfern; sie fühlen sich aufgrund ihrer Hautfarbe unterlegen. Also gibt es keine farbenblinde Gesellschaft.

*special:* Wäre sie erstrebenswert?

*Farrakhan:* Wir sollten einen Menschen nicht nach seiner Hautfarbe beurteilen, aber wahrnehmen sollten wir die Hautfarbe schon. Schließlich hat Gott uns so geschaffen. Die Schönheit eines Blumenstraußes ergibt sich aus der Vielfalt der Farben. Sie mögen eine rote Rose einer weißen vorziehen. Doch beide wachsen in der gleichen Erde.

*special:* Für Amerika fordern Sie dennoch die Trennung in Schwarz und Weiß. Wollen Sie zwei Nationen in einem Land?

*Farrakhan:* Ja. Es ist wie in einer Ehe: In einer intakten Beziehung, die beiden Seiten gleich viel gibt, strebt man keine Trennung an. Aber wenn unversöhnliche Gegensätze existieren, geht man zum Anwalt und leitet die Scheidung ein. An diesem Punkt befinden wir uns heute in Amerika.

*special:* War das Verhältnis zwischen Schwarzen und Weißen früher besser?

*Farrakhan:* Es gibt schon lange zwei Nationen in Amerika. Aber jetzt wird die Kluft mit giftiger Propaganda vertieft. So entsteht Hass, der die beiden Völker gegeneinander aufbringt und zur gegenseitigen Zerstörung führen kann.

*special:* Kann Integration nicht durch Gesetze und staatliche Programme erreicht werden?

*Farrakhan:* Nein. Um Gleichheit zu erreichen, musst du dich erst selbst verwirklichen. Ein Vater sorgt zunächst für seinen Sohn; er ernährt ihn, bringt ihm bei, im Leben zurechtzukommen. Aber dann muss der Sohn das Haus verlassen und seinen eigenen Weg finden. Erst wenn er es selbst zu etwas gebracht hat, wird er Respekt finden und als Gleicher anerkannt werden. So ist es auch mit uns Schwarzen. Wir müssen eine intakte eigene Gesellschaft aufbauen. Dazu muss man uns die Möglichkeit geben.

Spiegel Special, Februar 1996, S. 37

## 113 Schwarze und Weiße.

*Beschreiben Sie die jeweilige wirtschaftliche und gesellschaftliche Situation.*

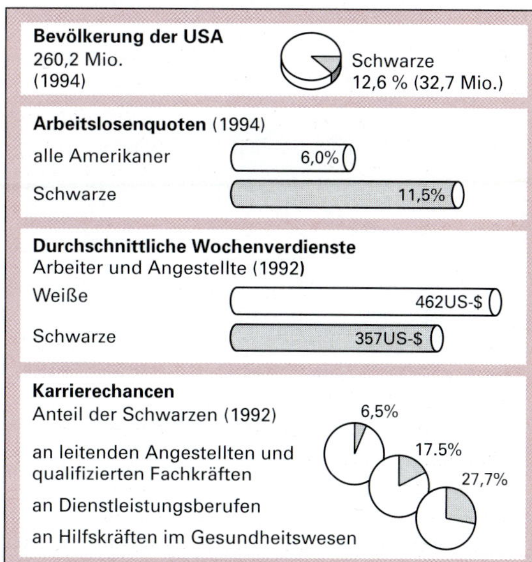


Nach: Index Funk 2013, Statistisches Bundesamt

*„Es gibt schon lange zwei Nationen in Amerika". Erläutern Sie diese Aussage und l… dar, welche Argumente Farrakhan für die „Scheidung" zwischen Schwarzen und … anführt. Setzen Sie sich mit der Meinung des Verfassers angesichts des multiku… Charakters der Gesellschaft auseinander.*

## 114 Die Indianer – eine wachsende Minderheit

**a)** Entwicklung der Indianerbevölkerung und der Reservate

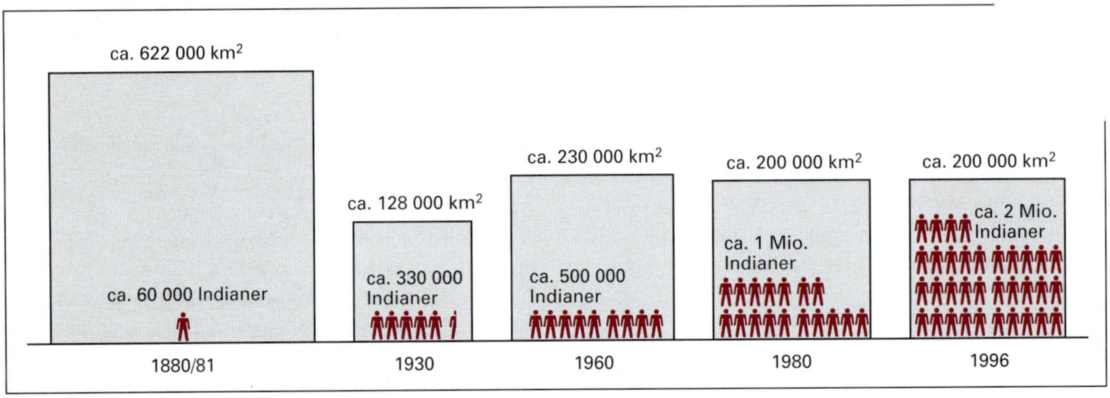


Nach: Informationen zur politischen Bildung, Heft 211, S. 2

**b)** Wohnorte von Indianern (1990, in Prozent)

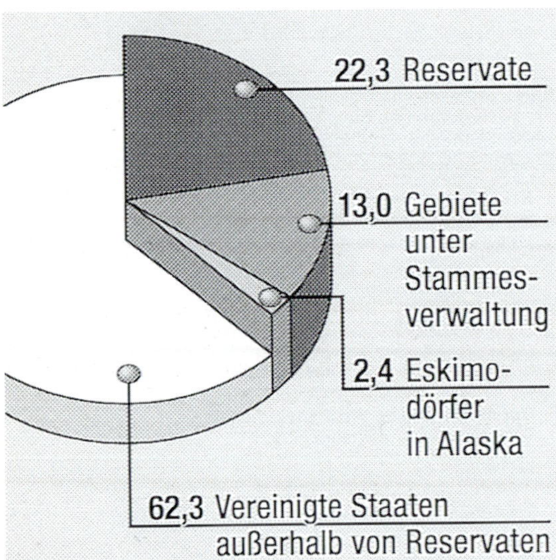


nach: Frankfurter Allgemeine Zeitung/Thomas Heumann, 29. 8. 1994, S. 7

**c)** Im Winter 1969/70 besetzten Indianer, hauptsächlich Studenten, die Insel Alcatraz in der Bucht von San Francisco, um die Öffentlichkeit aufzurütteln. In einem ihrer Manifeste heißt es (1970):

Wir werden hier ausharren – Männer, Frauen und Kinder. Wir meinen, unsere Forderung ist geringfügig gegenüber einer Regierung, die systematisch unser Land gestohlen, eine einst so schöne Landschaft zerstört, die Kreaturen gemordet, Luft und Wasser vergiftet, das Erdinnere in maßloser Gier geplündert und ein Programm ins Werk gesetzt hat, um die vielen indianischen Stämme dieses Landes durch Diebstahl, Unterdrückung, Diffamierung, Einpferchung und so genannte Umsiedlung und Angleichung auszurotten. […] Unseren Eltern wurde verboten, ihre Sprache zu sprechen, ihre Tänze zu tanzen, und sie wurden in Regierungsschulen getrieben, die ihnen ein „zivilisiertes" Leben beizubringen versuchten – was bedeutete, dass sie ihre Identität verloren.

W. Moquin (ed.), Great Documents in American Indian History, New York 1973, S. 375 ff., dt. Übersetzung: J. Rohlfes

*a) Erläutern Sie Gründe und Motive für die unterschiedliche räumliche und gesellschaftliche Orientierung der Indianer zwischen Reservat, Stammesverwaltung und Großstadt.*
*b) Prüfen Sie die Möglichkeiten einer indianischen Identität heute.*

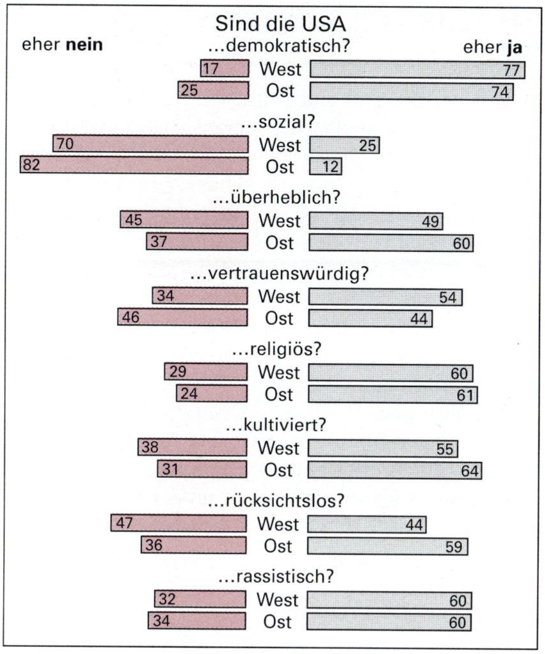

## 115 Die amerikanische Gesellschaft

**a)** In der Sicht der Deutschen. Eine Umfrage von 1995.
SPIEGEL special 2/1996

**b)** In der Sicht des Karikaturisten Tomi Ungerer, 1997.
*Diskutieren Sie mögliche Ursachen für das USA-Bild, das in der Umfrage und der Karikatur erkennbar wird.*

## 116 „Krieg gegen Frauen“?

**a)** Der Fernseh-Evangelist Jerry Falwell, Mitbegründer der Bewegung Moral Majority, in seinem Buch „Listen, America“ (1980):

Es gibt nur drei Institutionen, die Gott in der Bibel anordnete: die Obrigkeit, die Kirche und die Familie. [...] Die Familie ist der Grundstein und die Basis unserer Gesellschaft und ihre Gesundheit ist die Voraussetzung für eine gesunde und blühende Nation. [...] Eine Minderheit in diesem Land versucht zu zerstören, was für die Mehrheit das Wichtigste ist, und es ist eine traurige Tatsache, dass die Mehrheit dies zulässt. Amerikaner müssen sich erheben und sich der Herausforderung stellen, unsere geliebte Familientradition zu bewahren.

In dem Krieg gegen die Familie heute finden wir ein ganzes Waffenarsenal. Die erste Waffe ist der Playboy-Kult. [...] Die Playboy-Philosophie sagt den Männern, sie sollten sich nicht ihrer Ehefrau und ihren Kindern widmen, sondern sie sollten eine Art „kühler, freier Swinger“ sein. Sexuelle Promiskuität ist zum Lebensstil Amerikas geworden. [...]

Die zweite Waffe gegen die Familie ist die feministische Revolution. [...] Feministinnen verkünden, Selbstverwirklichung sei wichtiger als die Familie. Die meisten der in der feministischen Bewegung tonangebenden Frauen befürworten einen unmoralischen Lebensstil. In einer drastischen Abwendung vom Heim geht mehr als die Hälfte der Frauen in unserem Land einer dauerhaften Beschäftigung nach. Unsere Nation ist in ernsthafter Gefahr, wenn man Mutterschaft als eine Aufgabe ansieht, die „unbefriedigend und stumpfsinnig“ sei. Ich glaube, der Beruf der Frau als Ehegattin und Mutter ist der höchste in der Welt. Meine Frau ist stolz, eine Hausfrau zu sein. Sie geht in der Aufgabe auf, uns und unseren drei Kindern ein glückliches und reiches Leben zu bereiten. [...]

Nach der Heiligen Schrift hat Gott den Vater berufen, der spirituelle Führer in seiner Familie zu sein. Der Ehemann soll nicht der Diktator, sondern der geistliche Führer sein. Es ist ein großer Unterschied zwischen einem Diktator und einem Führer. [...] Gute Ehemänner, die gottesfürchtige Menschen sind, sind gute Führer. Ihre Frauen und Kinder wollen ihnen folgen und unter ihrem Schutz stehen. Der Ehemann hat die Entscheidungen zu treffen.

R. Griffith (ed.), Major Problems in American History Since 1945, Lexington 1992, S. 520 ff., dt. Übersetzung: J. Rohlfes

**117** Antiabtreibungsdemonstration in Washington, 1994

**b)** Susan Faludi, die Autorin des Bestsellers „Backlash – The Undeclared War Against American Women" (deutscher Titel: „Die Männer schlagen zurück") in einem Interview 1996:

*special:* In Ihrem 1992 erschienenen Buch „Backlash" haben Sie die achtziger Jahre zum Jahrzehnt des „unerklärten Krieges" gegen die Frauen ausgerufen. Wie sieht Ihr Fazit für die erste Hälfte der neunziger Jahre aus?

*Faludi:* Weit schlimmer, als ich es je erwartet hätte. Der Krieg gegen die Frauen, den ich in meinem Buch beschrieben habe, wird noch erbitterter geführt. Sehen Sie sich doch nur den Aufstieg der christlichen Rechten in unserem Land an. Sehen Sie sich an, was das Recht der Frau auf Schwangerschaftsabbruch in der Praxis noch wert ist.

*special:* Hatten es die Frauen denn früher leichter?

*Faludi:* Ja, das ist leider so. In den achtziger Jahren handelten die Gegner der Feministinnen nach der Devise „Zuckerbrot und Peitsche". Heutzutage holen sie nur noch die Peitsche heraus. Das reicht von den brutalen Einschüchterungs- und Gewaltmethoden verschiedener Anti-Abtreibungsgruppen über die Demontage der Sozialhilfegesetze, von der primär Frauen betroffen sind, bis hin zur Verteufelung der Theorie und Praxis des Feminismus.

*special:* Woran liegt es, dass die feministische Bewegung in Amerika auf härteren Widerstand stößt als in Westeuropa?

*Faludi:* Das ist eines der großen Rätsel, die ich noch nicht gelöst habe. Wir haben es ja mit einer paradoxen Situation zu tun: Wenn Sie heute Amerikanerinnen nach ihren drängendsten Problemen befragen, dann wird Ihnen eine Mehrheit immer wieder die gleichen Antworten geben: ungleiche Bezahlung, sexuelle Belästigung am Arbeitsplatz, zu wenig Kindergartenplätze, Gefährdung des Rechts auf Abtreibung. Dies sind genau die Themen, die von den Feministinnen formuliert wurden. Trotzdem scheuen die meisten Frauen das Adjektiv „feministisch".

*special:* Haben Sie eine Vermutung, warum das so ist?

*Faludi:* Das hat meiner Ansicht nach viel mit einer Anspruchsmentalität zu tun – frei nach dem Motto: Was immer die Frauenbewegung uns an materiellen und sozialen Vorteilen gebracht hat und noch bringen kann, das nehmen wir gern. Aber aus der politischen Debatte über Machtverhältnisse zwischen Männern und Frauen halten wir uns ebenso raus wie aus solidarischen Aktionen mit Frauen, denen es noch schlechter geht.

*special:* Sind die Frauen in Amerika womöglich unpolitischer als anderswo?

*Faludi:* Die Entpolitisierung ist ein typisch amerikanisches Phänomen, das nicht auf den Feminismus beschränkt ist. Es beruht unter anderem auf der Abneigung, sich mit den ökonomischen Ursachen gesellschaftlicher Konflikte zu befassen. Bei den meisten überwiegt das Interesse, sich einen Platz in der Mittelschicht zu erkämpfen – egal wie.

SPIEGEL special 2/1996, S. 114 f.

*a) Wie erklärt sich die in Amerika weit verbreitete Abneigung gegen den Feminismus?*
*b) Vergleichen Sie die amerikanische mit der deutschen Situation.*

## 118 Umweltschutz – Programm und Wirklichkeit

**a)** Der Innenminister der Reagan-Regierung, James G. Watt, in einem Interview (1981):

*F:* Die Leute fürchten, Sie trieben die Ausbeutung der natürlichen Ressourcen auf Kosten der Umwelt voran.

*A:* Mit unserer Technologie können wir die Umwelt schützen und gleichwohl die Entwicklung fördern, die nötig ist, um die Lebensqualität zu verbessern und die nationale Verteidigung zu stärken. Umweltsensibilität fordert ein Gleichgewicht zwischen wirtschaftlicher Entwicklung und Bewahrung der Umwelt. In den letzten zehn Jahren haben wir in Amerika keine hinreichende Förderung der Energie- und Mineralienproduktion gehabt. Wenn eine Versorgungskrise eintritt und die Politik ein Sofortprogramm verlangt, wird dies, fürchte ich, ohne Rücksicht auf die Ökologie ins Werk gesetzt. Dies aber müssen wir vermeiden. [...]

*F:* Unterstützen Sie die Umweltbewegung?

*A:* Unbedingt. Diese Regierung ist auf der Höhe der Umweltbewegung. [...] Als jemand, dem die Aufgabe zufällt, zugleich der oberste nationale Umweltschützer und der Chefanwalt für die Entwicklung der öffentlichen Ländereien zu sein, bin ich froh, dass wir Gesetze haben, die die Umwelt schützen. Diese Regierung wird kein Gesetzgebungsprogramm bezüglich unserer natürlichen Ressourcen betreiben. Auch unsere Kritiker haben kein solches Programm, weil das meiste dessen, was sie wollen, bereits in unseren Gesetzen verankert ist.

R. Griffith (ed.), Major Problems in American History Since 1945, Lexington 1992, S. 607 ff., dt. Übersetzung: J. Rohlfes

**b)** Ein Lehrbuch über die Umweltpolitik der Regierung Reagan (1991):

Während des Präsidentenwahlkampfes betonte Reagan, das Problem der Umweltverschmutzung sei aufgebauscht worden. Auch glaubte er, Umweltschutzbestimmungen seien eine zu schwere Bürde für die Industrie, sie vermehrten die Kosten und verringerten die Produktivität. [...] Reagans Innenminister James Watt teilte diese Überzeugung. Er kam nach Washington mit der Parole „Öffnet die Wildnis" und erklärte, die Amerikaner würden mehr Bergbau betreiben, mehr Äcker bestellen, mehr Holz schlagen und lieber unsere Ressourcen nutzen, als sie unberührt liegen lassen. Unter Watt verkaufte die Bundesregierung Waldland an Sägewerke. Auch verpachtete sie bundeseigene Bergbaurechte an Kohle- und Ölgesellschaften.

T.V. DiBaccio u. a., History of the United States, Boston 1991, S. 825, dt. Übersetzung: J. Rohlfes

*a) Inwiefern besteht eine Spannung zwischen Wirtschaftswachstum und Umweltschutz?*
*b) Vergleichen Sie Programm und Wirklichkeit der republikanischen Umweltpolitik.*

**Zur Diskussion**

## Amerikas Zukunft – eine multikulturelle Gesellschaft?

Der Glaube an die integrierende Kraft der amerikanischen Gesellschaft, die jahrhundertelang Einwanderer aus aller Welt zu Amerikanern geformt hatte, geriet seit den 60er Jahren ins Wanken. Hatte bis dahin das Leitbild des „White Anglo-Saxon Protestant" dominiert, forderten jetzt auch andere Bevölkerungsgruppen, in ihrer Eigenart als gleichwertig anerkannt zu werden: zunächst die Schwarzen, dann auch die Indianer oder die Hispanics. Diesem Verlangen kam die Gesetzgebung in vielen Punkten nach. Wie es weitergehen soll, ist umstritten. Die einen empfinden die kulturelle und ethnische Vielfalt als einen Gewinn, die anderen sehen den Zusammenhalt der Nation in Gefahr.

**a)** In einem amerikanischen Universitäts-Lehrbuch heißt es über „The New Ethnicity" (1979):
Schwarze, Indianer, Leute mit spanischen Familiennamen oder asiatischer Herkunft wurden offiziell als Minderheiten eingestuft und hatten Anspruch auf verschiedene Formen von Bundeshilfe und -schutz gemäß dem Bürgerrechtsgesetz von 1964 und anderen Gesetzen. Davon ausgeschlossen waren die übrigen ethnischen Gruppen, die Amerikanis polnischer, italienischer, griechischer, slowakischer und sonstiger Abstammung dieser Art. Sprecher solcher Minderheiten machten geltend, was für Schwarze gut sei, sei auch für sie gut. Warum sollten die weißen Ethnizitäten nicht auch öffentliche Anerkennung, Finanzhilfen vom Bund, politische Repräsentation und kulturelle Förderung erhalten? Wenn es afro-amerikanische Studien gab, warum nicht auch irisch-amerikanische Studien in Schulen und Colleges? [...] Weiße Männer, ob zum älteren oder jüngeren Amerikanertum gehörig, begannen gegen das Front zu machen, was sie als „umgekehrte Diskriminierung" bezeichneten, nämlich zugunsten von Frauen und von Männern, die zu den offiziell anerkannten Minderheiten gehörten. Besonders Juden lehnten ab, was sie als ein Quotensystem empfanden; denn sie waren in der Vergangenheit solchen restriktiven Quoten unterworfen worden und sie hatten ihren Weg nach oben ohne Regierungsbegünstigung geschafft. Einige enttäuschte Bewerber verklagten Institutionen und Unternehmen, die, in Befolgung staatlicher Regelungen, Frauen, Schwarzen und anderen den Vorzug gegeben hatten. Von diesen Prozessen erregte der von Allan Bakke (ein norwegischer Name) das größte Aufsehen. Ihm war die Zulassung zur medizinischen Fakultät der Universität von Kalifornien versagt worden obwohl er bessere Zensuren und Testergebnisse aufzuweisen hatte als einige der Bewerber aus den Minderheiten, für die 16 von den 100 Studienplätzen reserviert worden waren. Der Oberste Gerichtshof von Kalifornien entschied zugunsten Bakkes; er erklärte, rassische Diskrimination sei widerrechtlich, selbst „wenn die diskriminierte Rasse eher die Mehrheit als die Minderheit darstellt".

R. N. Current u. a., American History, New York 1979, S. 855 f., dt. Übersetzung: J. Rohlfes

**b)** Der deutsche Historiker Hans-Jürgen Puhle (1994):
Seit den 1960er Jahren haben beachtliche Gruppen, zunächst die der Schwarzen und der Frauen, dann auch die der Indianer und der Hispanics zunehmend deutlich gemacht, dass sie nicht länger bereit waren, sich lediglich zu assimilieren und zu integrieren und die hergebrachten etablierten Mechanismen des amerikanischen consensus, der amerikanischen Ideologie (American creed) und des Konformismus, des American way of life als die ihren anzuerkennen. Im Unterschied zu den „klassischen" italienischen oder irischen Einwanderern fordern sie, auch im ‚öffentlichen Raum' als kategorial anders und unterschieden wahrgenommen und in ihrer Andersartigkeit gleichberechtigt akzeptiert zu werden. [...] In den letzten drei Jahrzehnten ist die kulturelle Hegemonie der männlichen WASPs kontinuierlich ausgehöhlt worden. Sie ist permanent in Frage gestellt, aber noch nicht zerstört oder durch ein neues Hegemonialverhältnis (etwa ein „multikulturelles") ersetzt worden. Sie wurde bislang nur vielfach modifiziert durch ein breites Arsenal von mehr oder minder institutionalisierten Instrumenten, von Quoten für Minderheiten [...] und anderen staatlichen oder staatlich inspirierten Förderungsprogrammen bis hin zur Ausarbeitung neuer minderheitenbewusster Lehrpläne und zu den Kampagnen für political correctness in der Sprache. [...] Die Fortschritte, die bis jetzt zu verzeichnen sind, sind jedoch überwiegend beschränkt geblieben auf den Hochschulbereich und auf jene Sektoren des öffentlichen Lebens, die durch entsprechende öffentliche Programme und politische und gesetzliche Maßnahmen direkt zu beeinflussen sind. Die grundlegenden ökonomischen und sozialen Ungleichheiten und Konfliktlinien sind wesentlich unangetastet geblieben, der Grad und die Verteilung von Armut und Arbeitslosigkeit sind mithin unverändert, haben in den 80er Jahren am unteren Ende der Schichtungshierarchie sogar zugenommen und die Minderheiten – Schwarze, Frauen, Hispanics und andere – sind nach wie vor erheblich überrepräsentiert unter den Armen und Arbeitslosen.

H.-J. Puhle, ‚Multikulturalismus' und der amerikanische consensus. In: B. Ostendorf (Hg.), Multikulturelle Gesellschaft. Modell Amerika, München 1994. S. 86

**c)** Der deutsche Sozialwissenschaftler Hans Vorländer in einer Buchbesprechung (1992):
In der leidenschaftlichen, zum Teil aggressiv geführten Debatte hat sich einer der bekanntesten Historiker und vormalige Berater John F. Kennedys zu Wort gemeldet. In seinem Buch ‚The Disuniting of America: Reflections on a Multicultural Society' setzt sich Arthur M. Schlesinger Jr. kritisch mit dem, wie er sagt, „Ethnizitätskult von Weißen nicht angelsächsischer Herkunft und nicht weißen Min-

derheitengruppen" auseinander, die im Begriff sind, „die Idee des Schmelztiegels zu denunzieren, das Konzept des ‚einen Volkes' herauszufordern und dem Separatismus ethnischer und rassischer Gemeinschaften das Wort zu reden". Schlesinger lässt keinen Zweifel daran, dass er an europäischem Erbe und amerikanischem Credo festzuhalten gedenkt. [...] Gemeinsame politische Ideale und die geteilten Erfahrungen von Freiheit, Demokratie und Toleranz haben eine „einzigartige nationale Identität" begründet. Sollte nun aber im Zuge des Multikulturalismus die amerikanische Geschichte umgewertet werden, sie einzig als Geschichte der Unterdrückung von ethnischen und kulturellen Minderheiten im Namen eurozentrischer Ideale reinterpretiert werden, dann erleidet das amerikanische Experiment Schiffbruch. [...] Sollte eine gemeinsame Wertorientierung nicht mehr in der Lage sein, den nationalen und gesellschaftlichen Zusammenhang zu garantieren, dann, so die Folgerung Schlesingers, wird Amerika immer mehr dem Turm zu Babel ähneln, die „Tribalisierung" des amerikanischen Lebens, eine Politik von Stammesinteressen und separaten Identitäten, schreitet unaufhörlich voran. Am Ende steht die Auflösung der Vereinigten Staaten von Amerika in sich feindlich gegenüberstehende und letztlich bekämpfende Nationalitäten. Schlesinger sieht die Advokaten des Multikulturalismus vor allem in den Universitäten, den öffentlichen Schulen und der Geschichtsschreibung am Werk.

Das Parlament, Nr. 41 vom 2. Oktober 1992, S. 22

*a) Wie macht sich „Multikulturalismus" im heutigen amerikanischen Leben bemerkbar? Untersuchen Sie, ob es Anhaltspunkte gibt, die Schlesingers Befürchtungen (c) stützen.*
*b) Was bedeutet „kulturelle Hegemonie" (b)? Greifen Sie zur Erklärung möglichst auf historische oder zeitgenössische Beispiele zurück.*
*c) Arbeiten Sie die unterschiedlichen Blickwinkel heraus, unter denen die drei Autoren die multikulturelle Gesellschaft betrachten und bewerten.*

*a) „Wir können international nicht führen, wenn wir zu Hause schwach sind." Mit diesem Satz aus seinem Wahlkampfprogramm „Putting People First" wollte Clinton einen deutlichen Schwerpunkt auf innenpolitische Themen setzen. Überprüfen Sie, inwieweit ihm dies in seiner Amtszeit gelungen ist bzw. welche Schwierigkeiten dagegenstanden.*
*b) Erläutern Sie, ob und inwieweit Clinton außenpolitisch eine Wende der amerikanischen Politik der Nachkriegszeit eingeleitet hat.*
*c) Stellen Sie Ursachen und Motive zusammen, die für verschiedene Bevölkerungsgruppen zu einer Krise ihrer Identität als Amerikaner geführt haben.*
*d) Beschreiben Sie gegenwärtige gesellschaftliche Probleme der weißen, schwarzen und indianischen Amerikaner.*
*e) Beschreiben Sie Erfolge der Frauenbewegung und diskutieren Sie Möglichkeiten der Lösung von noch existierenden Problemen.*

## Literatur zur Vertiefung

*W. P. Adams (Hg.):* Die Vereinigten Staaten von Amerika, Fischer Weltgeschichte, Bd. 30, 10. Aufl., Frankfurt/M. 1988

*W. P. Adams u. a. (Hg.):* Länderbericht USA, 2 Bde., 2. Aufl. Bonn 1992, Schriftenreihe der Bundeszentrale für politische Bildung, Bd. 293 I/II

*E. Angermann:* Die Vereinigten Staaten von Amerika seit 1917, dtv-Weltgeschichte, Bd. 7, München, 8. Aufl. 1987

*W. Besson:* Von Roosevelt bis Kennedy. Grundzüge der amerikanischen Außenpolitik 1933–1963, Fischer Bücherei 598, Frankfurt/M. 1964

*K. v. Beyme:* Vorbild Amerika? Der Einfluß der amerikanischen Demokratie in der Welt, München, Zürich, 1986

*H. v. Borch:* Die unfertige Gesellschaft. Amerika: Wirklichkeit und Utopie, München 1960

*E.-O. Czempiel/C.-Ch. Schweitzer:* Weltpolitik der USA nach 1945. Einführung und Dokumente, Bonn 1989

*E.-O. Czempiel:* Machtprobe. Die USA und die Sowjetunion, München 1989

*H. G. Dahms:* Grundzüge der Geschichte der Vereinigten Staaten, 2. Aufl. Darmstadt 1983

*R. Dahrendorff:* Die angewandte Aufklärung. Gesellschaft und Soziologie in Amerika, München 1963

*H. Dittgen/M. Minkenberg (Hg.):* Das amerikanische Dilemma. Die Vereinigten Staaten nach dem Ende des Ost-West-Konflikts, Paderborn 1996

*E. Fraenkel:* Das amerikanische Regierungssystem. Eine politologische Analyse, Opladen 4. Aufl. 1982

*J. H. Franklin:* Negro. Die Geschichte der Schwarzen in den USA, Frankfurt/M. 1983

*J. W. Fulbright:* Wahn der Macht. US-Politik seit 1945, München 1989

*J. K. Galbraith:* Gesellschaft im Überfluß, München–Zürich 1959

*J. Gebhardt:* Amerikanismus – Politische Kultur und Zivilreligion in den USA, in: Aus Politik und Zeitgeschehen B 49/1990, S. 3–18

*H. R. Guggisberg:* Geschichte der USA, 2. Bde., Urban Taschenbücher 209/210, Stuttgart 3. Aufl. 1992

*Ch. Hacke:* Von Kennedy bis Reagan. Grundzüge der amerikanischen Außenpolitik, Stuttgart 1984

*J. Heideking:* Geschichte der USA, UTB, Tübingen/Basel 1996

*E. Helms:* USA – Staat und Gesellschaft, Hannover 1985

*H. Jaeger:* Geschichte der amerikanischen Wirtschaft im 20. Jahrhunder, Wissenschaftliche Paperbacks 2, Wiesbaden 1973

*M. Jäger/W. Welz:* Regierungssystem der USA, München 1995

*K. Kaiser/H.-P. Schwarz (Hg.):* Amerika und Westeuropa. Gegenwarts- und Zukunftsprobleme, Stuttgart–Zürich 1977

*G. F. Kennan:* Amerikas Außenpolitik 1900 bis 1950 und ihre Stellung zur Sowjetmacht, Zürich–Stuttgart–Wien 1952

*G. F. Kennan:* Memoiren eines Diplomaten, 2 Bde., München 1967

*H. A. Kissinger:* Memoiren, 2 Bde., München 1972 und 1982

*M. Knapp/W. Link/H.-J. Schröder/K. Schwabe:* Die USA und Deutschland 1918–1975. Deutsch-amerikanische Beziehungen zwischen Rivalität und Partnerschaft, Becksche Schwarze Reihe 177, München 1978

*C. Landauer:* Sozial- und Wirtschaftsgeschichte der Vereinigten Staaten von Amerika, Stuttgart 1981

*M. Lerner:* Amerika – Wesen und Werden einer Kultur. Geist und Leben der Vereinigten Staaten von heute, Frankfurt/M. 1960

*P. Lösche:* Amerika in Perspektive, Politik und Gesellschaft der Vereinigten Staaten, Darmstadt 1989

*R. S. McNamara:* Vietnam. Das Trauma einer Weltmacht, Hamburg 1996
*M. Minkenberg:* Neokonservatismus und Neue Rechte in den USA, Baden-Baden 1990
*G. Moltmann/W. Lindig:* USA-Ploetz. Geschichte der Vereinigten Staaten zum Nachschlagen, 2. Aufl. Freiburg 1988
*B. Ostendorf (Hg.):* Multikulturelle Gesellschaft. Modell Amerika, München 1994
*G. Raeithel:* Geschichte der Nordamerikanischen Kultur in 3 Bänden, Weinheim und Berlin 1987 ff.
*U. Sautter:* Geschichte der Vereinigten Staaten von Amerika, Kröners Taschenausgabe 443, Stuttgart 4. erw. Aufl. 1991
*U. Sautter:* Lexikon der amerikanischen Geschichte, München 1997
*K. Shell:* Das politische System der USA, Stuttgart 1975
*K. Shell:* Der amerikanische Konservativismus, Stuttgart 1986
*H. Wasser:* Die USA – der unbekannte Partner. Materialien und Dokumente zur politisch-sozialen Ordnung der Vereinigten Staaten von Amerika, Paderborn 1983
*H. Wasser (Hg.):* USA. Wirtschaft, Gesellschaft, Politik, 2. Auflage 1993
*H.-U. Wehler:* Grundzüge der amerikanischen Außenpolitik 1750–1960, Frankfurt 1983
*W. A. Williams:* Die Tragödie der amerikanischen Diplomatie, Frankfurt/M. 1973
*R. Winter:* Gottes eigenes Land. Werte, Ziele und Realitäten der Vereinigten Staaten von Amerika, Hamburg 1991

# Register

**Halbfett** gesetzte Seitenzahlen verweisen auf Grundbegriffe.

## Personenregister


**A**llende, Salvador 97
Anderson, Sherwood 57
Arntz, Gerd 64

**B**everidge, A.J. 33
Blaine, James Gillespie 20 f.
Borah, W.E. 41
Bush, George 87, 109 f., 133 f., 140 f.

**C**arnegie, Andrew 58
Carter, James („Jimmy") Earl 97, 103 f., 106, 124, 127 f.
Castro, Fidel 93 f.
Chiang Kai-shek 96
Chomeini (auch Khomeini), Ruhollah 124
Chruschtschow, Nikita S. 94, 97 f., 103
Churchill, Winston 72, 79 ff.
Clinton, Bill 133–136, 141, 150, 152 f.
Coolidge, Calvin 44 f., 50

**D**arwin, Charles 12
Diem ▷ Ngo Dinh Diem
Dos Passos, John 57
Dylan, Bob 118

**E**isenhower, Dwight D. 78, 86, 89, 93, 95, 102, 111

**F**aludi, Susan 150
Falwell, Jerry 149
Farrakhan, Louis 147 f.
Faulkner, H.U. 51
Ford, Henry 46, 102, 126
Freud, Sigmund 55
Friedan, Betty 116 f.
Fulbright, William 125, 128

**G**orbatschow, Michail S. 87, 93, 105, 108 f.
Grant, Ulysses Simpson 6, 81

**H**arding, Warren G. 44 f., 50
Hersey, John 83
Hitler, Adolf 73, 76 f., 81, 84 f.
Ho Chi Minh 94
Hoffmann, Abbi 119
Holiday, Billie 123
Hoover, Herbert 59 f., 62, 65
Hussein Saddam 133 f., 140 f.

**J**efferson, Thomas 143
Johnson, Lyndon B. 95 f., 99 f., 110, 112 f., 132
Jung, Carl Gustav 55

**K**ennan, George F. 87 ff.
Kennedy, John F. 86, 89, 94 f., 97 f., 102 f., 108, 110, 112, 117, 120, 123, 128, 132, 152
Kennedy, Robert 128
Keppler, Joseph 6, 13, 18
Keynes, John Maynard 66
King, Martin Luther 110, 114 f., 120 f., 123, 128, 144
Kissinger, Henry 96, 102, 105

**L**ewis, Sinclair 57
Lilienthal, David E. 68 f.
Lincoln, Abraham 42, 81, 85, 120
Lloyd, Henry D. 58 f.
Lodge, H.C. 41

**M**acArthur, Douglas General 93
Mao Tse-tung 96
Marshall, George C. 86, 88
Matthias, L.L. 122 f.
McCarthy, Joseph 110 f., 115 f.
McNamara, Robert S. 102
Monroe, James 6, 35

**N**asser, Gamad Abd el 96
Ngo Dinh Diem 94 f.
Nixon, Richard 87, 96, 99 f., 103, 105, 110, 124, 126, 128, 131 f.
Norris, George W. 39

**O**ppenheim, James 16
O'Sullivan, John L. 10 f.

**P**axton, Tom 118
Pershing, John Joseph General 37
Pullman, George Mortimer 14 f.

**R**eagan, Ronald 27, 87, 97, 104 f., 108 ff., 128–133, 151
Roosevelt, Franklin D. 60, 62, 64 f., 67–73, 75 ff., 79 ff., 84 f., 87 f., 124, 132
Roosevelt, Theodore 26, 30, 33–36, 70, 126
Rubin, Jerry 119

**S**pencer, Herbert 12
Spring-Rice, Cecil 39
Stalin, Josef W. 79, 81, 92
Steinbeck, John 48
Steinem, Gloria 116 f.
Strong, Josiah 11

**T**aylor, Frederik 46
Tocqueville, Alexis de 8, 31 f.
Truman, Harry S. 78, 81, 83, 86 ff., 90–93, 110 ff., 132
Turner, Frederik J. 10

**W**allahee, Häuptling 22
Washington, George 35 f., 45
Watt, James G. 151
Wilhelm II. 37
Wilson, Woodrow 26, 33, 35 f., 38–41, 43 ff., 70, 77, 80

## Sachregister


**A**brüstung 87, 89, **103**, 105, 109 ▷ SALT
Achsenmächte 84 f.
Alkoholverbot ▷ Prohibition
Amendments ▷ equal rights amendment ▷ Verfassungszusatz
American Creed 6–9, 152
American Dream 8 f., 44, 50, 60, 71, 124, 133, 143, 146
American Federation of Labour (AFL) 6, 25, 66
Amerikanisches System 58 f., 65, 71
American Way of Life 6, **8**, 9, 50, 143, 145, 152
Antikommunismus 87, 104 f., 111 ▷ Containment
Anti-Monopol-Gesetze 27
Antisemitismus 111 ▷ Juden
Anti-Trust-Gesetze 27, 79
Arbeiter 6, 13, 15, 17, 21, 25 f., 29, 37, 45 f., 52, 60, 62, 66, 69 f.; -bewegung 16, 19
Arbeitsbeschaffungsprogramm 65 f.
Arbeitslosigkeit 44, 61 ff., 65 f., 71, 111, 115, 128, 133, 138 f., 144, 152
Assimilation 17 ▷ 18
Atlantikcharta 72, 79–82
Atombombe 78, 83 ff., 87 f., 93 ▷ Hiroshima ▷ Nagasaki
Atomenergie 87
Atomkrieg 89, 103, 106 f.
Atomtest 77, 103; -Vertrag 107
Atomwaffen 92; -sperrvertrag (1968) 107
Aufrüstung 73, 88, 104

**B**erliner Mauer 93
Big business 12, 24, 26 f., 45
Big-stick policy 34 f.
Black Muslims 115
Black Panther 121 ff.
Black Power 115
Blumenkinder ▷ Hippies
Börsenkrach 60 ff.
Bolschewismus 45
Boss-System 14 f.
Briand-Kellogg-Pakt 44
Bündnissysteme 88 ▷ OAS ▷ NATO
Bürgerkrieg 11, 14, 17, 25, 34, 114
Bürgerrechtsbewegung 18, 112–115 123, 132 ▷ Bürgerrechtsgesetz 110, 112, 114, 121, 123, 152

**C**alvinismus 8
Camp David, Friede von (1979) 97
Casablanca 72, 79, 81 ▷ Kapitulation, bedingungslose
Cash and carry 72 f.
Checks and balances 23 ff., 27 f., 132
China 6, 17, 21, 35, 74, 79, 85, 87 ff., 93, 95 f., 99, 101, 106, 131, 135
CIA (Central Intelligence Agency) 27, 97
Civil religion 8
Congress of Industrial Organization (CIO) 66
Containment 87, **88**, 92, 96, 109 f.
Contras 27, 97

**D**ayton, Vertrag von 135
Deficit spending 66
Demokratie ▷ grass root democracy
Demokraten/Demokratische Partei 25 f., 64, 124, 133 f.
Departments 23
Depression 11, 60, 64, 70 f., 92, 113
Desillusionierung 45, 55
Deutsche Frage **93**
Deutschland 33 f., 37 ff., 44, 72 ff., 77, 79–82, 85, 89, 93, 138 f.
Dienstleistungsgesellschaft 49
Dollarimperialismus **34**, 35 ▷ United Fruit Company
Domino-Theorie 95, 109
Dreiecksdiplomatie 96

**E**indämmung ▷ containment
Einwanderer 17 f., 52, 145 f., 151; -ghetto 17
Einwanderung 8, 17, 21 f., 53–57, 145 f.; -sbeschränkungen 17, 21, 53 ff.; -sgesetze 6, 21, 53, 55; -spolitik 17, 59; -swellen 6
Eisenhower-Doktrin (1957) 97
Eisernes Dreieck 25, 112, 124
Emanzipation ▷ Frauen ▷ Feminismus
Entkolonisierung 42
Entspannung 86, 88, 103; -spolitik 103 f., 109
Equal Rights Amendment 114, 116, 142
Ethnische Minderheiten 17, **18**, 26, 144, 151 f. ▷ Assimilation ▷ Fremdenfeindlichkeit
Europäisches Wiederaufbauprogramm (European Recovery Program, ERP) ▷ Marshall-Plan

**F**airdeal 112
Farmer 12, 14, 19, 24, 26, 47, 60, 62 f., 65, 71, 111
Faschismus 62, 76
Feminismus/Feministinnen 58, 116, **142 f.**, 149 f.
Flexible response 89
Fließband 8, 46
FNL (Nationale Befreiungsfront) 94 f., 99
Folk-Bewegung 118
Frankreich 37 f., 40, 51, 73, 75, 77, 81 f., 87, 92, 94, 97
Frauen 13, 15 f., 38, 52 ff., 58, 69, 76, 113, 116 f., 142, 149–152; -bewegung 52, 114, 116, 142, 152; -wahlrecht 52; ▷ Feminismus
Fremdenfeindlichkeit 17, 53 f., 111
Friedliche Koexistenz **103**
Frontier 10, 43; -geist 26
Fundamentalismus **53 f.**; christlicher -53, 142 f.; islamischer -53

**G**esundheitsreform 133 f., 139 ▷ Krankenversicherung
Gewaltenteilung 9, 23, 27, 31
Gewerkschaft 6, 16, 19, 24 ff., 37, 65 f., 69, 79; -sbewegung 65 ▷ American Federation of Labour (AFL)
Gleichgewicht des Schreckens 89, 92, 103
Glasnost **105**
Globalismus 105
Golfkrieg 134, 140 f. ▷ Kuweit
Grass root democracy 10
Great Society 110, 112
Großbritannien 34, 37, 51, 73 f., 76 f., 79, 87, 91, 96

**H**ippies 114, 119
Hiroshima 78, 83 f.
Hispanics 18, 151 f.
Hoover-Moratorium 60

**I**mpeachment 23
Imperialismus, amerikanischer 34, 42 f., 46, 89 ▷ Dollarimperialismus
Imperial presidency **124**

Indian Bureau 19, 22
Indianer 6, 18–22, 144, 148, 151; -frage 20 ▷ Society of American Indians
Indochina 74, 85, 94 f., 101
Industrialisierung 11, 25 f., 53
Industriegesellschaft 111
Industriekapitalismus 12
Inflation 111, 113, 124, 127, 129, 134, 139
Internationalisten 73, 85 ▷ Offene Tür
Iran 27, 87, 104, 124, 140 f.
Iran-Contra-Affäre 27 f.
Isolationismus 34, 45, 51, 73, 85, 87, 100
Italien 37 f., 40, 72, 74, 77, 81

Jalta 72, 80 ff., 90 f.
Japan 17, 35, 38, 72 ff., 77 ff., 81, 83 ff., 89, 93, 96, 135
Jazz-age 52
Juden 21, 44, 53 f., 56 f., 152

Kalter Krieg 87, **88**, 91 f., 103, 105, 108 ff., 133, 135, 140 f.
Kapitulation, bedingungslose 72, 79, 81, 84
Katholiken 44, 53 f.
Keynesianismus **66** ▷ Deficit spending
Kolonialismus 51
Kolonien 8, 42
Kommunisten 54, 62, 86, 88 f., 91, 95–98, 101, 103, 106, 110, 115
Kongress 19 f., 23 ff., 27–30, 38, 40–43, 73, 76, 87, 97, 102, 105, 112, 114 f., 124, 126, 133 f., 139, 142
Konservative 110, 128, 142 f.
Konsumgesellschaft 52
Konzentrationslager 42, 79
Korea 42, 93, 99; -krieg 93, 109
Krankenversicherung 66, 134, 139
Kriegskonferenzen 77, 79, 85 ▷ Jalta ▷ Potsdam ▷ Casablanca
Kriegswirtschaft 37, 77, 79
Kriminalität 44, 53, 112, 143
KSZE (Konferenz für Sicherheit und Zusammenarbeit) 87, 103; -Schlussakte (1975) 87; -Gipfeltreffen 87
Kubakrise (1962) 86, 93 f., 97 f., 103, 109
Ku-Klux-Klan 44, 54, 114
Kuweit 133f.

Laissez-faire 11 f., 17, 30, 45
Lateinamerika 34 f., 46, 72, 85, 97, 135
Lend and lease 72 f., 87
Liberalismus 65
Lobby 24 f., 28 f.; -ismus 134
Lynchjustiz 123

Manifest destiny 9 ff., 36, 43
Marshall-Plan 86, 88 f.
Massive Vergeltung (massive retaliation) 89
Melting pot ▷ Schmelztiegel
Mexiko 10 f., 33, 35, 37, 46
Mobilität **111**
Monopole 12, 58 ▷ Anti-Monopol-Gesetze ▷ big business ▷ Trusts
Monroe-Doktrin 6, 33, 35 f.
Multikulturalismus 144 f., 151 ff.

Nagasaki 78, 84
Naher Osten 86, 96 f., 134, 140 f. ▷ Camp David, Friede von
Nationaler Egoismus 45, 72
National Organization for Women (NOW) 114
Nationalsozialismus 12, 51, 79, 81
NATO (North Atlantic Treaty Organization) 88
Neutralität 36 f., 39, 72 f., 75 f., 85, 103; -sgesetz 72 f., 75
New Deal 60, 62, 65–72
New frontier 51, 110, 112, 117, 122
Nicaragua 27, 35, 46, 97, 135 ▷ Contras
Nixon-Doktrin 96

Oberster Gerichtshof (Supreme Court) 6, 18, 20 f., 24, 28, 66, 110, 114, 120, 124, 142, 152
OECD 138
Ölkrise 134
Ölpreise 124, 129
Offene Tür 97; Politik der „offenen Tür" 35, 51, 72, 87, 92;
OPEC 124
Organization of American States (OAS) (1949) 88
Ost-West-Konflikt 86, 105, 133 ff. ▷ Kalter Krieg

Panamakanal 33, 35
Panamerika 77 ▷ Monroe-Doktrin; -tag 75
Paris, Friedenskonferenz von (18.1.1919) 33
Parteien 25, 88
Pazifik 9, 34, 74, 77
Pearl Harbor 72, 74, 77, 83 ff.
Perestroika **105**
Polarisierung 46
Polen 46, 72 f., 79 f., 82, 90, 93
Populisten 26, 29
Potsdam, Konferenz von (1945) 72, 80, 84, 87, 93
Präsidentschaftswahlen 24, 26, 45, 62, 64, 104, 110, 133, 150;
Progressive era 26, 53
Progressivismus 26, 30, 45, 53, 133
Prohibition 44, 53 f., 65
Prosperität 44, 46, 51, 60 f. ▷ Roaring Twenties
Protestanten 9, 53
Protestbewegungen 113, 132
Pullman-Streik 14 f.
Puritanismus **8**, 52f. ▷ Calvinismus

Quarantänerede 72, 75

Rassendiskriminierung 18, 79, 110, 112 f., 114, 120, 123, 142, 151 -trennung 6, 18, 70, 79, 114, 120, 123, 144 ▷ Seperate but equal ▷ Segregation
Rassismus 53, 106, 123 ▷ Ku-Klux-Klan
Rationalisierung 46 f., 111 ▷ Taylorismus ▷ Fließband
Reaganomics 128 f.
Reform/-en 26, 60, 110, 114, 133; -bewegungen 29; -gesetze 115; -periode 26; -programme 45, 110, 113 ▷ Great society; soziale - 66, 113, 150 ▷ New Deal
Religion 17, 143 ▷ Calvinismus ▷ Civil religion ▷ Fundamentalismus ▷ Konservativismus ▷ Puritanismus
Repräsentantenhaus 28, 37, 124, 134
Republikaner/Republikanische Partei 25 f., 38, 45, 50, 93, 133 f., 142 f.
Reservate 6, 19, 144, 148 ▷ Indianer ▷ Zwangsumsiedlung

Rezession 11, 133;
– -sjahre 26
Roaring Twenties 44, 143
Roll-back-Politik 93
Rüstungsbegrenzung **103**, 107
▷ Atomtest-Vertrag ▷ Atomwaffensperrvertrag ▷ SALT
Rüstungspolitik 108
Rüstungswettlauf 87 ff., 106, 140
▷ Gleichgewicht des Schreckens

SALT (Strategic Arms Limitation Talks) -Abkommen 103, 107
Schmelztiegel 17, 20, 142 f., 153
▷ Multikulturalismus
Schutzzollpolitik 60
Schwarze 6, 17–20, 24, 26, 44, 47, 54, 70, 79, 112, 114–117, 120, 122, 132, 144, 147 f., 151 f.
▷ Black Panther ▷ Black Power
▷ Black Muslims
Schwarzer Freitag 60 ▷ Börsenkrach
Segregation 144
Senat 23, 28, 36 f., 41, 134
Seperate but equal 6, 18, 114, 120, 123, 144
Sezessionskrieg 142
Sklaven 6, 17, 20, 120; -befreiung 18
Socialist Party of America (SPA) 26
Society of American Indians 22
Sowjetunion 77–80, 86–89, 91–98, 103–106, 108 f., 131, 133 ff., 141
Sozialdarwinismus **12**, 43
▷ Nationalsozialismus
Sozialfürsorge 61, 134; -politik 71; -programme 113; -staat 60
Sozialismus 26, 56, 66, 89
Sozialisten 26, 58
▷ Socialist Party of America
Spanien 33 f., 42 f.
Sputnik I. 88
Square Deal 26
Staatsverschuldung 110, 133, 140
Stalinnoten 93, 103
START (Strategic Arms Reduction Talks) 107
Status quo 93
Strategische Verteidigungsinitiative (SDI) 87, 105, 108
Streik 13 f., 16 ▷ Pullman-Streik
Suez-Kanal 96

Taylorismus 46
Teheran, Konferenz von 72, 79
Truman-Doktrin 86, 88 ff., 92
Trusts 12, 14, 27
▷ Anti-Trust-Gesetze
TVA 66, 68f. ▷ New Deal

U-Boot-Krieg 37
Umwelt, -bewegung 151; -politik 151; -probleme 30, 47 f., 106, 124, 125, 127, 151; -schutz 151;
Unabhängigkeit, -serklärung 6, 8; -skrieg 23, 37
United Fruit Company 34
UNO 82, 87, 90 f., 93, 96, 99, 134; Sicherheitsrat 87; -Truppen 93, 133
Unternehmer 47, 37, 45, 52

Vereinte Nationen ▷ UNO
Verfassung 8, 18, 23 f., 27 f., 31 f.; -szusatz 20, 23 f., 30, 52 f., 114
▷ Equal Rights Amendment
Versailler Vertrag 44 f., 51
Verstädterung 11 f., 14 f., 25 f., 53
Vierzehn-Punkte 33, 38, 40, 77, 80
Vietcong 95, 102, 125
Vietnam 95 f., 99–102, 106, 124 f.; -krieg 87 f., 94 ff., 99 ff., 109 f., 113, 124–128, 131 ▷ Domino-Theorie ▷ FNL ▷ Genfer Indochinakonferenz ▷ Vietcong
Völkerbund **38**, 41, 43, 51, 103

Warschauer Pakt 105, 135
Watergate-Affäre 27, 110, 124, 126, 128, 131 f.
Wehrpflicht 37
Weltenergiekrise 110
Weltfriedensordnung 72
▷ Atlantikcharta
Weltgerichtshof 51
Weltpolizist 51, 86 ff.
Weltwirtschaftskrise 60, **61**, 63, 66, 71
Wirtschaft, -saufschwung 50, 129; -skrise 26, 44, 60 f., 64, 71, 111; -srezession 110; -wachstum 11, 47, 150
Wohlstandsgesellschaft **111**
Woodstock 114, 119

Yuppies 129

## Bildnachweis

Umschlag: Tonestone/Jake Evans, New York; S. 7: pub. by Currier and Ives, New York, 1875 (litho) by American School (19th century). Museum of the City of New York/Bridgeman Art Library, London; S. 9: Historical Society Chicago; S. 13: The Granger Collection, N. Y.; S. 14: Culver Pictures Inc., New York; S. 18: The Granger Collection; S. 19: Roger Franz, München; S. 23: The Granger Collection; S. 27: The Verdict, 22. Jan. 1900, New York Public Library; S. 34: The Granger Collection; S. 38 re.: Bildarchiv Preußischer Kulturbesitz (BPK), Berlin; S. 44: Missouri Historical Society; S. 45: Culver Pictures; S. 46: Daniel Fitzpatrick, State Historical Society of Missouri, Columbia; S. 47: Library of Congress, Washington; S. 50: Eva C. Tucholka, New York; S. 52: J. E. Stimson, Wyoming State Museum; S. 54 li.: The King's Business, Mai 1925, S. 197; S. 54 re.: Bettmann/UPI Newsphotos, New York; S. 62 re.: Topham/Imapress, Edenbridge (GB); S. 64. © VG Bild-Kunst, Bonn 1997; S. 67: Life Magazine, Time Warner Inc., N. Y.; S. 76 re.: Culver Pictures; S. 78 li.: The Granger Collection; S. 78 li.: The Granger Collection; S. 90 li: Deutsches Historisches Museum, Berlin; S. 92: BPK; S. 94: Süddeutscher Verlag Bilderdienst, München; S. 102: Universal Press Syndicate, Kansas City; S. 109: Action Press (AP), Hamburg; S. 113: Jack Ohman, Chicago Tribune, 1981, New York News Syndicate; S. 116: Al Hirschfeld, Margo Feiden Galleries Ltd.; S. 119: dpa, Stuttgart; S. 121: Süddeutscher Verlag Bilderdienst; S. 125 li.: Ullstein Bilderdienst, Berlin; S.125 re.: AP; S. 126: Bundeszentrale für Politische Bildung/Informationen zur politischen Bildung, Heft 245, S. 42; S. 137: Globus Kartendienst, Hamburg; S. 141 li.: dpa; S. 141 re.: CCC/Walter Hanel, München; S. 145 li.: Fotoarchiv, Essen; S. 145 re.: Associated Press; S. 149: Tomi Ungerer, Straßburg; S. 150: Trippett/SIPA

Nicht in allen Fällen war es uns möglich, den Rechteinhaber ausfindig zu machen. Berechtigte Ansprüche werden selbstverständlich im Rahmen der üblichen Vereinbarungen abgegolten.